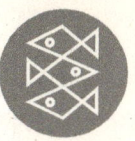

Warum reagieren wir auf Äpfel allergisch, warum schmecken Tomaten nicht mehr – und was hat das alles mit Biodiversität, Lieferketten und der Klimakrise zu tun?
Der Bestsellerautor, Umweltaktivist und Experte für Verbraucherthemen Thilo Bode zeigt, dass gerade in Zeiten immenser Preissteigerungen jeder Gang zum Supermarkt politisch ist. Anschaulich und klar informiert er über die zentralen Qualitätsmerkmale der wichtigsten Lebensmittel: Er deckt auf, wie frisch unser Obst ist und woher unser Gemüse kommt, zeigt, was sich tatsächlich hinter Qualitätssiegeln oder der Bezeichnung »Bio« verbirgt, welche Rückstände in unserem Fleisch und welche Zusatzstoffe in den Backwaren stecken. »Der Supermarkt-Kompass« ist ein unverzichtbares Buch mit direktem Gebrauchswert – für alle, die endlich informiert einkaufen wollen.

Thilo Bode, geboren 1947, studierte Soziologie und Volkswirtschaft in München und Regensburg. 1989 wurde er Geschäftsführer von Greenpeace Deutschland, 1995 von Greenpeace International. 2002 gründete er die Verbraucherrechtsorganisation foodwatch, um Täuschung und Gesundheitsgefährdung im Lebensmittelmarkt zu dokumentieren sowie die Schwachstellen in der Gesetzgebung aufzudecken. Bis 2021 war er ihr Leiter. Bei S. FISCHER erschienen seine Sachbücher »Die Diktatur der Konzerne. Wie globale Unternehmen uns schaden und die Demokratie zerstören« (2021), »Die Essensfälscher. Was uns die Lebensmittelkonzerne auf die Teller lügen« (2010) und »Abgespeist. Wie wir beim Essen betrogen werden und was wir dagegen tun können« (2007). Er lebt in Berlin.
Stefan Scheytt, geboren 1962, studierte Betriebswirtschaftslehre und ist seit 30 Jahren freier Journalist. Seine Texte und Reportagen erscheinen u. a. im Wirtschaftsmagazin »brand eins«. 2009 gewann er den Hansel-Mieth-Preis für Reportagen der Reporteragentur Zeitenspiegel. Mit Thilo Bode hat er mehrere Buchprojekte verwirklicht. Scheytt lebt mit seiner Familie in Rottenburg am Neckar.

Weitere Informationen finden Sie auf www.fischerverlage.de

Thilo Bode
unter Mitarbeit von Stefan Scheytt

DER SUPERMARKT-KOMPASS

Informiert einkaufen, was wir essen

Erschienen bei FISCHER Taschenbuch
Frankfurt am Main, 2025

© 2023 S. Fischer Verlag GmbH,
Hedderichstr. 114, 60596 Frankfurt am Main
Die Nutzung unserer Werke für Text- und Data-Mining
im Sinne von § 44b UrhG behalten wir uns explizit vor.
Redaktionsschluss: 1. November 2022
Satz: Dörlemann Satz, Lemförde
Druck und Bindung: GGP Media GmbH, Pößneck
ISBN 978-3-596-71107-9

Kontaktadresse nach EU-Produktsicherheitsverordnung:
produktsicherheit@fischerverlage.de

Es sind nicht die Verbraucher, die durch ihren Einkauf im Supermarkt das Sortiment und die Qualität der Lebensmittel bestimmen. Es sind die gesetzlichen Regeln und Vorschriften, die die Konsumentensouveränität aushebeln und den Lebensmittelmarkt steuern.

Inhalt

Betriebsgeheimnis Lidl-Brötchen 9

1. **Die allmächtigen Vier: Aldi, Lidl, Rewe, Edeka** 15
2. **Brot + Brötchen** 28
   Bio 44
   Gentechnik 48
3. **Tomaten** 50
   Pestizide 62
4. **Gemüse** 66
   Tiefkühlkost 80
   Fisch 82
5. **Erdbeeren** 85
6. **Äpfel** 96
7. **Fruchtsäfte + Limonaden** 106
   Aromen 116
8. **Konfitüren + Marmeladen** 119
9. **Honig** 126
10. **Verarbeitete Lebensmittel** 138
    Zusatzstoffe 151
    Gütesiegel 155
    Qualitätstäuschung 161
11. **Fleisch + Wurst** 166
12. **Milch** 192
13. **Eier** 210

14.	Olivenöl	223
15.	Vegan + Vegetarisch	235
16.	Snacks, salzig + süß	250
17.	Nahrungsergänzungsmittel + »Superfoods«	262
18.	Illusion Verbrauchermacht	276
19.	Ampel auf Grün schalten!	292

Dank	303
Anmerkungen	305
Register	316

Betriebsgeheimnis Lidl-Brötchen

Wie die allermeisten Menschen in Deutschland gehe ich regelmäßig in den Supermarkt, oft mehrmals in der Woche, und an meinem Wohnort Berlin habe ich dabei reichlich Auswahl. Doch egal ob bei Lidl, Rewe, Aldi, Edeka, Bio Company, denn's Biomarkt, Netto, Penny oder Kaufland – überall fühle ich mich als Supermarktbesucher in einer Doppelrolle: Da ist zum einen die Rolle des Staatsbürgers, in der ich erwarte, dass mich der Staat durch Gesetze und Kontrollen vor krank machenden, gefährlichen Lebensmitteln schützt; und natürlich davor, dass mich Herstellerinnen und Händler mit frei erfundenen Behauptungen über die Qualität ihrer Lebensmittel nach Belieben täuschen können. In meinen zwanzig Jahren als Gründer und Geschäftsführer von foodwatch ging es oft um solche Aspekte, wenn wir uns mit Verbraucher- und Landwirtschaftsministerinnen stritten, wenn wir politische Forderungen stellten und Konzerne und ihre Lobbymacht kritisierten.

Meine andere Rolle im Supermarkt ist die des Konsumenten, der seine sogenannte Konsumentensouveränität ausüben will, so wie sie in ökonomischen Lehrbüchern beschrieben wird: Verbraucher auf Augenhöhe mit den Anbieterinnen, die eine Vielfalt von Waren in unterschiedlicher Qualität zur Wahl stellen; und aus der Fülle dieses differenzierten Angebots entscheidet sich der Konsument für dasjenige Produkt, das seinen Erwartungen an die Qualität – sei es Geschmack, Rezeptur oder Herkunft – und Preiswürdigkeit am meisten entspricht.

An dieser Stelle möchte ich eine Episode wiedergeben, die beispielhaft dafür steht, warum ich mich im Supermarkt sowohl in meiner Staatsbürgerrolle als auch in meiner Konsumentenrolle ganz und gar nicht ernst genommen fühle. Beschert hat sie uns der Einzelhandelskonzern Lidl, dem wir als ganz normale Kunden via E-Mail eine denkbar einfache Frage stellten: Wir wollten wissen, ob das Lidl-Weizenbrötchen, auf dessen Zutatenliste nur »Weizen, Roggen« steht und das man für 17 Cent aus dem Fach fischt, mit Verarbeitungshilfsstoffen hergestellt wird, zum Beispiel mit zugesetzten, sogenannten »technischen Enzymen«. Technische Enzyme sind Eiweiße und wahre Alleskönner, die zielgenau die Eigenschaften eines Brötchens oder Brotes im Produktionsprozess steuern. Zum Beispiel sorgen sie dafür, dass der Teig einförmig und damit »maschinengängig« ist und die Brötchen dadurch vollautomatisiert zu Zehntausenden vom Fließband fallen können. Enzyme machen Brötchen aber auch lockerer und luftiger oder zaubern eine verlockend knusprige, goldbraune Kruste auf die Oberfläche. Diese technischen Enzyme und andere Verarbeitungshilfsstoffe ersetzen zunehmend die klassischen Zusatzstoffe, die durch E-Nummern gekennzeichnet werden und bei Verbraucherinnen kein besonderes Ansehen genießen. Für den Brötchenbäcker haben diese Enzyme den Vorteil, dass sie nicht auf der Zutatenliste deklariert werden müssen. Warum eigentlich? Sie seien im Endprodukt nicht mehr aktiv, sie seien »de-aktiviert«, heißt die lebensmittelrechtliche Begründung. Man brauche deshalb, so muss man diese Regel wohl lesen, über mögliche negative Auswirkungen wie zum Beispiel Allergien nicht besorgt sein.

Diese wenig verbraucherfreundliche Haltung hat der Lidl-Kundenservice, der den Namen nach dieser Erfahrung nicht verdient, in seiner Reaktion auf unsere Frage voll bestätigt. Denn es entspann sich ein E-Mail-Austausch mit vielen Schleifen, bei denen der Mitarbeiter fortwährend auswich oder nicht gestellte Fragen beantwortete. Drei Monate nach Beginn der elektronischen Korrespondenz wussten wir immer noch nicht, welche Verarbeitungshilfsstoffe verwendet werden, um ein Lidl-Weizenbrötchen zu backen. Erst auf wiederholtes, energisches und mit einer Beschwerde bei der Konzernspitze drohendes Nachhaken ließ der Service-Mitarbeiter die Katze aus dem Sack: »Wir möchten dem Verbraucher mitteilen, dass Zusatzstoffe, die keine technologische Wirkung im Endprodukt haben, nicht deklarationspflichtig sind. Leider können wir dem Verbraucher keine Auskunft darüber geben, welche Zusatzstoffe in unserem Produkt enthalten sind, da dies unter das Betriebsgeheimnis fällt.«

Was ist das für eine absurde Lebensmittelwelt, in der der Inhalt eines Grundnahrungsmittels zum Betriebsgeheimnis eines privaten Konzerns erklärt wird! Und was ist das für ein Lebensmittelmarkt, der den Kunden signalisiert, es sei nicht nötig, zwischen einem Enzym-gesteuerten und einem handwerklich gebackenen Brötchen, das seine braune Kruste der Fähigkeit der Bäckerin verdankt, auswählen zu können, weil ja schließlich nichts drin sei, das krank machen kann?

Die Episode mit dem Lidl-Brötchen ist für mich kein Ausrutscher, kein Einzelfall, keine hochgespielte Petitesse, vorgebracht von einem notorischen Nörgler. Nein, diese Episode macht mich wütend, weil sie meiner Meinung nach für die gestörte Funktionsweise unseres Lebensmittelmarktes steht, und damit auch der Supermärkte: Wir können dort kaum noch eine informierte Auswahl treffen; wir werden im Supermarkt in einem Ausmaß allein gelassen und Konzerninteressen ausgesetzt, wie ich es vor der Recherche für dieses Buch nicht für möglich gehalten hätte.

In den folgenden Kapiteln möchte ich darlegen, wie ich zu dieser Auffassung gekommen bin. Zu diesem Zweck lade ich Sie zu einem Einkaufsrundgang ein, bei dem ich eine Auswahl von Lebensmittel-Gruppen genauer betrachte und nach

Antworten suche auf Fragen wie »Welches Angebot gibt es, und wie transparent ist es?«, »Welche ökologischen Auswirkungen hat das Lebensmittel, und wie gesund ist es?«, »Wie steht es um Bio-Alternativen im Vergleich zu konventionellen Produkten?«. Zuletzt will ich der entscheidenden Frage nachgehen: »Welche Wahlfreiheit habe ich? Bekomme ich eigentlich das, was ich haben möchte, oder nur das, was ich kaufen muss, weil es keine Alternativen gibt?« Geht es nach dem Rewe-Konzern, ist die Antwort leicht: »An den Kassen unserer Supermärkte findet jeden Tag eine Volksabstimmung statt, an der sich Millionen von Menschen beteiligen. Wir verkaufen diesen Menschen also genau das, was sie wollen.«

Ausgesucht habe ich für die Einkaufstour Brot, Obst, Gemüse, Fruchtsäfte, Konfitüren, Honig, Olivenöl, verarbeitete Lebensmittel, Milch und Käse, Fleisch, Schinken und Wurst, Eier, Snacks und Nahrungsergänzungsmittel. Zusätzlich erkläre ich sortimentsübergreifend unter anderem was »Bio« wirklich ausmacht, was man über Pestizide, Zusatzstoffe und Aromen wissen muss, was Gentechnologie in der Landwirtschaft bedeutet und wie vegane Lebensmittel einzuschätzen sind.

Natürlich konnte ich nicht alle Produktgruppen unter die Lupe nehmen. Dennoch bin ich überzeugt, dass die Auswahl sehr gut abbildet, was Verbraucherinnen und Verbraucher im Supermarkt erfahren können und was ihnen an Informationen verwehrt wird. Zur Übersichtlichkeit sind zwischen die Texte, die die Produktgruppen beschreiben, Infoboxen eingefügt, die die wichtigsten Eigenschaften der Produkte beschreiben und darüber hinaus produktübergreifende Informationen (z. B. zu Pestiziden, Kennzeichnungssiegeln oder Gentechnik) beinhalten und somit auch beim Einkauf nützlich sein können.

Dieses Buch will aber mehr sein als ein »Einkaufsführer«. Die Erkenntnisse des Rundganges dienen dazu, im letzten Kapitel zu analysieren, wie es so weit kommen konnte und was sich ändern muss, und zwar nicht nur in Deutschland, sondern in Europa. Viel zu oft übersieht man, dass unabhängiges nationalstaatliches Handeln in der Agrar- und Lebensmittelpolitik nicht mehr möglich ist. Zu dieser Analyse gehört auch die Antwort auf die Frage, was eigentlich Brüssel und die deutsche Regierung planen und ob ihre Vorhaben und Programme geeignet sind, die fundamentalen Probleme des Sektors zu lösen.

Diese Fragen sind umso drängender, als während der Arbeit an diesem Buch die Preise für Lebensmittel so stark steigen wie seit Jahrzehnten nicht mehr. »Ernährungsarmut«, vor allem in den einkommensschwachen Schichten der Bevölkerung, hat sich in erschreckendem Maße verbreitet. Familien, die davon betroffen sind, müssen an einer ausgewogenen Ernährung sparen, um andere lebensnotwendige Ausgaben tätigen zu können, zum Beispiel für Energie und Mieten. In einer solchen Situation kommt auf die Supermärkte eine besondere Verantwortung zu: Sie sind es, die die Bevölkerung mit guten und erschwinglichen Lebensmitteln versorgen sollen.

An dieser Stelle möchte ich eine Lanze für die Discounter brechen: Sie bieten keine schlechtere Qualität als herkömmliche Supermärkte und erfüllen mit preisgünstigeren Lebensmitteln eine wichtige soziale Funktion. Sie können billiger anbieten, weil sie ein kleineres Sortiment, geringere Lager- und Verpackungskosten und damit generell geringere Logistikkosten haben, nicht weil sie schlechtere Produkte verkaufen. In diesem Buch soll prinzipiell kein Supermarkt-Bashing betrieben werden. Zwar sehe ich manche Methoden und Strategien der Supermärkte sehr kritisch und bin auch der Überzeugung, sie könnten mehr dazu beitragen, den Lebensmittelmarkt im Sinne der Verbraucherinnen zu verändern. Aber klar ist auch: Die Supermärkte sind Teil des Systems, eines bis ins Detail staatlich regulierten Agrar- und Lebensmittelmarktes.

Es wäre deshalb naiv zu erwarten, dass einzelne Unternehmen so weit aus dem System ausbrechen, dass sie gegenüber Wettbewerbern in Rückstand geraten. Deshalb übernehmen die Konzerne ja auch am liebsten dort Verantwortung, wo es sie nichts kostet und wo sie keiner übergeordneten Institution gegenüber Rechenschaft ablegen müssen – nämlich beim Thema »Nachhaltigkeit«. Bei diesem Thema suggerieren sie ihren Kundinnen, man könne durch den Kauf von Produkten die Welt nachhaltiger machen – eine gefährliche Verbraucherverdummung.

Wenn sich der Sektor ändern soll, und er muss sich ändern, gelingt das weder durch moralische Appelle an das Kaufverhalten noch durch Appelle an die Verantwortung der Supermärkte. Und es wird auch nur gelingen, wenn Sie sich, verehrte Leserinnen und Leser, von manchen bequemen Illusionen über Ihren Einfluss als Käufer auf das Warensortiment verabschieden. Die Veränderung des immer zerstörerischeren Agrar- und Ernährungssystems ist eine originär politische Aufgabe, eine Pflicht des Staates gegenüber seinen Bürgerinnen. Doch die deutsche und die europäische Politik drückt sich vor dieser Aufgabe und simuliert Handeln in Form untauglicher Trippelschritte, aus Angst vor der Macht der Agrar- und Chemiekonzerne, der Bauernverbände, der Nahrungsmittelhersteller und der marktbeherrschenden »Big Four« des Einzelhandels. Es liegt also an uns, sich *nicht* damit zufriedenzugeben, Bio-Eier von Zweinutzungshühnern zu kaufen. Stattdessen müssen wir nach unseren Möglichkeiten als Staatsbürgerinnen den Politikern und Parteien die rote Karte zeigen.

1. Die allmächtigen Vier: Aldi, Lidl, Rewe, Edeka

Supermärkte sind für uns Verbraucher eine Art zweites Wohnzimmer: Weit über 200-mal im Jahr kauft ein Haushalt durchschnittlich im Lebensmitteleinzelhandel ein; drei Viertel der Menschen geben an, dass sie ihren angestammten Lebensmittelladen ein- bis viermal in der Woche aufsuchen, zwölf Prozent halten sich dort sogar »fast täglich« auf. Und mit 34 000 Verkaufsstellen ist das Filialnetz so dicht gewoben, dass der nächste Supermarkt oder Discounter im Schnitt innerhalb von drei bis vier Minuten mit dem Auto erreichbar ist.

Doch so alltäglich der Gang zu Aldi & Co., so vertraut dort die Wege vom Obst und Gemüse zu den Milchprodukten und Getränken, so skeptisch blicken wir auf das, was wir aus den Regalen nehmen und am Ende jedes Supermarktgangs vom Einkaufswagen aufs Kassenband legen. Wir trauen unseren Lebensmittelhändlern nicht. Unser zweites Wohnzimmer bleibt uns fremd, sein Inventar macht uns misstrauisch.

Das ist nicht meine Privatthese, sondern gesichertes Wissen unter Marktforscherinnen. Der Aussage »Es ist für den Verbraucher sehr schwierig, die Qualität von Lebensmitteln richtig beurteilen zu können« stimmten bei einer Befragung von 30 000 Haushalten 81 Prozent zu, weitere 14 Prozent waren unentschieden, und nur knapp fünf Prozent befanden ihr Orientierungsvermögen in Sachen Lebensmittelqualität für gut. Welch katastrophaler Befund: Mehr als vier von fünf Verbraucherinnen können die Qualität ihrer Lebensmittel nicht richtig einschätzen!

Darum soll es in diesem Buch gehen: Wie kann es sein, dass die versammelte Lebensmittelwirtschaft, deren Zehntausende von Mitarbeitern sich tagtäglich Gedanken um Lebensmittel machen, ihre Kundschaft derart im Stich lassen? Wie ist es möglich, dass wir ausgerechnet bei Produkten, die unseren Tag strukturieren, die uns kulturell charakterisieren, ohne die wir kein Fest begehen und die wir zum (Über-)Leben so dringend brauchen wie sonst keine anderen, so unsicher geworden sind? Den großen Handelskonzernen ist in diesem Zusammenhang vieles vorzuwerfen, aber am Ende, so viel sei an dieser Stelle schon gesagt, geht es um Marktversagen infolge von Politikversagen.

In der eingangs erwähnten Befragung, die übrigens einem Report der Bundesvereinigung der Deutschen Ernährungsindustrie (BVE) entstammt,[1] steht nicht nur das bemerkenswerte Eingeständnis, dass Verbraucherinnen die »Qualität kaum oder gar nicht zu beurteilen vermögen«, weil es ihnen »an der nötigen Transparenz des Produktionsprozesses fehlt, und sie folglich unsicher sind, was die Einhaltung von Qualitätsstandards durch Industrie und Handel betrifft«. In dem Report wird auch der wichtige Gedanke geäußert, dass »viele Qualitätsmerkmale Vertrauenssache sind«. So ist es: Lebensmittel sind das, was Wirtschaftswissenschaftler »Vertrauensgüter« nennen. Denn wie bei der Ärztin, deren Ratschlägen und Rezepten wir vertrauen müssen, weil wir selbst keine Mediziner sind, müssen wir im Supermarkt darauf vertrauen, dass ein Lebensmittel frei von Rückständen und Keimen ist, dass der angegebene Gehalt an gesundheitsfördernden Substanzen, die behauptete Güte der Zutaten stimmen. »Der Verbraucher muss sich auf die Arbeit der Lebensmittelwirtschaft verlassen können«, heißt es in dem Report der Ernährungsindustrie.

Doch dann müssen die Autorinnen einräumen, dass es um das Vertrauen der Kunden tatsächlich miserabel bestellt ist.

Bei der Frage »Wem vertrauen Sie wie stark, wenn es um die Qualität von Lebensmitteln geht?«, nennen die Teilnehmerinnen an erster Stelle Zeitschriften wie *Stiftung Warentest* und *Ökotest*, es folgen Verbraucherschutzorganisationen, Bäckereien und Metzgereien, Landwirte und Expertinnen. Und erst unter »ferner liefen«, auf den Rängen 14 und 15 von insgesamt 17, nennen die Befragten die Lebensmittelhändler und -herstellerinnen: Ihnen vertrauen in Sachen Lebensmittelqualität uneingeschränkt nur 21 bzw. 18 Prozent der Befragten. Dass dennoch täglich Millionen von Kunden ihren Supermarkt aufsuchen, ist deshalb nicht als Vertrauensbeweis zu werten, wie es manchmal zu hören und zu lesen ist. Denn was bleibt den Menschen anderes übrig? Millionen von Menschen nutzen auch täglich Busse und Bahnen, was weder etwas über deren Qualität aussagt noch über die Zufriedenheit der Fahrgäste.

Der erwähnte Report der Ernährungsindustrie stammt aus dem Jahr 2011. Und wie es scheint, ist es der Branche seither nicht gelungen, erkennbar neues Vertrauen bei ihren Kundinnen aufzubauen. 2018 schrieben Autoren der Marketingberatung Zühlsdorf + Partner und des Lehrstuhls »Marketing für Lebensmittel und Agrarprodukte« der Universität Göttingen in einer Studie zum Thema Qualitätstransparenz: Nur knapp 15 Prozent der Befragten geben an, die Angaben auf Lebensmitteln zu verstehen; 85 Prozent gestehen, gar nicht mehr oder nur noch teilweise durchzublicken; 44 Prozent finden es schwer, die Qualität von Lebensmitteln zu beurteilen, und weitere 41 Prozent empfinden es zumindest teilweise genauso. Besonders aufschlussreich ist in der Studie der Vergleich der Erwartungen der Verbraucherinnen bezüglich ganz bestimmter Qualitätsdimensionen mit der tatsächlichen Erkennbarkeit dieser Qualitäten am Produkt: Die größten Differenzen finden sich bei sozialen Aspekten wie Arbeitsschutz und Kinderarbeit, beim Geschmack, der Tierfreundlichkeit, Gentechnikfreiheit und Gesundheit. »Bei diesen Merkmalen sind die für den Kauf als wichtig angegebenen Eigenschaften für viele Verbraucher am Produkt nicht gut erkennbar«, schreiben die Autorinnen und konstatieren, die Vertrauensdefizite in die Unternehmen seien alarmierend. Einer der vielen Belege dafür ist, dass 64 Prozent der Verbraucher der Meinung sind, dass es auf dem Lebensmittelmarkt viele »schwarze Schafe« gibt, weitere 29 Prozent gehen davon »teils/teils« aus.[2]

Preiswettbewerb statt Qualitätswettbewerb

Wie konnte es so weit kommen? Woher rührt das tiefe Misstrauen der Verbraucherinnen, und warum sind wir nicht in der Lage, unsere Nahrungsmittel qualitativ zu beurteilen? Die Fragen berühren die Lebensmittelwirtschaft insgesamt, aber vor allem die großen finanzstarken Handelskonzerne Edeka, Aldi, Rewe und Lidl. Denn diese vier Konzerne – oft als »Big Four« bezeichnet – bestimmen mehr denn je, was wir essen, welche Qualität und Nicht-Qualität diese Lebensmittel haben und mit welcher Transparenz oder Intransparenz uns die Produkte angeboten werden. Die »Big Four« mit ihren Discounter-Töchtern Netto (gehört zu Edeka), Kaufland (Lidl) und Penny (Rewe) sind die Großmeister des Angebots, während ihre Lieferanten – die Lebensmittelherstellerinnen und Landwirte – oft nur noch die Bittsteller sind. Der Hamburger Wettbewerbsökonom und Einzelhandelsexperte Prof. Dr. Rainer Lademann sagt: »Die Top 4 des Lebensmitteleinzelhandels verhalten sich auf den Beschaffungsmärkten inzwischen als Marktbeherrscher.«[3]

Ein Pfeiler ihrer Macht ist die Tatsache, dass diese vier

Handelsketten mehr als 85 Prozent des deutschen Lebensmittelmarkts dominieren und damit ein Oligopol bilden;[4] an manchen Orten und Regionen entfalten sie sogar quasi monopolistische Marktmacht, weil es für Kundinnen dort schlicht keine anderen Anbieter mehr in erreichbarer Nähe gibt. 85 Prozent für ganze vier Unternehmen – das ist unter Wettbewerbsgesichtspunkten eine Katastrophe. Dieser Zustand ist so verbraucherfeindlich wie die Dominanz weniger Mineralölkonzerne im deutschen Tankstellennetz oder so, als würde es hierzulande nur noch VW, BMW, Mercedes und Opel geben – bei geschlossenen Grenzen für ausländische Autobauer. Verantwortlich dafür ist die Politik, die diese Entwicklung seit Jahrzehnten ignoriert, zum Teil sogar fördert – etwa im Jahr 2016 durch eine Sondergenehmigung des damaligen Wirtschaftsministers Sigmar Gabriel (SPD) für Marktführer Edeka, der die Erlaubnis zur Übernahme der Supermarktkette Kaiser's Tengelmann erhielt, gegen den ausdrücklichen Rat des Bundeskartellamts und der Monopolkommission.

Verbraucherinnen mögen die 85 Prozent Marktanteil für nur vier Konzerne zunächst unbedeutend erscheinen. Für Lebensmittelhersteller und Landwirtinnen hingegen wirkt diese 85-Prozent-Marke wie ein langer dünner Flaschenhals: Wenn sie es mit ihren Lebensmitteln nicht in die Mega-Ketten schaffen, haben sie kaum noch Alternativen, ihre Produkte zu verkaufen. Überdies sind die Regalflächen in den Supermärkten begrenzt, gerade bei den Discountern, die meist weniger als 2000 Artikel führen, ist oft nur Platz für zwei oder drei Alternativen eines Produkts. Bei den Supermärkten, deren Sortimente etwa 10 000 Artikel umfassen, ist die Auswahl zwar größer, aber immer noch weit entfernt von den rund 170 000 Produkten, die die Lebensmittelwirtschaft anbietet. Das ist die simple deutsche Supermarkt-Ökonomie: Auf der einen Seite vier Mega-Händler, die den Platz in ihren Regalen knapp halten, auf der anderen Seite viele Lebensmittelproduzentinnen mit einem mehr oder weniger austauschbaren Warenangebot. Im Grunde ist es überall so wie bei Aldi in Großbritannien: Dort rief der Discounter Anfang 2022 in einem landesweiten Wettbewerb britische Lebensmittelproduzenten dazu auf, sich um einen Platz in seinen Regalen zu bewerben, der Titel des Castings, »Stars in their Aisles« (dt. »Stars in den Gängen«), war eine Anspielung auf die im Vereinten Königreich populäre TV-Talentshow »Stars in their Eyes«. Die Bittstellerrolle der Herstellerinnen liegt auf der Hand.

Wie sich die Machtverhältnisse verschoben haben, ist fast täglich in Fachmedien der Lebensmittelwirtschaft nachzulesen, wenn sie berichten, wie die großen Handelskonzerne selbst Konflikten mit mächtigen Markenherstellern wie Nestlé oder PepsiCo nicht mehr aus dem Weg gehen und deren Produkte einfach »auslisten« – sprich: aus dem Sortiment schmeißen –, sobald die geforderten Preise und sonstigen Konditionen nicht passen. Inzwischen werden solche Verhandlungen von manchen Supermarktketten auch gern über die Medien ausgetragen wie zum Beispiel durch Edekas Discount-Tochter Netto. Über Instagram und Facebook warf Netto dem Riegelproduzenten Mars vor, »Mondpreise« zu verlangen, also völlig überhöhte Preise, und stellte der Packung »M&M's« von Mars die viel billigeren Süßigkeiten der Netto-Eigenmarke »Schokoliebe« entgegen, Tenor: »Keine Lust auf Mondpreise von Mars? Dann geh' doch zu Netto!«

Nun ist bei Giganten wie Mars, Nestlé oder PepsiCo Mitleid unangebracht, doch solch öffentlich ausgetragene Preisverhandlungen mit Schwergewichten der multinationalen Lebensmittelwirtschaft sind eine wirksame Drohkulisse für die vielen kleineren Herstellerinnen: Auf diese Weise erfahren sie, was ihnen blühen kann, wenn sie dem Diktat der Ketten nicht folgen. »Nur wenige Hersteller haben sehr starke Marken, von denen sie wissen, dass der Handel nur ungern auf sie verzichtet«, sagt Ökonom Rainer Lademann. »Fällt nur eine der vier Supermarkt-Ketten als Auftraggeber weg, kommen viele Hersteller schon in ernsthafte Schwierigkeiten. Die ›Big Four‹ sind für fast alle Produzenten inzwischen mehr oder weniger unverzichtbar. Damit bleibt wirksamer Wettbewerb auf der Strecke, und das ist kein guter Zustand.«

Eine weitere Säule der Marktmacht bilden die Eigen- oder Handelsmarken von Lidl & Co.: Sie werden entweder im Auftrag und nach den ganz spezifischen Anforderungen der Supermärkte von Lebensmittelfirmen hergestellt, oder die Händler produzieren sie selbst in ihren eigenen Werken. Edeka zum Beispiel gehören die Safthersteller »Sonnländer« und »Albi«, dazu zwölf Fleischwerke, 14 regionale Backbetriebe und eine Kellerei; Rewe betreibt seine eigene Großbäckerei (»Glocken«) und stellt unter der Eigenmarke »Wilhelm Brandenburg« in Eigenregie Fleisch- und Wurstwaren her; Aldi röstet seinen Kaffee selbst, und Lidl produziert in den eigenen Fabriken Schokolade, Knabbersnacks, Eis, Getränke, Trockenfrüchte, Backwaren und seit neuestem auch Nudeln.

Im deutschen Lebensmitteleinzelhandel machen Eigenmarken knapp 40 Prozent aus, bei Discountern wie Aldi können sogar neun von zehn Produkten Handelsmarken sein. Durch sie nehmen die ohnehin großen Einflussmöglichkeiten des Handels auf das Sortiment weiter zu: Denn die »Big Four« sind gleichzeitig Händler und Produzent – und damit auch Konkurrenten ihrer Lieferantinnen, denen sie die billigeren Eigenmarken vor die Nase halten wie im oben genannten Beispiel von Nettos »Schokoliebe«, das gegen »M&M's« von Mars in Stellung gebracht wurde. Mitunter werden auch gleich ganze Warenkörbe verglichen, wie das im Sommer 2022 Aldi ungeniert in einer Werbekampagne praktizierte: Die großformatigen Zeitungsanzeigen präsentierten 16 Produkte vom Pesto über Sekt bis zu Ketchup und Bier, mal als Eigenmarken »von Aldi«, mal als Herstellermarken »bei Aldi«. Daneben die zwei unterschiedlichen Kassenzettel und der Hinweis: »-51 % sparen mit der Eigenmarke«.

Die Preis-Diktatoren

Die Kehrseite solch öffentlicher Preisvergleiche ist oft dunkel, so dunkel, dass selbst die Bundesregierung auf ihrer Website schreibt, die vier großen Handelsketten mit ihrem Marktanteil von mehr als 85 Prozent würden »ihr Preisdumping bei den Verkaufspreisen nach unten weitergeben«.[5] »Unten« – das sind in diesem Fall Milchbauern, Schweinemästerinnen, Obst- und Gemüsebauern, mittelständische Lebensmittelherstellerinnen. Ihre Situation im ungleichen Machtkampf mit den »Big Four« war und ist in vielen Fällen so prekär, dass es seit Mitte 2021 ein eigenes Gesetz gibt, um wenigstens die schlimmsten Auswüchse einzudämmen.[6] Dieses »Gesetz zur Stärkung der Organisationen und Lieferketten im Agrarbereich« setzt eine Richtlinie der EU um und verbietet Praktiken einer sogenannten »schwarzen Liste« beziehungsweise schränkt Praktiken einer »grauen Liste« ein. Dass der europäische und der deutsche Gesetzgeber ein solches Regelwerk überhaupt erlassen haben, gibt eine Ahnung davon, wie es zuging und teilweise immer noch zugeht im Verhältnis der Handelskonzerne und ihrer Lieferantinnen: Verboten ist jetzt zum Beispiel, dass Händler unverkaufte Ware zurückschicken, ohne den Kaufpreis zu zahlen; verboten ist die kurzfristige Stornierung verderblicher Agrarerzeugnisse; Händler dürfen jetzt nicht mehr mit geschäftlichen Vergeltungsmaßnahmen drohen, geschweige denn solche anwenden, »wenn der Lieferant von seinen vertraglichen oder gesetzlichen Rechten Gebrauch macht oder seine gesetzlichen Pflichten erfüllt«; Supermärkte und Discounter dürfen auf ihre Lieferanten jetzt weder eigene Lagerkosten abwälzen noch Kosten, die durch Fehlverhalten des eigenen Personals entstehen; und die Händler müssen nun für verderbliche Erzeugnisse innerhalb von 30 Tagen zahlen.

Vielleicht verhindert das Gesetz hierzulande tatsächlich, dass Supermärkte über Nacht einen Auftrag für 20 Paletten Salatköpfe stornieren, während sie die Zahlung der längst verkauften 30 anderen Paletten seit zwei Monaten verweigern. Ob das Gesetz auch internationale Lieferketten zum Besseren verändert, muss bezweifelt werden. Warum diese Zweifel begründet sind, beschreibt ausgerechnet eine Publikation von Lidl, die sich mit der menschenrechtlichen Situation von Pflückerinnen und Pflückern in der spanischen Region Huelva beschäftigt, aus der ein Großteil der Beeren in deutschen Supermärkten kommt. Als »strukturelle Ursachen« für die beklagenswerten Arbeits- und Lebensbedingungen der Saisonarbeiter nennt der Report überraschend offen die »Marktdynamik«: »Der Lebensmitteleinzelhandel zeichnet sich durch eine hohe Wettbewerbsintensität aus. Niedrigpreisstrategien haben sich dabei für Supermärkte als erfolgreiches Geschäftsmodell erwiesen (...) Da lediglich vier Supermärkte den deutschen Einzelhandel kontrollieren, haben sie einen großen Einfluss zum Beispiel auf Qualitäts- und Einkaufsbedingungen. Dadurch können sie erheblichen Druck auf Lieferanten ausüben (...) Von den Erzeuger:innen wird erwartet, dass sie hohe Qualitäts- und Verpackungsstandards zu einem möglichst niedrigen Preis erfüllen. Der Anreiz, die Kosten zu senken, ist für die Erzeuger:innen daher hoch. Einsparungen finden vor allem auf Ebene der Arbeiter:innen statt.« Der Beerensektor in Huelva, resümiert die Studie, sei charakterisiert durch die »Konkurrenz zwischen dem Wohlergehen der Saisonkräfte und dem Profit«.[7]

Man kann diese Analyse von Europas größtem Lebensmittel-Einzelhändler als versteckten oder unfreiwilligen Aufruf für mehr staatliche Regulierung lesen. Denn die von Lidl beschriebene »Konkurrenz zwischen dem Wohlergehen der Saisonkräfte und dem Profit« – ein klassisches Dilemma – ist nichts, was Lidl allein auflösen könnte. Das beste Beispiel dafür lieferte Lidl selbst, als man vor wenigen Jahren versuchte, nur noch »fair« gehandelte Bananen zu verkaufen – zu höheren Preisen als die Konkurrenz. Das Projekt scheiterte nach kurzer Zeit, weil die anderen Händler nicht mitzogen und Lidl Marktanteile abnahmen. Mit dem Satz »Der Kunde will eine billige Banane« beendete der damalige Lidl-Chef das Experiment.[8]

Dieser Ausgang war abzusehen, es hätte nicht anders kommen können. Weil man von keinem Unternehmen, schon gar nicht von einem Supermarkt-Giganten wie Lidl, erwarten kann, dass es sich freiwillig aus dem Markt schießt. So funktioniert Marktwirtschaft nicht. Wenn man unterstellt, dass auch Supermarkt-Manager die Welt lieber retten als zerstören wollen, bleibt ihnen in der Billig-Preis-Logik der vier deutschen Supermarkt-Riesen nichts anderes übrig, als die Welt immer nur ein ganz klein bisschen besser zu machen. Mit einem Faire-Bananen-Projekt hier und einer »Klima-Offensive« dort. Oder wie Lidl mit der Selbstverpflichtung, bis Ende 2025 bei den Eigenmarken mit Kinderoptik auf der Verpackung, also z. B. Comic- oder Tierfiguren auf Fruchtjoghurts oder Frühstückscerealien, nur noch solche Produkte verkaufen zu wollen, die die Kriterien der Weltgesundheitsorganisation für ausgewogene Produkte erfüllen – »ausgenommen Aktionsartikel zu Weihnachten, Ostern und Halloween«. Die »gute Tat« gilt also nur für Eigenmarken und auch nicht in jenen Zeiten, in denen diese Produkte besonders gern gekauft werden. Man kann deshalb sagen: Lidl täuscht Verantwortung vor. Man kann aber auch sagen: Lidl tut, was Lidl tun kann, ohne sich selbst zu schaden.

Teuer ist nicht gut, billig ist nicht schlecht

Seit vielen Jahren antworten die Deutschen relativ konstant auf die Frage, ob sie beim Einkaufen vor allem auf den Preis oder auf die Qualität achten: Die Verteilung ist in etwa halbe-halbe mit leichten Überhängen für die Qualitätsbewussten. Den tiefsten Wert (41 Prozent) hatte die Qualitätsorientierung interessanterweise 2003, im Jahr zuvor wurde der Werbeslogan »Geiz ist geil« zum geflügelten Wort in Deutschland. Das Discounter-Prinzip erfanden die Gebrüder Albrecht mit Aldi bereits in den 1960er Jahren und pflügten so den Lebensmitteleinzelhandel kräftig um.

Zu billigen Lebensmitteln zu greifen, ist für viele Menschen eine Notwendigkeit und hat mit Geiz nichts zu tun. Aber für noch viel mehr Menschen ist der Griff zum Billig-Produkt auch deshalb eine völlig rationale Entscheidung, weil der Preis zum letzten Differenzierungsmerkmal im Supermarkt geworden ist. Wo die Qualität von Produkten verschleiert, verzerrt, verheimlicht wird, leuchtet das Preisschild umso greller.

Verantwortlich für den Qualitätsblindflug in Deutschlands Supermärkten ist am Ende die Politik. Sie hat zugelassen, dass aus dem Vertrauensgut Lebensmittel Produkte wurden, denen immer weniger Menschen trauen: Die Politik hat entschieden, dass bestimmte Stoffe in Lebensmitteln, die den Ausschlag geben für ein informiertes Qualitätsurteil, nicht deklariert werden müssen. Die Politik toleriert, dass auf dem Fleisch gequälter Tiere das »Tierwohl«-Label klebt. Die Politik akzeptiert, dass die Herkunft vieler Lebensmittel im Dunkeln bleiben kann und sich jeder Fabrikbäcker als traditioneller Handwerksbetrieb darstellen darf. Die Politik verantwortet verantwortungslose Werbung für ungesunde Süßigkeiten, die sich gezielt an Kinder richtet, und tut nichts gegen einen Siegel-Dschungel, den keine normale Supermarktkundin mehr durchdringt. Wo Intransparenz und Irreführung über die Qualität von Produkten die beherrschenden Merkmale des Marktes sind, darf sich niemand wundern, dass der Preis regiert. Aus dem hilfreichen Preis-Leistungs-Verhältnis sind eindimensionale Preis-»Leistungs«-Verhältnisse geworden.

Für das Geschäftsmodell der Supermärkte sind das ideale Verhältnisse. Denn wo Qualität durch ganz legale Praktiken für den Kunden unkenntlich gemacht werden kann, ist der Anreiz umso größer, mit billigen Rohstoffen, nicht deklarierungspflichtigen Zusatzstoffen, täuschender Aufmachung und anderen Strategien die Gewinnmargen zu steigern. Und billige Produkte »drehen sich schneller« – sie werden eher verkauft als teure –, das hilft der Umsatzrendite.

Die »Großen Vier« sind mächtige Player. Sie allein entscheiden, was sie uns Verbraucherinnen in die Regale stellen. Mit ihrer Nachfragemacht und ihren Eigenmarken haben sie eine immense Wirkung darauf, wie Landwirtschaft betrieben wird, wie es arbeitenden Menschen und Nutztieren geht, wie sich die Strukturen der Lebensmittelwirtschaft verändern, wie gesund oder ungesund wir uns ernähren. Aber keiner der »Großen Vier« kann die Billig-Preis-Logik alleine aufbrechen, ohne sich selbst zu schaden – was niemand erwarten kann und sollte.

Nur Politik kann Regeln setzen, die im Sinne der Verbraucher den *gesamten* Markt verbessern und nicht nur einzelne Nischen einzelner Anbieterinnen. Politik muss endlich dafür sorgen, dass durch Transparenzpflichten echter Qualitätswettbewerb entsteht, der Kundenbedürfnisse bedient und Qualitätshersteller und -händlerinnen belohnt. Ein Wettbewerb, der Preis und Qualität endlich ins Verhältnis bringt. Der Kunden zu Königen macht und nicht zu Dienern wirtschaftlicher Interessen.

2. Brot + Brötchen

Seltsame Handwerker sind sie, diese Supermarktbäcker. Sind sie überhaupt noch Handwerker? Und was verkaufen sie uns da eigentlich? Eine ebenso kurze wie sarkastische Antwort darauf hat der Twitterstar El Hotzo gegeben: »Man kann der Menschheit viel vorwerfen, aber aus der Kombination aus Wasser und Mehl hat sie echt absolut alles rausgeholt.«

An der »Vorkassenbäckerei« eines Edeka-Supermarkts, in dem ich gelegentlich einkaufe, hängt ein rundes Pappschild von der Decke. Darauf stehen die Jahreszahl 1919 und die Wörter »Leidenschaft« und »Tradition«. Schaut man auf der Website der »Markt-Bäckerei« – so heißt die Edeka-Tochter mit ihren Hunderten von Filialen – nach, wie sie sich selbst beschreibt, stößt man auf ein Selbstlob, das selbst unter Marketinggesichtspunkten nur schwer erträglich ist. »Wir sind nicht irgendein Bäcker und auch kein Industriebetrieb, der Industrieware produziert«, heißt es dort. »Backkultur, das ist die pure Freude am Handwerk, das ist Leidenschaft bis ins Detail, das ist Stolz auf die wunderbare Welt des Backens (…). Backen heißt vor allen Dingen: Arbeiten mit den Erzeugnissen, die uns die Natur zu Verfügung stellt, echte Handarbeit mit den Elementen.« In einem begleitenden minutenlangen Imagefilm, der kein Klischee und kein Schlagwort auslässt, sagt eine sonore Erzählerstimme – untermalt von reichlich Klaviermusik – Sätze, für die man sich fremdschämt: »Bäcker machen die Nacht zum Tage, bevor der erste Hahn kräht (….) Kaum jemand bekommt sie je wirklich zu Gesicht, aber ihre Arbeit, ihre Arbeit verbreitet jeden Morgen jenen herrlichen

Duft in der Bäckerei, der uns ein Leben lang begleitet: der Duft unserer Kindheit, der Erinnerungen weckt an Heimat, der uns zurückkehren lässt ans offene Feuer, zu Gemeinsamkeit, zu natürlichen Rohstoffen, zurück zum Geschmack (...). Brot reflektiert Kulturen, Brauchtum, Traditionen, Geschichte, (...) wir teilen es seit Hunderten von Jahren (...). Ohne Brot ist der Tisch nur ein Brett. Füllen wir die Tische mit Leben.«

Man sieht Kinderzeichnungen von Traktoren, knisterndes Feuer, lachende Menschen beim Brotessen am Tisch, eine Hand, die in Zeitlupe in Erde greift, ein Getreidefeld vor untergehender Sonne. Es ist die Rede von Nachhaltigkeit, zukünftigen Generationen, von Bodenständigkeit, Verlässlichkeit, Wertschätzung, von der Vielfalt des heimischen Obsts und dem Reichtum der Region. »Liebe, die durch den Magen geht.« »Weil Brot für uns mehr ist als nur Mehl und Wasser.« Und als großes Finale der Satz: »Die Nacht weiß viel zu erzählen, vor allem wenn man Bäcker ist.«

Gut möglich, dass es auch derlei Prosa war, mit der die Unesco dazu gebracht wurde, das deutsche Bäckerhandwerk als »immaterielles Kulturerbe« anzuerkennen: Es habe die Vielfalt – mehr als 3000 (!) eingetragene Brotsorten – und Qualität des deutschen Brotes über die Jahrhunderte entwickelt und bewahrt, so die Unesco; im Brot lebten die alten Traditionen fort, »wobei neueste Erkenntnisse der Wissenschaft stets in die Herstellung der Backwaren einfließen«.

So kann man es sehen. Aber auch ganz anders – vor allem bezüglich der »neuesten Erkenntnisse der Wissenschaft«, die in die Backwarenproduktion einfließen. Man kann es nämlich so sehen wie der Lebensmittelchemiker Udo Pollmer in seinem Buch *Zusatzstoffe von A bis Z*. Den reichlichen und den meisten Kundinnen unbekannten Gebrauch von Zusatzstoffen und anderen Zugaben in allerlei Backwaren verdichtet Pollmer zu der These: »Fabrikbrot vom Bäcker: Ein Handwerk gibt sich auf.«[1]

Alchemie in der Backstube

Die Fundamentalkritik gründet auf der Tatsache, dass die klassischen Zutaten für Backwaren längst um eine lange Liste Dutzender Zusatzstoffe erweitert wurden, ohne die die meisten Supermarktbackwaren heute nicht denkbar sind. EU-weit sind rund 380 Zusatzstoffe zugelassen, knapp 160 davon können in Brot und Brötchen zum Einsatz kommen. Es gibt Süßungs- und Antioxidationsmittel, Konservierungs- und Trägerstoffe, Mehlbehandlungs-, Backtrieb- und Feuchthaltemittel, Stabilisatoren und Emulgatoren, Geliermittel, modifizierte Stärken und noch viele Helfer mehr. Sie alle dienen dazu, die Backwaren haltbarer, größer, knuspriger, farbiger, frischer, schmackhafter, geruchsintensiver zu machen, als es »nur« mit Mehl, Wasser, Salz und Hefe möglich wäre. Die einen Stoffe machen die Poren größer, die anderen bleichen Toastbrot, die dritten ersetzen die mehrstündige Teiggärung, die vierten stabilisieren die Prozesse beim Einfrieren und Auftauen der Teiglinge, die fünften verhindern das Anbacken auf der Unterlage.

Nicht zu vergessen die üppig verwendeten technischen Enzyme, die zu den Verarbeitungshilfsstoffen (früher »technische Hilfsstoffe«) gerechnet werden. Enzyme stecken zwar auch natürlicherweise im Mehl, aber in unterschiedlicher Menge und von unterschiedlicher Qualität, weshalb beim Backen zu Hause am einen Tag ein geschmeidiger Teig gelingt und am nächsten ein klebriger entsteht. »Die Natur ist von Natur aus unzuverlässig«, schreibt dazu das »Wissensforum Backwaren« des Backzutatenverbands: Manche Enzyme seien »sehr strenge Drill Instructors und machen ihren Substanzen richtig Dampf unterm Hintern«, während andere »genauso faul sind wie die Stoffe, die sie zum Reagieren bringen sollen«.[2]

Derlei natürliche Schwankungen sind mit den Anforderungen einer Backfabrik, in der viele Maschinen miteinander vertaktet sind und alles sehr schnell gehen muss, nicht kompatibel: Wo mehrere zehntausend Backteile in der Stunde nahezu vollautomatisch produziert werden – Lidls konzerneigene Großbäckerei »Bonback« produziert mehr als acht Millionen Brötchen in der Woche –, muss das bearbeitete Teigmaterial immer gleich »maschinengängig« sein, also dehnbar, elastisch, unempfindlich. Deshalb die zusätzlichen Enzyme, die aus dem »unzuverlässigen« Naturprodukt Mehl mit seinem eigenen defizitären Enzymspektrum einen maschinentauglichen Rohstoff zaubern. Deshalb die oft mit gentechnisch veränderten Mikroorganismen hergestellten Glucoseoxidasen, Xylanasen, Lipasen, Proteasen und anderen High-Tech-Enzymen als zusätzliche Mehl-Zugaben, die für die gewünschten »special effects« im Teig sorgen, vom beschleunigten Aufgehen bis zum verzögerten Austrocknen. Deshalb »Wunder-Enzyme« wie die Amylasen, die verpacktes Toastbrot auf Wunsch des Handels bis zu neun Wochen haltbar machen.[3]

Traditionelle Backkunst? Handwerksarbeit? Kein Schreinermeister prahlt damit, dass er auch die schwierigsten Holzverbindungen noch von Hand mit dem Fuchsschwanz sägt – obwohl in seiner Werkstatt teure CNC-Maschinen stehen. Und jede Heizungsinstallateurin, die sich mit digitalen Heizungsanlagen auskennt, stellt das als modernes Leistungsmerkmal ins Schaufenster. Bäcker hingegen versuchen selbst dann noch jeden Eindruck von industrieller Fertigung weit von sich zu weisen, wenn sie längst zur quasi-industriellen

Großbäckerei gewachsen sind, die Dutzende von Supermarktfilialen beliefert.

Es sieht so aus, als säßen die Backbranche und mit ihr die Supermärkte in der selbst gestellten Traditionsfalle: In ihren Backwaren-Fabriken suchen sie nach den letzten Krumen handwerklicher Arbeit, die aufgeblasen werden wie Brötchen mit enzymatischen Backmitteln. Dabei sind selbst in Bio-Großbäckereien zwei Drittel der Beschäftigten angelernte Mitarbeiterinnen – und eben keine Bäckermeister und -gesellinnen. Selbst dort wird rund um die Uhr gearbeitet und jeder Handgriff, der automatisierbar ist, wird von Maschinen übernommen, wenn es sich betriebswirtschaftlich rechnet. Auch in Bio-Bäckereien werden Teiglinge schockgefrostet und dann an Filialbäckereien und (Bio)-Supermärkte verschickt, wo sie zum Aufbacken im Ofen landen. Und auch bei Bio-Backwaren ist der Einsatz technischer Enzyme keine Seltenheit.[4]

Oder nehmen wir das Massenprodukt Laugenbrezel. Über sie schreibt die *Allgemeine Bäckerzeitung* (die natürlich kein normaler Supermarkt- oder Bäckereikunde liest): »Die Herstellung in industriellen Stückzahlen gegenüber der mühevollen Handarbeit gebot es vielen Bäckern, mit der Zeit auf die Zulieferung der Laugenteiglinge durch industrielle Anbieter (...) zurückzugreifen. Zählte es einst zum handwerklichen Geschick eines Bäckers, die Brezel in einem ›Wurf‹ zu schlingen, so übernehmen heute moderne Maschinentechnik und Geräte diese Handwerkskunst.« So soll eine Anlage zur vollautomatisierten Brezelformung sogar in der Lage sein, verschiedene Brezel-Varianten zu beherrschen: die mit »einfachem oder doppeltem Knoten, nach schwäbischer oder bayrischer Art, also mit bauchigem, konischem oder zylindrischem Brezelstrang«. Über die vollautomatischen Brezelbackautomaten schreibt die *Bäckerzeitung* außerdem, es gebe Geräte, deren Bedienung »kinderleicht« sei: Man müsse die tiefgefrorenen

Teiglinge nur aus dem Froster auf ein laufendes Netzband legen; »die Brezeln werden dann vom Brezelbackautomaten aufgetaut, gesalzen, knusprig braun gebacken, aus dem Ofen in einen Auffangkorb geleitet und dort warmgehalten.« So könnten Bäckereien laut der Automatenhersteller zu jeder Tageszeit warme Brezeln anbieten.

Mit Sicherheit gibt es noch Bäckerinnen, die handwerklich arbeiten, wenige Zusatzstoffe verwenden und ohne technische Enzyme auskommen. Die in Kauf nehmen, dass ihre Waren teurer sind, weil mehr Handarbeit und mehr Gärzeit in ihnen stecken. Die damit leben, dass ihre Brötchen ein wenig kleiner sind und in ihren Auslagen nur acht Kleingebäcksorten liegen, während die Konkurrenz mit dem Doppelten aufwartet. Handwerker wie das Netzwerk der »Freien Bäcker«, die auf industriell gefertigte Teiglinge ebenso verzichten wie auf Backvormischungen, technische Enzyme und Emulgatoren. Es gibt solche Bäckereien noch, nur sind sie für die Kundin wegen unzureichender Regulierung kaum identifizierbar in einer Branche, die sich fast flächendeckend – und ganz legal – als Handwerksbäcker geriert. Die Chance, dass man sie im Supermarkt oder in dessen Vorkassenbereich findet, ist jedenfalls sehr gering.

Vor ein paar Jahren stritten der Zentralverband des Deutschen Bäckerhandwerks und Aldi Süd vor Gericht über die Frage, ob man es »Backen« nennen dürfe, wenn aus Backautomaten auf Knopfdruck Backwaren in ein Fach fallen. Aldi Süd bewarb die Produkte aus seinem »Backtresor« damals als frisch gebackene Brötchen und Brote, während die Handwerksbäcker das für Irreführung hielten, weil in den Backöfen nur Teiglinge aufgetaut und angebräunt würden. Der berühmte Brötchenstreit endete mit einem Vergleich, ohne dass die Frage juristisch geklärt worden wäre. Interessant daran war, wie ausgerechnet die *Deutsche Handwerkszeitung* darüber berichtete: Bei der Verhandlung vor dem Landgericht habe der sachverständige Gutachter – ein anerkannter Brotexperte mit Professorentitel – trotz eines zweistündigen Vortrags über Brot und Brötchen keine klare Antwort auf die Frage geben können, ob in den Aldi-Automaten gebacken wird oder nicht. Nach Ansicht des Gutachters, so die *Handwerkszeitung*, finde das Handwerk nach alter Sitte – nämlich Kneten, Gären und Backen direkt hintereinander – in Backstuben ohnehin kaum noch statt.

Die deutsche Verbrauchertäuschungskommission

Wer für Verbraucherinnen Orientierung herstellen könnte im Phantasieland der deutschen Back- und Aufbackpraxis, ist die Deutsche Lebensmittelbuch-Kommission (DLMBK). Doch das Gremium hat beim Thema traditionelles Bäckerhandwerk leider einmal mehr bewiesen, dass seine Auftraggeber nicht die Millionen schlecht informierter Supermarktgängerinnen sind, sondern die Lebensmittelhersteller und -händler. Die Deutsche Lebensmittelbuch-Kommission ist ein gesetzlich verankertes, beim Bundesernährungsministerium angesiedeltes Gremium, dem Vertreterinnen und Vertreter von Wissenschaft, Verbraucherorganisationen und Lebensmittelüberwachung angehören, aber auch Lobbyisten der Lebensmittelbranche. In Fachausschüssen erarbeiteten die Kommissionsmitglieder sogenannte Leitsätze zu inzwischen mehr als 2000 Lebensmitteln. Leitsätze beschreiben, wie Lebensmittel zusammengesetzt und beschaffen sein sollen, sie treffen Aussagen zur Bezeichnung, Kennzeichnung und Aufmachung von Lebensmitteln. Am Ende sollen die Leitsätze der Kommission dazu dienen, dass Lebensmittel der allgemeinen »Verkehrsauffassung« entsprechen und »berechtigte Verbrauchererwartungen« erfüllen. Die DLMBK widmet sich deshalb zum Beispiel der Frage, wie hoch der Erdbeeranteil in einem Erdbeereis sein soll oder wie viel Schokolade Verbraucherinnen in einem Schokopudding erwarten dürfen.

Die Antworten sind gelinde gesagt umstritten: Nach den Leitsätzen der Kommission darf zum Beispiel eine Kalbsleberwurst mehr Schweine- als Kalbfleisch enthalten. Andere berühmt-berüchtigte Fälle, die die Kommission sanktionierte, sind der Kirschtee, der keine Kirschen enthalten muss oder der Alaska-Seelachs, der ohne ein Gramm Lachs verkauft werden darf.

Dass derlei Festlegungen der Lebensmittelwirtschaft entgegenkommen, liegt auf der Hand, und wie sie zustande kommen, ist auch erklärlich: Die Leitsätze der Kommission werden grundsätzlich einstimmig beschlossen, was impliziert, dass gegen die Stimmen der Hersteller und Händlerinnen kein Leitsatz im Bundesanzeiger veröffentlicht werden kann. Die Leitsätze, die außerdem noch das Einvernehmen der Exekutive, nämlich des Bundeswirtschaftsministeriums erfordern, sind keine »Gesetze« im eigentlichen Sinn, aber die Gerichte orientieren sich in Streitfällen an den Entscheidungen der Kommission. Zwar können auch die Vertreter der staatlich finanzierten Verbraucherzentralen einen Beschluss blockieren, aber letztlich müssen die Interessen der Verbraucherinnen sich an den Interessen der Lebensmittelwirtschaft und der Exekutive orientieren.

Die Konstruktion der DLMBK zeigt das ganze Elend des Verbraucherschutzes auf: Verbraucherinteressen werden nicht als Interessen betrachtet, an denen sich die Produktion und Vermarktung von Lebensmitteln zu orientieren haben, sondern als notwendiges Übel, das man möglichst »unschädlich« in einen von Wirtschaftsinteressen bestimmten Entscheidungsprozess eingebettet hat. Wenn man allerdings der Meinung ist, dass auch die Regeln des Lebensmittelmarkts demokratisch erstritten werden müssen und auf diese Weise die Interessen der Mehrheit der Bürgerinnen abbilden sollten, kommt man wie der Staatsrechtler Stephan Rixen zu dem Schluss, dass die DLMBK sehr wahrscheinlich verfassungswidrig ist.[5] Zwar ist es formal ihr Zweck, Verbraucher vor Irreführung zu schützen, doch dieser Zweck wird strukturell zerschossen, weil die Verbrauchervertreterinnen eben nur ein Viertel der 32 Kommissionsmitglieder stellen und letztlich die Exekutive und nicht das Parlament das Sagen hat.

Kein Wunder, dass eine derartige Konstruktion des Pseudo-Verbraucherschutzes das Licht der Öffentlichkeit scheut. Es geht schon damit los, dass man nicht wirklich erfährt, wer denn zum Beispiel die Interessen der Lebensmittelwirtschaft in der Kommission vertritt. Auf der Website der DLMBK stehen nur die Namen der ehrenamtlich Tätigen, ohne jeglichen Verweis auf ihre hauptberufliche Tätigkeit. Fragt man im zuständigen Bundesministerium für Ernährung und Landwirtschaft (BMEL) nach, lautet die Nicht-Auskunft: »Für die Veröffentlichung bzw. Weitergabe der Arbeitgeber der DLMBK-Mitglieder liegt uns keine Einwilligungserklärung der Mitglieder vor.« Selbstredend sind auch die Beratungen der Kommission vertraulich, die Öffentlichkeit erfährt nicht, wer warum wofür gestimmt hat. Deshalb kann nur vermutet werden – aber das gut begründet –, dass die Vertreter der Lebensmittelwirtschaft etwa im Fall der Kalbsleberwurst nichts gegen einen hohen Schweinefleischanteil hatten: Schweinefleisch ist nun mal billiger als Kalbfleisch.

Vollautomatisierte Tradition

In dieser verbraucherfeindlichen Linie, die den großen Lebensmittelherstellern und -händlern nützt und den kleinen Wettbewerbern schadet, steht auch ein neu gefasster Leitsatz der DLMBK vom Juni 2021 zu »traditionellen Rezepturen« und »traditioneller Herstellung« in Deutschlands Bäckereien. Danach hält es die Kommission für legitim, beim Verkauf von Brot und Kleingebäck mit einer »traditionellen Rezeptur« oder »traditioneller Herstellung« zu werben, wenn »Lebensmittelzusatzstoffe und zugesetzte Enzyme nicht verwendet werden«. So weit so überzeugend. Doch die Bedingung gilt nicht uneingeschränkt: Denn ausgenommen von der Nicht-Verwendung sind solche Zusatzstoffe, »die üblicher Bestandteil eines zusammengesetzten Lebensmittels sind, das als Zutat verwendet wird (z. B. Rieselhilfsstoff in Speisesalz) oder für den Produktcharakter (z. B. Natronlauge bei Laugengebäck) oder aus technologischen Gründen (z. B. Ascorbinsäure) unabdingbar sind«.

Man muss sich bei solchen Leitsatz-Konstruktionen klarmachen, dass ihr Ziel eigentlich darin besteht, der Bäckerkundschaft Orientierung zu geben: Verbraucherinnen und Verbraucher sollen besser verstehen, was »traditionelle« Backkunst charakterisiert, damit sie ihre Wahl zwischen verschiedenen Angeboten informiert treffen können. Tatsächlich ist eher das Gegenteil der Fall. So sieht es auch der Verein »Die Freien Bäcker«, der die neuen Leitsätze schlicht eine »Mogelpackung« nennt. Denn jetzt könnten Brote und Kleingebäck auch unter dem Label »traditionelle Rezeptur« verkauft werden, obwohl sie »biotechnologische Alleskönner« enthalten, mithin technische Enzyme, die die Funktion von Zusatzstoffen mit E-Nummern übernehmen, jedoch nicht deklariert werden müssen. »Entspricht dies der Vorstellung von Rezepturen, die von Generation zu Generation weitergegeben wurden?«, fragen die »Freien Bäcker« stellvertretend für unzählige Verbraucherinnen und Verbraucher. Vermutlich sei die »Tradition« nur neu definiert worden, um den Begriff »Handwerk« aufzupolieren: »Die Mogelpackung ›traditionelle Rezeptur‹ macht deutlich, wie sich die technologische Abhängigkeit auch vieler Hersteller*innen, die in die Handwerksrolle eingetragen sind, auswirkt. Die Abhängigkeit von biochemischen Werkzeugen, die mit Hilfe von Mikroorganismen produziert werden, die oftmals gentechnisch verändert sind, wird oft gar nicht bemerkt oder verdrängt. Mit der Verwendung von Zusatz- und Verarbeitungshilfsstoffen ging und geht Wissen über komplexe Zusammenhänge bei der Lebensmittelherstellung und handwerkliches Können verloren.«

Zuletzt zitieren die »Freien Bäcker« den Komponisten Gustav Mahler, um zu vermitteln, was sie von der Auslegung des Traditionsbegriffs durch die Deutsche Lebensmittelbuch-Kommission halten: »Was ihr Theaterleute eure Tradition nennt, das ist nichts anderes als eure Bequemlichkeit und Schlamperei.«[6]

In der »Markt-Bäckerei« im Vorkassenbereich des Edeka-Markts in meiner Nähe, wo der Pappkarton mit den Wörtern »Leidenschaft« und »Tradition« und der Jahreszahl 1919 von der Decke hängt, kaufe ich zwei Laugenbrezeln. Was sie an Zutaten enthalten, kann mir die Verkäuferin nicht sagen, dafür schiebt sie mir einen Ordner mit der Aufschrift »Produktinformationen für unsere Kunden« über die Theke. Es ist eine Lose-Blatt-Sammlung mit etwa 240 Blättern, auf den ersten vier Seiten sind rund 160 Zusatzstoffe gelistet von E 100 (Kurkumin) bis E 1520 (Propylenglykol). Es braucht zehn Minuten, bis ich in den endlosen Tabellen das Kästchen für die Laugenbrezeln finde. Dort steht kaum leserlich in Miniaturschrift: »Zutaten: WEIZENMEHL, Trinkwasser, Hefe, pflanzliches Öl: Raps, Speisesalz, MALZMEHL (GERSTE, WEIZEN), WEIZENKLEBER, Emulgatoren: Mono- und Diacetylweinsäureester von Mono- und Diglyceriden von Speisefettsäuren; Säureregulatoren: Natriumhydroxid, Calciumcarbonat, Calciumphosphat; Stabilisator: Xanthan, Mehlbehandlungsmittel: Ascorbinsäure, Enzyme (Hydrolasen, Transferasen).«

Angebot / Qualitäten

Deutschland gilt als das Land mit den meisten Brotsorten (ca. 3000 Brotsorten, 1200 Feingebäcksorten). Die Haupt-Brotsorten werden wie folgt sortiert: Weizenbrote (mindestens 90 Prozent Weizen), Weizenmischbrote (51 bis 89 Prozent Weizen), Roggenmischbrote (51 bis 89 Prozent Roggen) und Roggenbrote (mindestens 90 Prozent Roggen).

Brot und Brötchen gibt es in den Supermärkten und bei Discountern an Bäckerei-Theken, deren Waren teilweise in eigenen Fabriken hergestellt werden oder von Vertragsbäckereien stammen. Teilweise werden die Backwaren als Teiglinge geliefert und im Markt aufgebacken. Ferner gibt es Prebake-Produkte, die von Großbäckereien im Industriemaßstab hergestellt, teilgebacken und im privaten Haushalt fertig gebacken werden. Zusätzlich werden Backwaren auch im Selbstbedienungssortiment, das aus fertig gebackenen Backwaren besteht, verkauft. Das Angebot reicht von Natursauerteigbroten, die nur aus Mehl, Wasser und Salz bestehen, bis zu Brot und Brötchen, die mit Zusatzstoffen sowie mit Verarbeitungshilfsstoffen, z. B. technischen (zugesetzten) Enzymen hergestellt werden. Eine vollautomatisierte Herstellung erfordert den Zusatz von Enzymen, weil diese eine uniforme Teigherstellung ermöglichen, die Bedingung für die Automatisierung des Backprozesses ist.

Am anderen Ende der Skala stehen kleine Betriebe, die in separaten Produktionsschritten backen. Das hat zur Folge, dass zwar mehr handwerklich geschultes Fachpersonal erforderlich ist, aber auch eine höhere Qualität erzielt werden kann. Durch die langsamere Brotzubereitung ruht der Teig über mehrere Stunden. Dies ist eine Voraussetzung, um dem Brot einen guten Geschmack und das klassische Aroma zu verleihen.

Transparenz

Insbesondere Brötchen werden mit Hilfe von Verarbeitungshilfsstoffen und Zusatzstoffen wie technischen Enzymen, Emulgatoren, Stabilisatoren etc. hergestellt. Bei loser Ware an der Theke muss man die Zutatenliste beim Personal erfragen oder bereitliegende Kladden einsehen, um sich über die Inhaltsstoffe zu informieren. Bei verpackter Ware gibt es zwar auf der Rückseite der Verpackung eine Zutatenliste, aber diese informiert nur unvollständig. Technische Enzyme können die Funktion von Zusatzstoffen übernehmen und die Beschaffenheit der Ware gezielt steuern (z. B. eine bräunliche Kruste entstehen lassen), sie sind aber nicht deklarationspflichtig. Somit ist es möglich, im Brotregal ein konventionelles Brötchen ohne deklarierte Zusatzstoffe neben einem Bio-Brötchen mit deklarierten Zusatzstoffen zu finden (die deutschen Bio-Anbauverbände verwenden keine technischen Enzyme, nach der EU-Bio-Verordnung sind diese jedoch erlaubt).

Brote mit einem hohen Körneranteil weisen nicht unbedingt auf die Verwendung von Vollkornmehl oder -schrot hin. Häufig verbergen sich hinter Brotnamen wie »Kraftkorn«, »Mehrkorn« oder »Vollwert« Brote, die keine Vollkornerzeugnisse sind. »Vollkorn« darf sich ein Brot oder Brötchen nur nennen, wenn es zu 90 Prozent aus Roggen- und Weizenvollkornerzeugnissen hergestellt wurde.

Die Zahl sogenannter Handwerksbäckereien ist in den vergangenen 60 Jahren von rund 55 000 im alten Bundesgebiet auf knapp unter 10 000 Betriebe mit rund 35 000 Filialen (rund 45 000 Verkaufsstellen) gesunken. Der Konzentrationsprozess führt zu immer größeren Betrieben, die sich die zunehmende Automatisierung des Backprozesses leisten können. Die Zahl der sich »handwerklich« nennenden Bäckereien sagt aber noch nichts darüber aus, welche Bäckereien tatsächlich handwerklich arbeiten, also zum Beispiel auf technische Enzyme verzichten und die Reifung des Teigs pflegen.

Es fehlt nicht nur eine praktikable, rechtlich verbindliche Definition von handwerklicher und traditioneller Bäckerei, die eine Kauf-Orientierung gibt. Es fehlen auch Deklarationen, die die Kunden verstehen und nachvollziehen können. Deshalb können Bäcker ihre Ware als traditionell und handwerklich anbieten und den Kundinnen ein falsches Bild vermitteln. Davon machen sie reichlich Gebrauch.

Ökologischer Fußabdruck

Bei der Getreideproduktion für Mehl werden Pestizide und Mineraldünger eingesetzt. Mineraldünger wirkt sich negativ auf das Klima und das Grundwasser aus. Pestizide bedrohen die biologische Artenvielfalt. Sie kontaminieren häufig auch das Trinkwasser.

Gesundheit

Vollkornbrote enthalten noch fast alle Inhaltsstoffe aus dem Getreidekorn. Diese setzen sich zusammen aus Stärke, Ballaststoffen, pflanzlichem Eiweiß sowie einer Vielzahl an Vitaminen und Mineralstoffen. Davon sind vor allem Eisen, Magnesium und Zink wichtig. Während das Innere des Getreidekorns vor allem aus Stärke und Eiweiß besteht, liegen Vitamine, Mineral- und Ballaststoffe vorwiegend im Keimling und den äußeren Schichten. Bei Vollkornmehl werden sie mit vermahlen, weshalb dieses ernährungsphysiologisch besonders wertvoll ist. Vollkornbrot sättigt zudem länger. Demgegenüber wird Weißmehl von Schale und Keimling befreit. Es besteht nur mehr aus dem Mehlkörper.

Aus der Anwendung von Zusatzstoffen und Verarbeitungshilfsstoffen bei der Herstellung konventioneller Backwaren lassen sich bisher keine direkten gesundheitlichen Risiken ableiten. Bei Menschen mit Reizdarm können Magenbeschwerden aufgrund von schwer verdaulichen Zuckerarten im Weizenkorn, sogenannten »Fodmaps«, auftreten. Der Anteil an Fodmaps im Brot lässt sich reduzieren, wenn der Brotteig länger ruht.

Die Deutschen essen zu viel Salz, wobei Brot die Hauptquelle dafür ist. Zu viel Salz stellt einen Risikofaktor bei der Entwicklung von Herz-Kreislauf-Krankheiten dar. Fast die Hälfte aller Deutschen leidet an erhöhtem Blutdruck. Das Bundesinstitut für Risikobewertung (BfR) empfiehlt deshalb eine Salzaufnahme von maximal sechs Gramm pro Tag.

Bio-Alternative

Öko-Brote haben im Vergleich zu konventioneller Ware eine erheblich bessere Öko- und Klimabilanz, weil der Getreideanbau auf Mineraldünger und Pestizide verzichtet. Öko-Bäcker setzen erheblich weniger Zusatzstoffe ein. Es gibt diesbezüglich jedoch Unterschiede zwischen den weniger strengen Anforderungen des EU-Ökosiegels einerseits (rund 30 zugelassene Zusatzstoffe für Brot und Backwaren) und den strengeren Regeln der deutschen Anbauverbände andererseits (bei Demeter z. B. zehn, bei Naturland elf). Das EU-Bio-Siegel erlaubt den Zusatz von technischen Enzymen, die eine vollautomatisierte Produktion ermöglichen. Aufgrund dieser Bandbreite kann man nicht sagen, dass Bio-Backwaren – von der Ökologie abgesehen – grundsätzlich von höherer Qualität sind.

Wahlfreiheit

Die Vielfalt der Sorten und Herstellungsweisen ist gigantisch, dennoch ist die Wahlfreiheit beschränkt. In der Praxis wird sie zu einer »Schein-Wahlfreiheit«, weil Informationen fehlen, die zur Beurteilung verschiedener Qualitäten erforderlich sind. Insbesondere die Begriffe »handwerklich« und »traditionell« sind entwertet, weil sie weder sauber definiert noch überprüfbar sind. Es ist ein Armutszeugnis für den Lebensmittelmarkt, dass der Kauf des wichtigsten Grundnahrungsmittels im Hinblick auf Qualitätsunterschiede einem Blindflug gleicht.

BIO

Der Sektor

Der Bio-Sektor ist immer noch ein Nischenmarkt. Nur zehn Prozent der Agrarfläche in Deutschland entfallen auf den ökologischen Landbau, der Anteil am Umsatz des gesamten Lebensmittelsektors beläuft sich auf knapp sieben Prozent. Der Anteil am Fleisch-Umsatz beträgt sogar nur ein bis drei Prozent. Ökologisch hergestellte Lebensmittel zeigen auf der Verpackung sowohl das Europäische Bio-Siegel (zwölf weiße Sterne auf grünem Grund) als auch das Siegel des jeweiligen Anbauverbandes (z. B. Demeter, Naturland u. a.). Öko-Lebensmittel werden weltweit gehandelt. Importe nach Europa unterliegen einer Zertifizierungspflicht, die garantieren soll, dass die Importe EU-Standards entsprechen. Man muss wissen, dass es bei Bio ein enorm weites Spektrum an Standards gibt, das von kleinen, streng biologisch ausgerichteten Betrieben bis hin zu großen Betrieben reicht, die die schwächsten zulässigen Standards anwenden.

Was Bio ist

In der **Rohstoffproduktion** ist der wesentliche Unterschied zu konventionell hergestellten pflanzlichen Lebensmitteln, dass bei Bio keine synthetischen Pestizide, kein Mineraldünger und keine gentechnisch veränderten Pflanzen eingesetzt werden. Der Pestizidverzicht schützt die Biodiversität und das Grundwasser. Der Verzicht auf Mineraldünger reduziert den Ausstoß an Klimagasen und verhindert schädlichen Stickstoffeintrag ins Trinkwasser. Der Bio-Sektor setzt weit weniger Zusatzstoffe ein als der konventionelle, nur rund 50 gegenüber 380.

Was Bio nicht ist

Klima: Der Ausstoß an Treibhausgasen bei tierischen Lebensmitteln liegt (unter Berücksichtigung der Futtermittel) nur geringfügig unter dem von konventionellen Betrieben. Bio kann die **Artenvielfalt** schädigen, etwa durch den Import von Garnelen, für deren Aufzucht

Mangrovenwälder abgeholzt werden. Erdbeeren dürfen das Bio-Siegel tragen, auch wenn im großen Ausmaß **Grundwasserreserven** geschädigt werden (z. B. beim Import von Erdbeeren aus Spanien). Auch sind menschenwürdige Arbeitsbedingungen beim Obst- und Gemüseanbau in Südeuropa oder Drittstaaten keine Bedingungen für das Bio-Siegel. Der **Ressourcenverbrauch durch den Transport** ist ebenfalls kein Kriterium für Öko-Lebensmittel (relevant bei Obst und Gemüse, das mit dem Flugzeug transportiert wird). Der Ökolandbau setzt teilweise für die Umwelt bedenkliche kupferhaltige **Fungizide** ein sowie das **Insektizid** Spinosad. Die Anwendungen beschränken sich jedoch auf den Anbau von Kartoffeln, Wein, Obst und Gemüse. Trotz reduzierter Anwendung **von Zusatzstoffen**: Ein vollständiger Verzicht auf gesundheitsschädliche Zusatzstoffe existiert nicht. Während Demeter und Bioland zum Beispiel auf das krebsverdächtige Nitrit-Pökelsalz bei der Herstellung von verarbeitetem Fleisch (Wurst, Schinken) verzichten, wird dieses bei anderen Verbänden teilweise eingesetzt. **Tierhaltung**: Beim Fleisch unterscheidet sich die ökologische Tierhaltung durch mehr Platz für die Tiere, auch wenn sie überwiegend die gleichen **Hochleistungsrassen** einsetzt wie die konventionelle Tierhaltung. Allerdings werden Öko-Puten und -Hühnchen signifikant langsamer gemästet. Der **Gesundheitszustand** der Tiere ist vergleichbar schlecht. Auch bei Bio gibt es kein gesetzlich vorgeschriebenes Tiergesundheitsmonitoring oder Gesundheitsmanagement. Eine tierschutzgerechte Fleischerzeugung würde den Verzicht auf Hochleistungsrassen und den Einsatz robusterer Rassen erfordern. **Geschmack**: Trotz aller gegensätzlichen Behauptungen: Ein Öko-Ei schmeckt nicht besser als ein konventionelles. Im Gemüse- und Obstanbau werden überwiegend die gleichen lager- und transportfähigen, aber geschmacksfaden Sorten eingesetzt wie beim konventionellen Sortiment. Die für die Fleischerzeugung überwiegend eingesetzten Hochleistungsrassen unterscheiden sich geschmacklich nicht von den in der konventionellen Mast eingesetzten Rassen.

Transparenz

Die Transparenzdefizite der ökologischen Rohstoff- und Lebensmittelproduktion sind vergleichbar mit denen der konventionellen Herstellung (z. B. bezüglich Herkunft, Arbeitsbedingungen, Sorten, Verwendung von Phantasienamen). Die Unübersichtlichkeit, wie sie z. B. bei Fruchtsäften herrscht, besteht auch bei Bio. Auch Bio-Tomatenmark, hergestellt in Italien, kann aus chinesischen Tomaten gewonnen sein, ohne dass dies angegeben werden muss. Ein generelles Transparenzdefizit besteht darin, dass die zum Teil erheblich unterschiedlichen Standards (sowohl bei der Tiermast als auch bei der Produktion verarbeiteter Lebensmittel) zwischen den nationalen Anbauverbänden einerseits und zwischen den Anbauverbänden und dem EU-Bio-Siegel andererseits nur schwer zu durchschauen und vor allem beim Einkauf nicht ersichtlich sind (vgl. Infobox »Gütesiegel«).

Gesundheit

Bio-Lebensmittel sind nicht generell gesünder. Ungesunde, verarbeitete Lebensmittel wie überzuckerte Erfrischungsgetränke oder zu süße Baby- und Kindernahrung (z. B. Riegel und Quetschies) finden sich auch bei ökologischen Produkten. Der Verzicht auf den Einsatz synthetischer Pestizide ist positiv für die Gesundheit.

Wahlfreiheit

Das Angebot ökologischer Lebensmittel erhöht die Wahlfreiheit. Allerdings ist auch bei den ökologischen Nahrungsmitteln nicht ausgeschlossen, dass Umwelt und Klima geschädigt werden (Wasserverbrauch, Transporte, Treibhausgase). Transparenz, Geschmack, Herstellungsbedingungen und gesundheitliche Auswirkungen sind – vom Verzicht auf synthetische Pestizide abgesehen – nicht automatisch besser. Im Öko-Sektor gibt es aber auch Nischenanbieter, deren Standards in der Tierhaltung und bei verarbeiteten Lebensmitteln höher sind als die, die man üblicherweise in den Supermärkten findet. Da es so viele unterschiedliche Standards bei Bio gibt – siehe die signifikanten Unterschiede zwischen dem EU-Bio-Standard und nationalen Anbauverbänden sowie innerhalb der Verbände selbst –, wird die theoretisch hohe Wahlfreiheit in der Praxis erschwert. Nach unseren Erfahrungen ist das Personal in den Bio-Supermärkten nicht in der Lage, Kundinnen und Kunden im Hinblick auf die unterschiedlichen Bio-Standards fachkundig zu beraten.

Ausbau des ökologischen Landbaus

Trotz bestehender Defizite des Öko-Landbaus ist er der richtige Weg zur Ökologisierung der EU-Landwirtschaft und einer grundlegenden Verbesserung der Lebensmittelproduktion (Einpreisung externer Kosten in die Lebensmittelherstellung, erhebliche Reduktion von Zusatzstoffen, Aromen und Enzymen). Die konsequente Umstellung der EU-Landwirtschaft auf ökologische Produktion erfordert jedoch effektivere Mittel als die gegenwärtige Subventionspolitik. Nicht durch immer mehr Subventionen, sondern durch eine Ökologisierung der konventionellen Landwirtschaft mit Hilfe von Abgaben auf Mineraldünger und Pestizide muss die ökologische Landwirtschaft wettbewerbsfähiger werden. Allerdings muss auch die ökologische ebenso wie die konventionelle Fleischerzeugung wegen des Ausstoßes von Klimagasen verteuert werden. Die Milliarden-Subventionen können für die Unterstützung kleinerer und mittlerer Betriebe eingesetzt werden und dafür, dass alle Verbraucher und nicht nur begüterte sich ökologische Lebensmittel leisten können (vgl. Kapitel 19).

GENTECHNIK[7]

Anwendung

In der EU werden gentechnisch veränderte Pflanzen nur in minimalem Umfang angebaut (z. B. in Spanien), vorwiegend stammen sie (v. a. Soja oder Mais für Futtermittel) aus den USA, Argentinien und Brasilien. Dort sind über 80 Prozent der Sojapflanzen genetisch verändert, was auch auf die quantitativ bedeutenden Importe in die EU zutreffen dürfte. Als einziges gentechnisch verändertes Tier wird bisher ein schnell wachsender Lachs in Kanada vermarktet. Die konventionelle Züchtung arbeitet mit ganzen Zellen und dem kompletten Erbgut von Pflanzen und Tieren. Die Gentechnik arbeitet dagegen mit isolierter DNA nach dem Baustein-Prinzip. Das gilt auch für neue, zielgenauere Techniken, z. B. die sogenannte »Genschere« CRISPR / Cas9. Somit unterscheidet sie sich grundsätzlich von den Methoden der Züchtung: Sie verändert die DNA der Pflanzen und zwingt ihnen neue Stoffwechselwege auf, während die Züchtung das natürliche Potenzial der Pflanzen abruft.

Transparenz

Das Saatgut der Gentechnik-Pflanzen stammt fast nur von großen Konzernen wie Bayer / Monsanto (D), Corteva (USA), ChemChina / Syngenta oder BASF, die auch Pestizide herstellen. Die genutzten Gentechnik-Pflanzen dienen vorwiegend dem Zweck der Kosteneinsparung, nicht dem Ziel höherer Erträge. Somit sind sie – anders als oft behauptet – kein Mittel im Kampf gegen den Hunger. Die Pflanzen sind entweder resistent gegen Unkrautvernichtungsmittel (Herbizide) oder produzieren selbst Insektengifte (Insektizide), was zu Kostenvorteilen bei der Unkraut- und Schädlingsbekämpfung führt. Allerdings gefährden resistente Unkräuter und Schädlinge inzwischen die betriebswirtschaftlichen Vorteile.

Kennzeichnung: Lebensmittel, die mehr als 0,9 Prozent gentechnisch veränderte Pflanzen enthalten, müssen gekennzeichnet werden. Man findet sie jedoch in der EU praktisch nicht im Supermarkt. Gentechnologisch veränderte Futtermittel müssen gekennzeichnet werden, jedoch nicht die tierischen Lebensmittel, bei denen Rinder, Schweine oder Hühner mit diesen Futtermitteln gemästet oder gezüchtet wurden. Verbraucherinnen können deshalb beim Einkauf den Einsatz von Agrartechnik nur vermeiden, indem sie nach der freiwilligen Kennzeichnung »ohne Gentechnik« suchen oder auf Öko-Produkte zurückgreifen.

Ökologischer Fußabdruck

Gentechnik und der Einsatz von umweltschädlichen Pestiziden bedingen sich häufig, z. B. beim Einsatz von Herbiziden, die mit Hilfe der Gentechnik resistent gegen ebendiese gemacht wurden (vgl. Infobox »Pestizide«). Die Gentechnik beschränkt die Kultur-Vielfalt der Nutzpflanzen – ein langfristiges Problem für die globale Nahrungsmittelsicherheit.

Gesundheit

Schädliche Auswirkungen auf die menschliche Gesundheit durch den direkten oder indirekten Konsum von gentechnisch veränderten Pflanzen/Futtermitteln konnten bisher noch nicht festgestellt werden.

Bio-Alternative

Die biologische Landwirtschaft untersagt die Nutzung gentechnisch veränderter Pflanzen und Tiere.

Wahlfreiheit

Die Wahlfreiheit ist eingeschränkt, da Konsumenten konventioneller tierischer Lebensmittel nicht wissen, ob sie indirekt den Einsatz von Gentechnik unterstützen. Anstatt der gegenwärtigen freiwilligen Kennzeichnung »Ohne Gentechnik«, nach der man lange suchen muss, müssten Produkte, die unter Einsatz von Gentechnik hergestellt werden, mit dem verbindlich anzuwendenden Label »Mit Gentechnik« gekennzeichnet werden. Die Agrar-Gentechnik hat bisher ausschließlich den Pestizid- und Saatgutkonzernen genützt.

3. Tomaten

Vor einiger Zeit lautete in der ARD-Quizshow *Wer weiß denn sowas?* eine Frage an das Rateteam so:

> Tragen Dosentomaten oder Tomatenmark den Hinweis »hergestellt in Italien«...?
> A ... dürfen sie keine Säuerungsmittel enthalten.
> B ... kommen sie immer aus dem Freiland.
> C ... können die Tomaten aus China stammen.

Es ist kein gutes Zeichen, wenn Verbrauchertäuschung so alltäglich geworden ist, dass sie schon als kurioses Material zur Unterhaltung im Vorabendprogramm herangezogen wird. Denn natürlich ist C die richtige Antwort: In Italien »hergestellte« Dosentomaten oder Tomatenmark sind oft aus chinesischen Tomaten gemacht – ohne dass es der Käufer erfährt. Der Gesetzgeber will es so: Hersteller von *verarbeitetem* Gemüse und Obst müssen die Herkunft des Rohstoffs nicht angeben, Kundinnen sollen nicht wissen, woher die Tomaten im Mark stammen, aus welchem Land die Äpfel für den Saft kommen, wo die geschnittenen Pilze im Glas geerntet wurden.

Wer hat daran ein Interesse? Ganz sicher nicht wir, die wir sehr wohl wissen wollen, woher kommt, was wir essen. Zum Beispiel weil Lebensmittel aus Deutschland und anderen EU-Mitgliedstaaten in der Regel seltener die Rückstandshöchstmengen für Pestizide überschreiten als Lebensmittel aus Nicht-EU-Staaten. Nur sitzen die Verbraucher am kürzeren Hebel.

Und die am längeren Hebel verwenden sehr viel Lobbyarbeit darauf, dass ihre Kundinnen eben möglichst wenig wissen. Deshalb dürfen italienische, spanische oder auch deutsche Lebensmittelfirmen für verarbeitete Produkte wie Tomatenmark oder gestückelte Tomaten chinesisches Gemüse verwenden, aber »hergestellt in ... « Italien/Spanien/Deutschland auf die Tube oder Konservendose schreiben. Stimmt ja auch. Ist halt nur verbraucherunfreundlich. Stört die Hersteller aber gar nicht. Im Gegenteil.

Nur wenn auf der Verpackung zum Beispiel eine italienische (oder spanische oder deutsche ...) Flagge abgebildet ist, muss der Hersteller dem falschen Eindruck entgegentreten, wenn das Gemüse oder Obst woanders wuchs. Er kann dann darauf hinweisen, dass die primären Zutaten zum Beispiel aus China stammen – das wäre die ehrliche Variante. Er kann auch »Nicht-EU« angeben. Es reicht aber auch die Anti-Information: »Tomaten stammen nicht aus Italien.« Warum diese Heimlichtuerei? Ist nicht das Verbot der Täuschung und Irreführung *der* zentrale Grundsatz des europäischen Lebensmittelrechts?[1]

Was sich Lebensmittelhersteller einfallen lassen, um ihren Kundinnen ein X für ein U vorzumachen, zeigt ein Fall, den das Portal »Lebensmittelklarheit« Ende 2020 öffentlich machte. Demnach verkaufte die Unternehmensgruppe Rila aus Nordrhein-Westfalen getrocknete, in Öl eingelegte Tomaten unter der italienisch klingenden Marke Leverno. Auf dem Etikett des Glases war die nächtliche Kulisse eines Städtchens am Wasser mit einer Brücke abgebildet, die an die berühmte Rialtobrücke in Venedig erinnert; außerdem gehörte zum Logo ein dünnes Bändchen in den Farben der italienischen Nationalflagge. So spielte Leverno mit dem gutgläubigen Käufer, der überall Italien assoziierte und dabei das Kleingedruckte auf der Rückseite übersah. Dort stand, dass die Tomaten aus der Türkei stammten und das Produkt in Griechenland hergestellt wurde.[2]

Warum machen Lebensmittelfirmen so etwas? Weil sie es können. Weil es legal ist. Weil sich ein Tomatenprodukt, das so tut, als käme es aus dem Tomaten- und beliebten Urlaubsland Italien, besser verkaufen lässt als eines, von dem die Käuferinnen wissen, dass seine rote Hauptzutat aus China, Griechenland, der Türkei oder sonst woher stammt.

Billig um jeden Preis

Ganz klar: Es geht ums Geld. Nach Recherchen des Südwestrundfunks in 2019 bekamen italienische Tomatenbauern für Industrietomaten zur Weiterverarbeitung in Ketchup & Co. zehn bis zwölf Cent pro Kilo. In solchen Beträgen enthalten sind die Hungerlöhne für Erntehelferinnen, die in größter Hitze und stickigen Gewächshäusern einen Knochenjob machen und nach abgelieferten Kilo bezahlt werden. Akkordarbeit auf dem Feld. Oft sind es Migranten und Illegale aus Afrika oder Südosteuropa, die sich nicht wehren können gegen gewalttätige Vorarbeiterinnen und nichts ahnen von der Gefährdung durch den fortwährenden Kontakt mit Pestiziden. In Entwicklungsländern sterben jährlich viele tausend Menschen an den Folgen des täglichen Umgangs mit den Substanzen, aber auch in Industrieländern gibt es Hinweise, dass Anwender von Pestiziden ein erhöhtes Risiko tragen, an Krebs oder Parkinson zu erkranken.[3] Dennoch sind zehn oder zwölf Cent pro Kilo Tomaten für manchen verarbeitenden Lebensmittelbetrieb immer noch zu viel, weshalb er seinen Rohstoff bei chinesischen, marokkanischen oder tunesischen Tomatenbauern ordert, die noch weniger Cent fürs Kilo verlangen.

Tomaten für verarbeitete Produkte in Dosen und Tuben sind für die Herstellerinnen und die verkaufenden Supermärkte austauschbare Ware – Einkäufer sprechen von commodities –, bei denen es allein und ausschließlich um den Preis geht, weil die Kundin keine Präferenzen hat. Der Einkauf findet häufig über elektronische Auktionen statt, bei denen der Preis nur eine Richtung kennt – nach unten, dorthin, wo die schlechtesten Löhne, die miesesten Arbeitsbedingungen und die billigsten Rohstoffe das Bild bestimmen.

Die deutsche Lust auf Tomaten kann das nicht trüben. Wir haben das Gemüse einfach zum Fressen gern, wie übrigens die meisten europäischen Länder. Mit einem jährlichen Pro-Kopf-Verbrauch von rund gut 31 Kilogramm sind Tomaten das mit Abstand beliebteste Gemüse der Deutschen, wobei nur ein gutes Viertel davon (8,5 Kilo) frische Ware ist, der Rest steckt in verarbeiteten Produkten wie getrockneten oder gestückelten Tomaten, Ketchup oder Tomatenmark.[4] Die Beliebtheit des Gemüses erklärt auch, warum es so häufig in den Angebotsaktionen der Supermärkte beworben wird: Tomaten sind oft die Werbekönige, wer sie preiswert anbietet, zieht Kundschaft an. Der Selbstversorgungsgrad allerdings, der bei Gemüse ohnehin nur gut ein Drittel beträgt, liegt bei Tomaten bei winzigen vier Prozent (2018/19). Das heißt: Tomaten in deutschen Supermärkten sind fast ausschließlich ausländische Tomaten. Die mit weitem Abstand meisten Importe kommen aus niederländischen Gewächshäusern – und das vor allem in den kälteren Monaten –, es folgen Spanien, Belgien, Marokko und erst an fünfter Stelle Italien.

Die früher kolportierte Aussage, Tomaten aus südlichen Anbauländern seien schmackhafter als jene aus niederländischen Gewächshäusern, ist nicht mehr haltbar. Davon zeugt eine bemerkenswerte Blindverkostung von zwei ausgewiesenen Tomatenprofis und deutschen Bio-Bauern im SWR-Film »Tomaten – Zurück zum guten Geschmack«: Ausgerechnet die teuren Rispentomaten vom Wochenmarkt (4,80 Euro/Kilo) schneiden nach ihrem Urteil am schlechtesten ab (»schmecken nach gar nichts«), während die mittelpreisigen Tomaten von Aldi (2,45 Euro/Kilo) und Edeka (1,99 Euro/Kilo) immerhin mittelprächtig munden (»Durchschnittsgeschmack«); just die billigen Holland-Gewächse (0,99 Euro/Kilo) heimsen das Attribut »lecker« ein. Restlos überzeugt sind die Bio-Bauern von keiner Frucht, doch so viel offenbart der Test: Zwischen Preis und Herkunft einerseits und Geschmack andererseits besteht kein zwingender Zusammenhang.

Über die Faktoren für den wahren tomatigen Geschmack gibt es viele Studien und noch mehr Meinungen. Der Boden spiele eine Rolle und das Klima, natürlich die Sorte und die Reife, auch die Jahreszeit und die Dauer der Lagerung, während der die Früchte gekühlt werden und dabei Aroma verlieren wie in jedem privaten Kühlschrank. Die fad schmeckende, harte, hellrote »Wasserbombe« aus den 1990er Jahren – klassischerweise eine Rispentomate – ist nicht völlig verschwunden, aber nicht mehr das dominierende Angebot. In den Supermärkten gibt es wieder eine schmale Auswahl von vier, fünf, sechs Sorten, auch wenn die überall mehr oder weniger die gleiche ist und niemals heranreicht an das, was das Tomatengewächs eigentlich zu bieten hat an Formen (rund, eier- oder pflaumenförmig, faltig ...), Farben (rot, gelb, grün, orange, lila, gestreift ...) und Geschmacksrichtungen (von »krautartig« über »süß-mehlig« bis »blumig«) mit Sortennamen wie »Gelbe Stierhoden«, »Blue Estland«, »Dino Egg Green« oder »Berner Rose«.

Pestizide als Beikost

Das Angebot in den Supermärkten sähe wohl anders aus, wenn man die in den Tomaten enthaltenen Pestizide schmecken oder riechen könnte und wenn die Käufer besser darüber informiert wären. Denn das Gemüse ist regelmäßig mit Pflanzenschutzgiften belastet.[5] So weist der Pestizidreport von Nordrhein-Westfalen für das Jahr 2021 aus, dass von 74 beprobten frischen Tomaten 59 Prozent Pestizidrückstände enthielten. Und das ist kein einmaliger Ausreißer: 2020 hatten 58 Prozent der untersuchten Tomaten einen Pestizidbefund, im Jahr zuvor 65 Prozent. Und in rund einem Drittel der getesteten Tomaten findet sich regelmäßig nicht nur *ein* Pestizid, sondern oft ein ganzer Cocktail aus bis zu zehn verschiedenen Wirkstoffen mit so vertrauenerweckenden Namen wie Cyantraniliprol oder Hexythiazox.

Ähnlich beunruhigende Größenordnungen vermeldete das Niedersächsische Landesamt für Verbraucherschutz und Lebensmittelsicherheit (LAVES): In den Jahren 2016 bis 2019 fanden die LAVES-Experten Pestizide in 73 bis 81 Prozent ihrer Tomatenproben. Und auch hier waren in rund der Hälfte der Proben (zwischen 44 und 67 Prozent) Mehrfachrückstände mit bis zu neun Wirkstoffen nachweisbar.

Sortiert man die Befunde nach Supermärkten, geht es übrigens kreuz und quer ohne Rücksicht auf vermeintliche Preis- und Qualitätsunterschiede, wie der Pestizidreport in NRW zeigt: In den Jahren 2017 und 2018 zum Beispiel waren beim höherpreisigen Edeka 59 Prozent der Tomaten-Proben mit Pestiziden belastet, während die Discounter Aldi-Nord (53 Prozent) und Lidl (44 Prozent) besser abschnitten, und noch besser der Billig-Anbieter Penny (27 Prozent). Beim Feldsalat wiederum war das Niveau der Belastung bei allen erschreckend hoch: Real 77 Prozent, Kaufland 71 Prozent,

Netto 63 Prozent, Aldi-Nord 61 Prozent, Rewe 58 Prozent, Lidl 55 Prozent, Edeka 53 Prozent.

Und es sind keineswegs nur Tomaten und Feldsalat, die Pestizide mitliefern, die keiner will. Wie die Erhebungen in Nordrhein-Westfalen für das Jahr 2021 zeigen, sind die Rückstände allgegenwärtig: in 91 Prozent der beprobten Auberginen, in 75 Prozent der Gemüsepaprikas, in 92 Prozent der Gurken, in 74 Prozent der Grünen Bohnen, in 55 Prozent der Zucchini, in 67 Prozent der Melonen.

Der schlimme Befund lautet demnach: Wer Gemüse und Obst isst, isst meistens Pestizide mit, sie stecken in zwei von drei Produkten, auch wenn sie unter der zulässigen Höchstmenge liegen. Die Landwirtschaft kann offensichtlich nicht mehr ohne die Insekten-, Pilz- und Unkraut-Killer, sie hängt am Chemie-Tropf von Bayer, BASF & Co. wie der Süchtige an der Nadel.

Ein anderes eingängiges Bild für die fatale Pestizidabhängigkeit der Landwirtinnen bemüht die Verbraucherorganisation foodwatch in ihrem Mitte 2022 erschienenen Report über Pflanzenschutzmittel:[6] Das europäische Agrarsystem befinde sich im Zustand des Lock-in, vergleichbar dem »Locked-in-Syndrom«, jener neurologischen Störung, die bei Menschen mit vollem Bewusstsein dazu führt, dass sie ihren Körper nicht mehr bewegen oder steuern können. Die Analogie zur »modernen« Landwirtschaft besteht darin, dass die negativen Folgen der Pestizide zwar weltweit immer offenkundiger werden und längst im Bewusstsein der Fachwelt und der interessierten Öffentlichkeit angekommen sind, und dennoch viele Landwirte und weite Teile der Landwirtschaftspolitik unfähig zur kleinsten Veränderung scheinen.

Pestizide sind heute *die* Schlüsseltechnologie, ohne die das fragile Produktionssystem nicht mehr aufrechterhalten werden kann. Es herrscht nahezu flächendeckend Pestizidabhängigkeit.

Ob Äpfel, Tomaten, Erdbeeren, Weizen oder Reis – der größte Teil landwirtschaftlicher Erzeugnisse hängt heute an der Existenz einiger Dutzend Konzerne, die vom Saatgut bis zum Kunstdünger, vom Pestizid über Landmaschinen bis zum Groß- und Einzelhandel die Produktion steuern. Diese Akteure bestimmen weitgehend den Preis, die Sorten und die Qualität der Waren. Im Wettbewerb können sie nur dann überleben, wenn sie die Kosten pro produzierter Einheit senken oder mehr Einheiten zu den gleichen Kosten produzieren. Im Mittelpunkt dieser Strategie, der die meisten konventionell wirtschaftenden Bauern folgen, stehen Pestizide: Ohne sie geht nichts mehr. Und durch sie findet ein »Race to the bottom« statt, ein »Wettlauf nach unten« mit verheerenden Auswirkungen wie zu hohen Kosten, die extern, von anderen beglichen werden: Verlust der Artenvielfalt, Krankheiten, Überproduktion und hohe Subventionen, vergiftete Gewässer, Landflucht und ein Angebot an Obst und Gemüse im Supermarkt, das ohne Pestizidrückstände praktisch nicht mehr denkbar ist.

Zwar überschritten nur gut drei Prozent (2020) der bundesweit getesteten Obst- und Gemüsesorten die zulässigen Rückstandshöchstgehalte, alle anderen gelten laut Bundesamt für Verbraucherschutz und Lebensmittelsicherheit als »gesundheitlich unbedenklich«. Bedenklich wird es allerdings, wenn durch den Einsatz von Kombinationspräparaten mit mehreren Wirkstoffen oder durch die Verwendung mehrerer Pestizide sogenannte Mehrfachrückstände entstehen. Dann kann jeder einzelne Wirkstoff die Grenzwerte unterlaufen und damit als »unbedenklich« gelten, auch wenn im untersuchten Obst oder Gemüse ein Dutzend oder noch mehr Pestizide entdeckt wurden.

Dazu schreibt das Niedersächsische Landesamt für Verbraucherschutz und Lebensmittelsicherheit: »Ob und welche Gesundheitsrisiken tatsächlich mit Mehrfachrückständen verbunden sein können, ist wissenschaftlich bis heute nicht eindeutig geklärt. Die ungenügenden Kenntnisse darüber, wie sich die Mischungen verschiedener chemischer Stoffe verhalten, ob es möglicherweise zu additiven Wirkungen (bei Stoffen mit gleichem toxikologischen Wirkmechanismus) kommt und wie sich diese Wirkstoffkombinationen im menschlichen Organismus verhalten, ist weiterhin Gegenstand der Forschung.«[7] Und die niedersächsische Verbraucherzentrale warnt: »Über die Gefahr, die von mit Pflanzenschutzmitteln belasteten Lebensmitteln ausgeht, streiten sich die Fachleute. Bei vier Prozent der europaweit zugelassenen Pestizide geht man davon aus, dass sie krebserregend sind. Sie stehen weiterhin im Verdacht, Nerven zu schädigen oder das Hormonsystem und die Fortpflanzungsfähigkeit zu beeinflussen.«

Gibt es einen Ausweg aus der Pestizid-Falle? Ein oft genannter Ratschlag lautet, auf Lebensmittel aus Deutschland und den EU-Mitgliedstaaten zurückzugreifen, weil die seltener die Rückstands*höchstgehalte* überschreiten (2020: zwei Prozent der Proben in Deutschland, 1,3 Prozent im Rest der EU) als Lebensmittel aus Nicht-EU-Staaten wie zum Beispiel China (fast acht Prozent). Allerdings stecken in diesen Zahlen so viele verschiedene Produkte von der Säuglingsnahrung bis zum Getreide und von Ziegenmilchprodukten bis zum Distelöl, dass sie bei der Suche nach unbelasteten Tomaten in der Obstecke des eigenen Supermarkts nicht wirklich weiterhelfen. Die Intensität des Pestizideinsatzes kann auch innerhalb eines Landes oder einer Region von Jahr zu Jahr variieren, je nach Wetter, Saison, Schädlingsbefall, Anbaumethode und anderen Einflüssen.

Was grundsätzlich hilft, ist der Griff zu Bio-Produkten. Die definieren sich zwar nicht durch Rückstandsfreiheit, wie viele

Verbraucherinnen glauben, sondern durch den Prozess ihrer Erzeugung. So müssen zum Beispiel Bio-Tomaten in Erde angebaut werden und dürfen nicht wie konventionelle Pflanzen im Glashaus auf Steinwollmatten mit Nährlösung wachsen. Auch ist laut EU-Öko-Verordnung nur der Einsatz von wenigen, ganz bestimmten Pflanzenschutzmitteln erlaubt, während chemisch-synthetische Substanzen tabu sind. Das »Ökomonitoring 2020« des baden-württembergischen Ministeriums für Ernährung, Ländlichen Raum und Verbraucherschutz konstatiert denn auch: »Öko-Frischobst und -Gemüse sind weiterhin signifikant geringer mit Rückständen belastet als konventionell erzeugte Ware.«[8] Bei konventionellem Gemüse wurden im Schnitt 70 Prozent höhere Pestizidmengen nachgewiesen, bei konventionellem Obst sogar die doppelte Menge.

Und was speziell Bio-Tomaten angeht: Laut Pestizidreport in NRW wies 2017 und 2018 keine einzige der beprobten Bio-Gewächse Pestizidrückstände aus; 2019 waren es sieben Prozent, 2020 wieder keine einzige Probe und 2021 ungewöhnliche 20 Prozent – bei allerdings nur vier Proben.

Eine ganz andere Frage ist, wie »bio« Tomaten noch sind, die unter menschenunwürdigen Bedingungen angebaut und geerntet werden, die zum Wassermangel in südeuropäischen Regionen beitragen, die unter Plastikplanen gedeihen, die später die Meere vermüllen und die schließlich in schweren Diesel-Lkw in deutsche Supermärkte gekarrt werden.

Dem »bio«-Anspruch am nächsten kommt die Tomate einer alten Sorte aus dem eigenen Garten oder kleinen Gewächshaus des Selbstversorgers. Ein Luxus für Leute, die sich's leisten können. Zu diesem Luxus gehört freilich, dass es ihn während vieler Monate im Jahr gar nicht gibt. Weil Tomaten hierzulande nun mal nur im Sommer wachsen.

Angebot / Qualitäten

Botanisch gesehen sind Tomaten (und Kürbisse) Früchte, also Obst. Die Pflanzen sind aber einjährig und werden deshalb dem Gemüse zugeordnet. Tomaten werden auch als Fruchtgemüse bezeichnet. Es gibt sie nach der EU-Vermarktungsnorm in drei Klassen (Extra, I und II), die nach Festigkeit, »Form-, Entwicklungs-, Farb- und Hautfehlern« sowie nach Druckstellen unterscheiden. Je fester, makelloser und einheitlicher die Ware, umso höher die Klasse. Des Weiteren werden vier Handelstypen unterschieden: runde, gerippte, längliche und Kirschtomaten (einschließlich Cocktailtomaten). Die im Supermarkt angebotenen Sorten sind auf Lager- und Transportfähigkeit gezüchtet und zeichnen sich durch einen faden Einheitsgeschmack aus. Alte, geschmacksintensive, aromatische Sorten gibt es im Supermarkt nicht.

Transparenz

Bei frischen Tomaten muss zwar das Herkunftsland angegeben werden, aber die Angaben bei verarbeiteten Produkten (Tomatensaft und -mark, Ketchup etc.) täuschen. Lautet das Etikett »hergestellt in Italien«, können die Tomaten auch aus China stammen. Nur der Aufdruck »Tomaten aus Italien« garantiert, dass diese in Italien angebaut wurden. Beim Einkauf erfährt man nur die Handelsklasse, nicht die Sorte. Intransparent sind die oft problematischen Arbeitsbedingungen in Südeuropa oder Drittstaaten sowie negative ökologische Auswirkungen durch hohen Wasserverbrauch in wasserarmen Gebieten.

Ökologischer Fußabdruck

Generell ist frisches, saisonal und regional angebautes Obst und Gemüse klimafreundlicher als außerhalb der Saison importierte Lebensmittel aus dem ferneren Ausland. Freiland-Tomaten aus Südeuropa haben aufgrund der Transportkosten einen geringfügig höheren CO_2-Fußabdruck als Tomaten aus dem Freilandanbau in Deutschland bzw. Nordeuropa. Deutlich höher ist der Ausstoß an Klimagasen von Tomaten aus hiesigen, beheizten Gewächshäusern im Winter. Der intensive

Pestizideinsatz im Tomatenanbau ist ökologisch schädlich, ebenso der Wasserverbrauch in wasserarmen Gebieten.

Gesundheit

Tomaten bestehen zu 94 Prozent aus Wasser, sind kalorienarm und enthalten unter anderem Vitamin C, Kalium, Ballaststoffe und sekundäre Pflanzenstoffe, die dazu beitragen, das Risiko bestimmter Krebserkrankungen und Herz-Kreislauf-Erkrankungen zu mindern. Tomaten aus konventioneller Anbauweise enthalten regelmäßig Pestizidrückstände.

Bio-Alternative

Im Bio-Anbau werden die gleichen geschmacksarmen Tomaten verwendet wie in der konventionellen Landwirtschaft. Auch der Wasserverbrauch in ökologisch sensiblen Regionen ist gleich. Bio-Tomaten aus im Winter beheizten Gewächshäusern haben, solange diese nicht ausschließlich mit regenerativer Energie beheizt werden, einen ähnlich hohen CO_2-Ausstoß wie konventionelle Tomaten. Im Freilandanbau unterscheidet sich der CO_2-Abdruck ebenfalls nicht wesentlich. Vorteil der Bio-Tomaten: Sie sind meist frei von Pestizidrückständen.

Wahlfreiheit

Das Sortenangebot der Supermärkte ist schmal und geschmacksarm, ertragsstarke und transporttaugliche Sorten herrschen vor. Pestizidfreie Ware liefert mit einiger Sicherheit nur der Griff ins Bio-Regal. Bei konventionellen Tomaten isst man die Pflanzenschutzmittel meist ungefragt mit. Negative ökologische Auswirkungen und unsoziale Arbeitsbedingungen können weder bei Bio- noch konventioneller Ware ausgeschlossen werden.

PESTIZIDE

Arten / Eigenschaften

Pestizide verringern die Kosten der Agrarproduktion. Beispiele: Durch Schädlingsbekämpfung können Landwirte höhere Erntemengen erzielen; durch chemische Unkrautbeseitigung anstatt maschineller oder manueller können sie Kosten sparen. Das führt zwar zu einer relativen Verbilligung landwirtschaftlicher Güter für die Verbraucher, lässt aber die Kosten der negativen Auswirkungen dieser Agrarpolitik auf Natur, Menschen und Tiere unberücksichtigt.

Die wichtigsten chemisch-synthetischen Pestizide sind Herbizide (Unkrautbekämpfung), Fungizide (gegen Pilzbefall), Insektizide (gegen Insekten), Akarizide (gegen Spinnmilben) und Wachstums-Regulatoren, die im Getreide eingesetzt werden, um stärker düngen zu können, und im Obstbau, um größere und schönere Früchte zu ernten. Pestizide sind auch mit der Verwendung gentechnisch veränderter Nutzpflanzen verbunden: Der Wirkstoff Glyphosat z. B. tötet außer den gentechnologisch gegen Glyphosate immunisierten Nutzpflanzen sämtliche anderen Pflanzen ab und beeinträchtigt so die biologische Vielfalt. In der EU gibt es keinen Anbau von (gentechnisch veränderten) glyphosatresistenten Pflanzen. Trotz Absichtserklärungen der Politik, den Pestizideinsatz verringern zu wollen, ist der Einsatz unverändert hoch: Ein Rückgang der Menge an Pestiziden wird oft durch eine höhere Wirksamkeit wieder neutralisiert. Die »Farm to Fork«-Strategie der EU zielt auf eine Reduktion des Pestizideinsatzes um 50 Prozent ab, jedoch ohne konkrete Maßnahmen zu nennen, wie dieses Ziel zu erreichen wäre. Gerade für Herbizide und Fungizide gäbe es effektive, präventive Alternativen. Dazu gehören veränderte Fruchtfolgen, kleinteiliger Anbau, robuste Sorten und ein gutes Ackerboden-Management. Mit größerer biologischer Vielfalt auf den Feldern (z. B. Blühstreifen) können Insektizide / Akarizide massiv eingespart werden.

Transparenz

Pestizide sind Gifte. Wie viele und welche Pestizide bei welchen Nahrungsmitteln eingesetzt werden, bleibt beim Einkauf verborgen. Auch über die Risiken und Gefahren von Pestiziden, die über die Ernährung aufgenommen werden, werden Verbraucherinnen und Verbraucher nicht ausreichend aktiv informiert. Käufer wollen und sollen wissen, welche Pestizide bei der Herstellung welcher Produkte eingesetzt werden und welche Mengen enthalten sind. Durch deutliche Hinweise, gerade bei Obst und Gemüse, sollte man im Supermarkt erfahren, welche Produkte Rückstände von Pestiziden enthalten können. Die gegenwärtige »Nicht-Information« suggeriert eine falsche Sicherheit.

Ökologischer Fußabdruck

Pestizide haben erhebliche negative ökologische Effekte. Sie gefährden die biologische Vielfalt, indem sie pflanzliche wie tierische »Schädlinge« und »Nützlinge« abtöten, vor allem bestäubende Insekten. Pestizide reduzieren die Vielfalt der Kulturpflanzen, begünstigen Monokulturen und erhöhen so das Risiko großflächigen Krankheitsbefalls. Pestizide verschmutzen das Trinkwasser, aus dem sie nur mit hohem Aufwand entfernt werden können. Ihre energieintensive Produktion trägt zum Ausstoß von Klimagasen bei. Neue, hochgezüchtete Pflanzensorten benötigen erhöhte Mengen klimaschädlichen Mineraldüngers und gleichzeitig erhöhten Pestizidschutz aufgrund größerer Anfälligkeit.

Gesundheit

Dokumentiert sind vor allem Gefährdungen der Gesundheit von Anwenderinnen in der Landwirtschaft: akute und chronische Hauterkrankungen, Krebs, Fruchtbarkeits- und Erbgutschäden bis hin zu Missbildungen bei Neugeborenen. Gesundheitsschäden durch die Aufnahme von Pestiziden über die Nahrung können nicht ausgeschlossen werden. Insbesondere »Cocktail-Effekte« durch das Zusammenwirken verschiedener Chemikalien in Lebensmitteln werden bei der Festlegung von

Höchstgehalten für einzelne Pestizide nicht berücksichtigt. Pestizide, die in der EU wegen ihrer Hochgiftigkeit verboten sind, dürfen nach wie vor in Drittstaaten wie z. B. Indien exportiert werden und gefährden dort die Gesundheit von Anwendern und Bäuerinnen. Teilweise gelangen Rückstände hochgiftiger Pestizide in importierten Produkten aus Drittstaaten zurück auf den europäischen Markt.

Bio-Alternative

Die biologische Landwirtschaft verwendet nach eigener Aussage nur Pestizide, die auf natürlichen Rohstoffen basieren. Dazu gehören auch problematische, teilweise für die Umwelt bedenkliche kupferhaltige Fungizide und das Insektizid Spinosad sowie der relativ harmlose Schwefel und Mineralöle / Paraffinöle. Die Anwendungen beschränken sich auf den Anbau von Kartoffeln, Wein, Obst und Gemüse. Im biologischen Getreideanbau werden keine dieser Pestizide eingesetzt. Im Hinblick auf negative gesundheitliche Auswirkungen und negative ökologische Effekte sind Bio-Lebensmittel grundsätzlich die bessere Wahl. Eine Ausdehnung der biologisch bewirtschafteten Agrarfläche reduziert nicht automatisch die Pestizidbelastung eines Landes, da ein großer Teil der Bio-Flächen Gras- und Weideland sind, die keinen Pestizideinsatz erfordern. Erst wenn sich der Bio-Ackerbau erheblich ausweitet, wäre eine Reduktion messbar. In Österreich hat sich z. B. die ökologisch bewirtschaftete Landfläche in den letzten zwei Jahrzehnten auf 25 Prozent erhöht, der chemisch-synthetische Pestizideinsatz hat sich jedoch nicht verringert.

Wahlfreiheit

Es besteht die Wahlfreiheit, die negativen Effekte für die Umwelt und die eigene Gesundheit durch den Kauf von Bio-Produkten weitgehend zu vermeiden. Beim Kauf konventionell produzierter Lebensmittel im Supermarkt kann man sich sehr wahrscheinlich darauf verlassen, dass die Konzerne bei ihren Eigenmarken und bei ihren Lieferanten von Obst und Gemüse strenge Kontrollen durchführen und die Rückstandshöchstgehalte einhalten. Eine zu hohe Pestizidbelastung von handelseigenen Waren wäre ein zu hohes Reputationsrisiko. Manche Supermärkte werben mit ehrgeizigeren Zielen, z. B. Lidl / Kaufland mit dem Versprechen, dass die Pestizidbelastung von Obst und Gemüse nicht mehr als ein Drittel der zulässigen Höchstmengen betrage. Dieses Ziel ist allerdings unschwer zu erreichen, weil die erlaubten Höchstwerte um ein Vielfaches höher sind, als es bei einer fachlich guten Praxis erforderlich ist. Fakt ist, dass man beim Kauf konventioneller Nahrungsmittel Pestizide zu sich nimmt. Regelmäßig decken Zeitschriften wie *Ökotest* und *Stiftung Warentest* erhebliche Pestizidbelastungen von Konfitüren, Obst- und Fruchtsaftgetränken u. a. auch von bekannten Markenherstellern auf. Die Freiheit für Verbraucherinnen, sich vor Pestiziden zu schützen, wird es erst im Zuge einer grundlegenden Agrarreform geben, die weitgehend auf Pestizide verzichtet. Der Pestizideinsatz muss durch eine EU-Pestizidabgabe reduziert werden, gleichzeitig müssen EU-Landwirte durch eine vergleichbare Abgabe auf die Importe aus Drittstaaten geschützt werden. Der Verzicht auf Pestizide ist möglich, wird aber die Kosten insbesondere der Unkrautbekämpfung und damit die Verbraucherpreise gerade auch für Obst und Gemüse erhöhen.

4. Gemüse

Als kämen sie alle aus dem gleichen 3D-Drucker, der sämtliche Supermärkte Deutschlands belieferte: So austauschbar und scheinbar perfekt liegt Paprika in den Gemüseauslagen der Händler von Garmisch-Partenkirchen bis Flensburg. Zur gleichförmigen Gestalt und Größe kommt eine glänzende Oberfläche hinzu, die so makellos glatt ist und so uniform rot, gelb, grün oder orange, als wären die Lebensmittel abwaschbare Plastikartikel.

Auf ähnliche Gedanken kann man bei Karotten kommen, die vor wenigen Jahrzehnten noch mit Erde behaftet und in allerlei Formen und Größen lose in Kisten angeboten wurden. Heute stecken sie geputzt und gewaschen und in kaum abweichenden Formen und Längen in Plastiktüten.

Ich gebe zu: Auch auf mich macht es im ersten Moment einen einladenden Eindruck, wenn ich in »meinem« Supermarkt von einer reichhaltig bestückten, bunten Theke mit frischem Obst und Gemüse empfangen werde. Genau aus diesem Grund platzieren die Händler diese Lebensmittel fast immer am Eingang. Aber dieser erste positive Eindruck verfliegt schnell, wenn man genauer hinschaut.

Damit meine ich nicht die Geschmacks- und Sortenarmut, die schon im Kapitel über Tomaten thematisiert wurde. Vielmehr verstärken die Supermärkte durch die Betonung optischer Kaufanreize in den Frischetheken die Lebensmittelverschwendung und Vermüllung der Welt. Mit anderen Worten: An den glänzenden Paprika, den orange leuchtenden Möhren und all dem anderen makellosen Obst und Gemüse hängen zusätzliche Preisschilder. Die werden uns im Supermarkt zwar nicht gezeigt, bezahlt werden muss der Preis dennoch – von späteren Generationen, von Menschen in anderen Ländern, aber auch von uns Supermarktkunden über Umwege wie Steuern, Abgaben, Gebühren.

Expertinnen schätzen, dass in Deutschland zwischen zehn und 30 Prozent des jährlich erzeugten Gemüses gar nicht den Weg vom Feld oder vom Gewächshaus in den Supermarkt finden – aber nicht, weil es ausnahmslos ungenießbar oder gar gesundheitsschädlich wäre, sondern weil es in Form, Größe oder Farbe nicht ins schöne Bild der Obst- und Gemüseauslagen passt. Die hohen optischen Anforderungen der Händler, so das Umweltbundesamt, seien ein »wesentlicher Grund« für die Verschwendung wertvoller Lebensmittel. Auch in einer Studie des Landesamts für Natur, Umwelt und Verbraucherschutz in Nordrhein-Westfalen werden die hohen Ansprüche des Handels an die äußere Qualität der Lebensmittel als eine der wichtigen Ursachen für Lebensmittelverluste genannt.[1] Die Supermärkte picken sich bei ihren Lieferantinnen einfach die Rosinen heraus, für den Rest gilt: »Euer Problem.« Bei Bio-Kartoffeln zum Beispiel wurden laut einer Studie 30 bis 35 Prozent der Knollen aussortiert, bei konventionell angebauten Kartoffeln rund 16 Prozent.

Was der Handel nicht nimmt, bleibt auf dem Acker liegen, landet als Biomüll in Biogasanlagen oder wird – im besten Fall – anderweitig verwertet: Aus Äpfeln und Birnen werden Saft, Mus oder Trockenobst, aus Möhren und Kartoffeln Tierfutter. Diese Art der Verwertung sei besser als die Entsorgung der Lebensmittel im Biomüll, so das Bundesumweltamt. Dennoch würden dadurch wertvolle Ressourcen verschwendet, zum Beispiel Wasser, das eingesetzt wurde, um eine besonders hohe Qualität für den Verzehr durch Menschen zu produzieren. Hinzu kommt, dass die Ansprüche der Supermärkte an die Optik, an Mindestgröße und Mindestgewicht oft den Einsatz zusätzlicher Pflanzenschutz- und Düngemittel erfordern. Gerät der Kohlrabi dennoch kleiner als gewünscht, der Brokkoli leichter als geplant, haben die Pestizide und Düngemittel umsonst das Klima und die Böden belastet und die Erlöse der Landwirte gedrückt.

Für die Supermärkte indes sind einheitliche Gewichte und Größen von Vorteil: So können sie Obst und Gemüse nach Stückpreis verkaufen, zudem lässt sich die Ware so besser in genormte Kisten packen.[2]

Dabei hat der Handel jede Menge Spielraum, anders zu agieren. Zwar gibt es gesetzliche Vorgaben wie die EU-Vermarktungsnormen, die allerdings nur gesundheitsschädliche Mängel am Gemüse als Verkaufshindernis benennen. Für das äußere Erscheinungsbild machen sie hingegen keine Vorgaben. Aus freien Stücken unterwerfen sich viele Handelsunternehmen jedoch den strengeren UNECE-Normen der Vereinten Nationen, wonach zum Beispiel Gurken nicht gekrümmt sein dürfen, Möhren nicht rissig und Blumenkohl nicht durch Farbabweichungen auffallen soll. Bei Kartoffeln, so das Umweltbundesamt, machen die Händler den Erzeugerinnen sogar Vorgaben, die über die freiwilligen Regelungen hinausgehen.[3]

Klimakiller Lebensmittelmüll

In Deutschland fallen jährlich rund zwölf Millionen Tonnen Lebensmittelabfälle an.[4] Sie stehen für sinnlos in die Luft geblasene 38 Millionen Tonnen Treibhausgase (CO_2-Äquivalente) oder – Achtung! – vier Prozent der gesamten Emissionen Deutschlands. Die zwölf Millionen Tonnen Lebensmittelmüll stehen außerdem für 43 000 Quadratkilometer in Anspruch genommene landwirtschaftliche Fläche und für eine Wasserverschwendung von 216 Millionen Kubikmetern pro Jahr[5] – das ist das Anderthalbfache dessen, was jährlich aus dem Bodensee zur Trinkwasserversorgung für Millionen von Menschen gepumpt wird.

Als 2022 Aktivisten der »Letzten Generation« den Verkehr auf deutschen Straßen blockierten, um für ihre Forderung nach einem »Essen-Retten-Gesetz« öffentliche Aufmerksamkeit zu erzeugen, meldete sich Christoph Minhoff zu Wort, der Hauptgeschäftsführer der Bundesvereinigung der deutschen Ernährungsindustrie. Ein solches Gesetz sei nicht notwendig, weil deutsche Unternehmen jedes Jahr rund 300 000 Tonnen Lebensmittel an die »Tafeln« spendeten, argumentierte Minhoff. Außerdem würden 52 Prozent der Lebensmittelverluste in den privaten Haushalten entstehen. Deshalb, so Minhoff, »wäre es hilfreich, wenn ›Die letzte Generation‹ ihre Kraft dafür einsetzen würde, die Verbraucher vom Wert der Lebensmittel zu überzeugen.«

Dass am Ende Verbraucherinnen und Verbraucher die Schuld tragen, gehört inzwischen zum gängigen Argumentationsrepertoire vieler Verbandsfunktionäre, Unternehmerinnen und Politiker: Durch »ethischen«, durch »richtigen« Konsum soll die Einzelne strukturelle Veränderungen herbeikaufen. Ja, es stimmt, dass 52 Prozent der zwölf Millionen Tonnen weggeworfener Lebensmittel auf das Konto privater Haushalte gehen und nur vier Prozent auf das Konto des Handels. Wahr ist aber auch, was die Verbraucherzentrale Niedersachsen in einem »Marktcheck« über Obst und Gemüse im Einzelhandel schreibt: »Obwohl im Handel selbst verhältnismäßig wenig Lebensmittel weggeworfen werden, hat er als Schnittstelle einen enormen Einfluss auf Lebensmittelverluste sowohl in der Produktion als auch bei Verbraucherinnen und

Verbrauchern.« Mit anderen Worten: Wenn der Supermarkt keine krumm gewachsenen Möhren ins Regal legt, kann sie der Kunde auch nicht nachfragen und so dazu beitragen, dass weniger Lebensmittel verschwendet werden; wenn der Discounter Paprika nur im rot-grün-gelben Dreierpack anbietet, den Brokkoli nur in 500-Gramm-Stücken und die Möhren nur in der Ein-Kilo-Tüte, ist abzusehen, dass in Single-Haushalten ein Teil davon in der Mülltonne landet; und wenn die Lebensmittelketten den Obst- und Gemüsebauern nur makellose Ware abnehmen, sind sie mitverantwortlich für den Verbleib des nicht makellosen Rests.

Dass die Supermarktkundin oft genug eben *keine* Wahlfreiheit hat, das »Richtige« nachzufragen, zeigt eindrücklich ein »Marktcheck« der Verbraucherzentralen zu Obst und Gemüse. Bei ihrer Untersuchung in 25 Märkten (zwölf Supermärkte, elf Discounter, zwei Bio-Supermärkte) fanden die Verbraucherschützer:

- dass nur sechs der 25 Märkte preisreduziertes – weil nicht mehr ganz makelloses – Obst oder Gemüse anboten, das heißt: In drei Vierteln der Geschäfte suchten die Kundinnen vergeblich nach solcher Ware.
- dass 80 Prozent der Apfel- und Möhrenangebote zur Klasse I gehörten, mithin nur 20 Prozent zur Klasse II, die auch geringfügige Mängel zulässt, wobei das Angebot von Klasse-II-Ware bei den Discountern mit sieben Prozent am geringsten war. Und nur in Einzelfällen wurde auf Obst und Gemüse der Klasse II explizit hingewiesen (»Krumme Dinger« bei Aldi und »Bio-Helden« bei Penny).
- dass Eisbergsalat und Kohlrabi ausnahmslos je Stück verkauft wurden, Brokkoli und Blumenkohl zu 70 bzw. 80 Prozent. Dass die Supermärkte das Gemüse nicht nach Gewicht anbieten, fördert die Lebensmittelverschwendung, weil von

der Norm abweichende Ware es erst gar nicht in die Auslagen schafft.
- dass Kulturen wie Radieschen, Bundmöhren oder Kohlrabi oft aus optischen Gründen mit Blattwerk angeboten werden, das dem Gemüse Feuchtigkeit entzieht und so dazu führt, dass es schneller verdirbt – und eher im Müll landet.

Die Ergebnisse zeigten, dass in den Läden »noch großes Potenzial für die Einsparung von Lebensmittelverschwendung« bestehe, bilanzieren die Verbraucherschützer. Und fordern, der Handel solle auf seine selbst gesetzten Kriterien bezüglich Größe, Einheitlichkeit und Aussehen verzichten; die Supermärkte sollten außerdem Klasse-II-Ware zum neuen Standard machen und Obst und Gemüse grundsätzlich nach Gewicht und nicht nach Stück verkaufen. Auch der Präsident des Umweltbundesamts, Dirk Messner, findet: »Die gesetzlichen Vorgaben reichen aus für hochwertige Lebensmittel. Der Handel muss hier nicht noch unnötig nachlegen.«[6]

Es gibt ein weiteres gewichtiges Argument, warum die Supermärkte die optische Megaaufrüstung aufgeben müssen: Äpfel jenseits der Normgröße oder krumm gewachsene Möhren und Gurken würden endlich wieder ein realistisches Bild landwirtschaftlicher Prozesse und Erzeugnisse vermitteln. Denn das perfekte Obst und Gemüse ist so irreführend wie all die Milchkühe auf blumensatten Wiesen vor schneebedeckten Bergen und wie all die süßen Ferkel im Stroh, die einem der Handel auf Verpackungen und in Werbeclips präsentiert.

Freilich kollidiert die Forderung, endlich ein authentisches Bild der Landwirtschaft und ihrer Produkte zu zeigen, mit dem Geschäftsmodell der Supermärkte, das stark vom schönen Schein lebt: Man schreibt »Tierwohl« auf Fleischwaren von gequälten Tieren, man verkauft »Weidemilch«, ohne zu sagen, wie viele Tage im Jahr die Kühe wirklich auf Weiden grasen; man verwendet den Begriff »regional« inflationär, ohne ihn mit Inhalt zu füllen; man bildet fast immer einzelne Tiere oder kleine Gruppen im Grünen ab, wo Massenhaltung im Stall Standard ist; und in der Obst- und Gemüseabteilung zelebriert man einen verschwenderischen Frische-, Schönheits- und Perfektionswahn, der Obst- und Gemüsebauern zu Lieferanten normierter Ware degradiert und zum Einsatz von Pestiziden zwingt.

Grün gefärbter Verpackungswahn

»Die einen werben mit Pandas, die anderen sagen, dass sie verantwortungsvoll handeln oder dass Nachhaltigkeit Teil ihrer DNA sei. Es gibt kaum einen Supermarkt, der nicht mit dem Begriff ›Nachhaltigkeit‹ wirbt.« So beginnt ein 2020 veröffentlichter, ausführlicher Bericht des Umweltbundesamts, der den großen Lebensmittel-Handelskonzernen in die Auslagen und Bücher schaut und dabei manches Bemühen erkennt, aber auch schwere Versäumnisse. So werde zum Beispiel das Thema Entsorgung verpackter Lebensmittelabfälle »nicht wahrgenommen«.

Deshalb stehe ich im Sommer 2022 in einem Berliner Supermarkt, in der Hand einen Vierer-Pack mit Paprika, rot, gelb, grün, orange, die Schale aus Pappkarton ist mit Plastik eingepackt. Und frage mich, wie so ein Vierer-Pack eigentlich entsorgt wird, wenn eine der Paprikas schon schimmelt? Und warum es *überhaupt noch* solche Plastik-Karton-Verpackungen gibt, die im Fall der Paprika definitiv überflüssig sind?

Die letztere Frage drängt sich auch deshalb auf, weil es in

diesem Berliner Supermarkt – wie in vielen Märkten – Paprika auch einzeln zu kaufen gibt. Umso abwegiger erscheint mir, dass selbst dieses Gemüse, das seine eigene Verpackung so perfekt mitliefert wie Bananen oder Orangen, immer noch mit industrieller Verpackung angeboten wird. Weil ich dann vier Paprika kaufe, obwohl ich eigentlich nur drei brauche? Weil der Supermarkt auf meine Bequemlichkeit spekuliert, dass ich lieber mit *einem* Handgriff *eine* Verpackung in den Einkaufswagen lege als *drei* Paprika einzeln abzuwiegen? Ist es das, was die Vorstände von Aldi & Co. daran hindert, dort, wo ersichtlich keine Verpackung nötig ist, darauf zu verzichten? Und haben die noch nie jene schon ikonographischen Bilder der Plastikstrudel in den Ozeanen gesehen?

2020 veröffentlichte der Naturschutzbund Deutschland (NABU) Zahlen über Verpackungsmaterial für Obst und Gemüse und zog eine ernüchternde Bilanz:[7] Trotz hoher Aufmerksamkeit für das Thema Verpackungsmüll in der Öffentlichkeit habe sich im Vergleich zu früheren NABU-Studien nur »wenig verändert«, das Ausmaß an Verpackungsabfällen erreiche immer »neue Höchststände«. So wurden nach den NABU-Erhebungen frisches Obst und Gemüse zu 60 Prozent vorverpackt verkauft, wodurch 103 000 Tonnen Verpackungsmüll anfielen, davon 66 000 Tonnen Kunststoffmüll (Vorverpackungen sind Schalen aus Plastik oder Pappe, sowie Netze und Folien, in denen die Ware angeboten wird; Papiertüten und Knotenbeutel, mit denen der Kunde die Ware selbst verpackt, sind noch gar nicht mitgezählt). Deprimierend dabei ist, dass der Anteil vorverpackter Ware im Vergleich zu 2016 zwar leicht von 63 auf 60 Prozent zurückging, sich die Abfallmenge dennoch um gut zehn Prozent oder rund 10 000 Tonnen erhöhte. Die Erklärung: Pro Kilogramm Obst oder Gemüse wurde im Durchschnitt mehr Verpackungsmaterial verbraucht. Jede Supermarktkundin weiß, wie das zustande kommt: durch die materialintensiven Klappdeckelschalen sowie durch die kleineren Portionsgrößen zum Beispiel bei Beeren oder durch Minipaprika und Minimöhren, bei denen sehr wenig Gemüse von sehr viel Verpackungsmaterial umgeben ist.

Besonders krass war der Anstieg des Verpackungsbedarfs bei Beeren und Trauben: 85 Prozent mehr Kunststoff, 21 Prozent mehr Papier, Pappe und Karton. Als Paradebeispiel für diese Art Rebound-Effekt nennt die Studie die Salatgurke: Die großen Gurken liegen jetzt zwar häufiger ohne Plastikhülle in der Auslage, dennoch schoss die Menge an Papier- und Kartonverpackungen um gut 250 Prozent nach oben, die der Kunststoffverpackungen um 18 Prozent, und zwar wegen der vielen vorverpackten Mini-Salatgurken. »Positive Entwicklungen an der einen Stelle werden so durch negative Entwicklungen an anderer Stelle mehr als aufgehoben«, heißt es in der Studie.

»Der Handel muss Verpackungen vermeiden, anstatt Kunststoff durch Papier zu ersetzen«, fordern die Naturschützer. Viele Gemüse- und Obstarten seien robust genug, um lose verkauft zu werden. Aufschlussreich ist auch die NABU-Forderung, nicht nur Bio-Obst und Bio-Gemüse »auszupacken«, sondern auch konventionelle Ware. Begründung: Bio-Obst und Bio-Gemüse hätten einen viel zu kleinen Marktanteil, als dass man mit ihnen das Abfallaufkommen substanziell reduzieren könne. Auch diese Taktik des Handels scheint also durchsichtig zu sein: Er bedient den Wunsch ihrer Bio-Klientel nach einem guten Gewissen mit teilweise oder ganz entpackten Lebensmitteln, während im restlichen Massenmarkt oft nicht viel passiert. Der NABU bietet einleuchtende Erklärungen dafür an, warum die Händler so ungern von den Verpackungen lassen: Die Plastik- und Papierhüllen verschaffen den Unternehmen Kostenvorteile beim Transport, sie beschleunigen das Bezahlen an der Kasse, sie erhöhen die verkauften Mengen, und die Schalen dienen als willkommene Werbeflächen.

Die Hoffnung, dass sich die Situation seit der NABU-Studie substanziell verbessert haben könnte, scheint unbegründet. Dafür spricht ein 2022 veröffentlichter Verpackungscheck der Deutschen Umwelthilfe (DUH)[8] in 48 Supermärkten und Discountern. Ergebnis: »Bei den meisten Märkten gibt es viel heiße Luft und ein weiter ungelöstes Abfallproblem«, schreibt die Organisation bezüglich aller fünf getesteten Sortimentskategorien. Auch der Befund in der Kategorie Obst und Gemüse sei eine »herbe Enttäuschung«, denn selbst so robuste Sorten wie Paprika, Karotten, Bananen, Äpfel, Gurken oder Tomaten, bei denen es keinen Grund für künstliche Hüllen gibt, werden häufig immer noch in Plastikverpackungen oder Netzen angeboten. Besonders schlecht schneiden die Discounter ab: So beträgt der Anteil von verpacktem Obst und Gemüse bei Netto Nord 81 Prozent, bei Aldi Nord 73 Prozent, bei Penny 66 Prozent und bei Lidl 56 Prozent; es folgen Rewe und Edeka mit 46 bzw. 45 Prozent; nur die Bio-Supermärkte Bio Company (15 Prozent), denn's (zehn Prozent) und Alnatura (ein Prozent) erzielen respektable Werte.

Angesichts solcher Zahlen fällt es der Deutschen Umwelthilfe nicht schwer, viele Kommunikationsaktivitäten der Konzerne als simples Greenwashing zu entlarven. Es würden oft vielversprechende Aussagen gemacht, die jedoch von echter Ressourcenschonung und Abfallvermeidung weit entfernt seien. Zu den häufigsten Greenwashing-Taktiken zählt die DUH den Verweis auf Recycling, wo Abfallvermeidung und Mehrweglösungen gefragt seien, aber auch die Angewohnheit von Handelskonzernen, Ziele für umweltfreundlichere Verpackungen nur auf Teile des Sortiments zu beschränken, zum Beispiel auf die Eigenmarken. Das Prinzip der Freiwilligkeit sei bei der Müllvermeidung im Handel krachend gescheitert, bilanziert die DUH. Womit an Frankreich erinnert sei, wo seit 2022 für viele Obst- und Gemüsesorten schlicht ein gesetzliches Verbot von Kunststoffverpackungen gilt: Den Anfang machten unempfindliche Sorten wie Kartoffeln, Gurken, Paprika, Zwiebeln, Äpfel, Birnen und Orangen, bis spätestens 2026 soll das Plastik dann vollständig aus den Frischeregalen verschwinden. Politik kann also Entscheidungen zugunsten des Allgemeinwohls treffen. Wenn sie denn will.

Bioabfall: ins Meer und aufs Feld

Eine andere wichtige Frage ist, was eigentlich mit verpacktem Obst und Gemüse passiert, wenn es schon im Supermarkt zu schimmeln begonnen hat? Und mit Joghurtbechern, Tiefkühlpizzen, Käse- oder Wurstwaren, die ihr Haltbarkeitsdatum überschritten haben? Viele Supermärkte warfen solche verpackten Lebensmittel jahrelang einfach als Bioabfall zum unverpackten Biomüll in ihre gewerbliche Biotonne. Welche Folgen diese Praxis haben kann, zeigte ein Umweltskandal, der vor wenigen Jahren bundesweit Schlagzeilen machte und in dem die Staatsanwaltschaft Flensburg im März 2022 Anklage gegen drei Manager einer Kläranlage erhob: Die Schlei, ein Meeresarm an der Ostsee, war Anfang 2018 plötzlich mit einer Fracht von Milliarden fingernagelgroßer Plastikteilchen belastet, Strände und Ufer sahen aus wie mit Konfetti beregnet. Die Teilchen, die bis heute von Umweltschützerinnen zu Tausenden mit der Pinzette aufgesammelt werden, stammten von Supermärkten, Restaurants und Lebensmittelherstellern, deren Abfälle samt Verpackungen in Entsorgungsanlagen zerkleinert worden waren und dann zur Energiegewinnung im Faulturm des Klärwerks landeten. Von dort gelangten sie später tonnenweise in die Schlei.

Plastikteilchen aus geschredderten und zermalmten Lebensmittelabfällen finden sich aber auch immer wieder in deutlich sichtbaren Mengen auf Äckern und Feldern, bei Gärtnereien und selbst in Blumenerde. Auch sie lassen sich zurückverfolgen zu Kompost- und Düngerlieferanten, in deren Ausgangsmaterial zu viele nicht entpackte Lebensmittel auch aus Supermärkten und Produktionsbetrieben steckten.[9]

Bund und Länder reagierten und erließen im Frühjahr 2022 neue Regeln.[10] Mit erstmaligen Obergrenzen für den erlaubten Kunststoffanteil in Bioabfällen aus Handel und Gewerbe. Mit neuen Pflichten für die Handelsunternehmen zum getrennten Sammeln und Befördern von verpacktem und unverpacktem Biomüll. Ob das wirkt, wird sich noch zeigen müssen, denn auch bislang waren die Supermärkte grundsätzlich zur getrennten Sammlung verpflichtet. Nur kontrollierte und sanktionierte das niemand, weshalb es gängige Praxis in den Supermärkten war, das verdorbene Nackensteak in Plastikfolie, den abgelaufenen Speisequark und die angeschimmelten Orangen samt Netz einfach in die Biotonne zu werfen.

Als die Entsorgerbranche die Supermärkte und Discounter 2021 aufforderte, ihre Bioabfälle in zwei verschiedenen Tonnen für verpackte und unverpackte Bioabfälle zur Abholung bereitzustellen, damit nicht später in den Sortieranlagen aufwendig und teuer getrennt werden muss, konterte der Handelsverband Deutschland (HDE) umgehend, dies führe bei vielen Händlerinnen zu Platz- und Logistikproblemen.[11] Den eigenen Bioabfall in den Filialen selber zu entpacken, wie das die Spitzenverbände der Städte, Landkreise und Gemeinden mit Verweis auf das Verursacherprinzip forderten, hält der Handelsverband gar für »generell technisch unmöglich«.[12]

Wenn man verfolgt, wie die großen Handelskonzerne mit kassiererlosen Märkten experimentieren, mit Backrobotern und automatisierten »Mini-Stores«, und überhaupt, welche Organisations- und Finanzkraft sie besitzen, dann wird klar, dass es keineswegs »technisch unmöglich« wäre, den eigenen Biomüll auch selbst zu entpacken. Was sie selbst nicht leisten mögen, fordern die Händler freilich ungeniert von ihren Kundinnen ein: Seit Jahren unterstützt der Handelsverband die bundesweite »Aktion Biotonne«, die Verbraucher für das Sammeln von Bioabfällen begeistern will. »Die Verpackung muss leider draußen bleiben und wird über den Gelben Sack getrennt entsorgt«, wird die Verbraucherin dort belehrt. »Kein angenehmer Handgriff, aber eben auch kein Hexenwerk.«

Wie andere Beispiele in diesem Buch zeigt auch dieses Kapitel, dass Appelle an den einzelnen Verbraucher oder auch an den einzelnen Supermarkt nichts nützen: So schön es sein mag, wenn der eine oder andere sich dazu bewegen lässt, weniger Müll zu erzeugen und den unvermeidlichen Abfall besser zu trennen, so klar ist auch, dass sich viele andere eben nicht darum scheren und dadurch einen wirtschaftlichen Vorteil haben. Wer die gutgemeinte, aber wirkungsarme Appellebene verlassen und das Problem wirklich angehen will, muss den Staat als Regulierer ins Spiel bringen, der Verpackungsabgaben, Pfandsysteme, Obst und Gemüse der Klasse II und andere zielführende Maßnahmen zum verbindlichen Standard *für alle* macht. Weil der Schutz kollektiver Güter wie saubere Luft, saubere Böden und saubere Gewässer niemals die Sache privater Freiwilligkeit sein kann.

Auf den folgenden Seiten findet sich eine Infobox zu Tiefkühlwaren, weil Gemüse das umsatzstärkste Segment im Tiefkühlbereich ist; außerdem eine Infobox zu Fisch, der als Tiefkühlprodukt ebenfalls eine wichtige Rolle spielt.

TIEFKÜHLKOST

Technologie

Die Idee, dass Lebensmittel durch Kälte haltbar gemacht werden können, hatte der US-Forscher und Erfinder Clarence Birdseyes auf einer Reise zu den Inuit. Tiefkühlkost kam vor gut 90 Jahren auf den Markt, zuerst 1930 in den USA, 1955 in Deutschland. Die »Schockfrostung« ist die größte Innovation für die Haltbarmachung von Lebensmitteln. Bis heute gibt es keine schonendere Art der Konservierung, denn sie erfolgt ohne Zugabe von Konservierungsstoffen. Praktisch alle Haushalte (gut 97 Prozent) konsumieren Tiefkühlprodukte. Der Pro-Kopf-Verbrauch von Tiefkühlkost lag 2021 bei insgesamt 46 Kilogramm, 1978 waren es noch knapp 14 Kilo. Die Bezeichnung Tiefkühlkost umfasst tiefgefrorenes Gemüse und Obst, Fleisch- und Fischprodukte, Pizzen und Tiefkühlgerichte. Auch Backwaren, Beilagen und Snacks sowie Kartoffelprodukte werden hinzugezählt. Im Hinblick auf die Qualität der in der Kühltruhe angebotenen Lebensmittel ist die Tiefkühl-Technologie neutral. Sowohl Produkte minderer als auch besserer Qualität können tiefgefroren werden, also sowohl Tiefkühlgerichte, die nur so vor Zusatzstoffen strotzen, als auch Gerichte, die weitgehend darauf verzichten.

Die beliebtesten Tiefkühl-Produkte (einmal oder mehrmals im Monat konsumiert) sind: 1. Gemüse, 2. Kräuter, 3. Pizza. Von zwölf Produkten folgt an neunter Stelle Fisch.

Transparenz

Die Transparenz wird durch die Tiefkühltechnik weder begünstigt noch verschlechtert. Sie hängt von der Transparenz der Tiefkühlware ab.

Ökologischer Fußabdruck

Klima: Anders als vermutet, sind Produktion und Distribution der tiefgekühlten Produkte bis zum Supermarkt nicht die entscheidenden Energiefresser. Bei Backwaren, Fleisch und Pizza entfallen darauf nur bis zu zehn Prozent des Energieverbrauches über die gesamte Lieferkette. Bei Gemüse sind es nur zwei Prozent. Entscheidender sind die Rohwarenbereitstellung und Verarbeitung sowie die Lagerdauer in den Haushalten. Unter der Annahme, dass TK-Produkte nicht länger als zwei Wochen gelagert werden, sind die Klimaeffekte von tiefgekühlter und nicht tiefgekühlter Ware in etwa vergleichbar. Diese Annahme mag bei einigen Produkten zutreffen, bei anderen ist sie unrealistisch. Zwar geht der Energieverbrauch der Tiefkühltruhen zurück, andererseits werden sie auch immer größer, was den Einspareffekt wieder zunichtemacht.

Gesundheit

Tiefkühlkost ist so gesund wie es die eingefrorene Ware ist. Bei der Lagerung bei Zimmertemperatur verlieren Gemüse, Obst und andere Nahrungsmittel innerhalb weniger Tage über 50 Prozent ihrer Mikronährstoffe. Tiefkühl-Obst und -Gemüse enthalten dagegen noch über Monate 80 Prozent der Mikro-Nährstoffe. Der Konsum nicht saisonaler Nahrungsmittel mittels Tiefgefrierens ist eine wenig ökologische Option. Bei der Herstellung von Tiefkühlkost kann auf die Nutzung von Konservierungsstoffen, Geschmacksverstärkern sowie Aromen verzichtet werden, weil durch das Schockfrosten das Aroma von Obst und Gemüse erhalten bleibt.

Bio-Alternative

Die Ware ist vergleichbar mit äquivalenten Lebensmitteln, die nicht tiefgefroren sind.

Wahlfreiheit

Die Tiefkühl-Technologie erhöht die Wahlfreiheit, weil man jederzeit auf frische Produkte zurückgreifen kann, deren Mikro-Nährstoffe und Vitamine erhalten sind und die auch auf Konservierungsstoffe und Geschmacksverstärker verzichten können. Bei längerer Lagerung im Haushalt schlägt der Klimaeffekt im Vergleich zu nicht tiefgekühlter Ware negativ zu Buche. »Grüne Energie« kann deshalb die Tiefkühl-Technologie noch attraktiver machen.

FISCH

Angebot / Qualitäten

Zum Angebot zählen Salz- und Süßwasserfisch einschließlich Garnelen und Muscheln. Der durchschnittliche Fischkonsum in Deutschland beträgt 14 kg / Kopf. Nur in wenigen Supermärkten wird Fisch an Frischetheken angeboten. Fische stammen aus Wildfang oder Aquakultur (jeweils zu rund 50 Prozent). 90 Prozent der Aquakultur-Produkte kommen aus Asien. Aquakultur gibt es in geschlossenen (Teichen) oder offenen Kulturen (Netzkäfige im offenen Wasser). Surimi ist ein Fischersatzprodukt aus zusammengeformtem und gefärbtem zerkleinertem Fischmuskelfleisch. Häufig wird Surimi als »Shrimps-Imitat« gekennzeichnet.

Transparenz

Beim Wildfang müssen Fischart, Fanggebiet, Fangmethode und ggf. Auftauhinweise angegeben werden. Fisch aus Aquakulturen muss als solcher gekennzeichnet werden, ebenso seine Herkunft. Ausgenommen davon sind verarbeitete Produkte wie Fischsuppe, Fischbuletten oder Heringssalat. In Aquakulturen werden die Fische mit Trockenkraftfutter aus Fischmehl, Fischöl, Weizenkleie, Vitaminen und Mineralien gezüchtet. Die großen Aquakulturen (z. B. für Lachs aus Norwegen) bestehen aus im Meer versenkten Netzkäfigen. Es werden Zusatzstoffe wie Tintenfisch-Aroma, Duftessenzen wie Moschusxylol und Bromocyclen als Mittel gegen Parasiten und Antibiotika eingesetzt. Um eine rote Farbe (bei Lachs) zu erhalten, werden die Farbstoffe Canthaxanthin oder Astaxanthin zum Futter zugegeben.

Das Gütesiegel »MSC« (Marine Stewardship Council) weist Mängel auf (vgl. Infobox »Gütesiegel«), auch das Aquakultur-Gütesiegel ASC (»Aquaculture Stewardship Council«) ist nicht wirklich aussagekräftig.

Ökologischer Fußabdruck / Tierschutz

Der Fischfang mittels Schleppnetz wühlt den Meeresboden auf und trägt zum Ausstoß von CO_2 bei. 34 Prozent der weltweiten Fischbestände sind überfischt, 60 Prozent stehen kurz vor einer Überfischung. Die aktuell vorgeschriebenen Fangquoten sind nicht streng genug reguliert und kontrolliert. Die heutige Fischerei dominieren Fangschiffe, deren Effizienz das natürliche Regenerationsvermögen der Bestände aushebelt. Mit modernster Sonar-Technik können diese Schiffe Fischbestände schnell und präzise orten. Negative ökologische Auswirkungen von Aquakulturen bestehen im Einsatz von Fischmehl als Futter und in der Freisetzung von Schadstoffen in die Umwelt. Die teilweise enge Besatzdichte beeinträchtigt die Tiere in ihrer Bewegungsfreiheit. Die gezielte Zucht von Speisefisch als nachhaltige Form der Fischversorgung reduziert den Druck auf überfischte Meeresressourcen nicht, sondern erhöht ihn: Denn der Einsatz von Futtermitteln für die Zucht von Raubfischen in Form von Fischmehl und Fischöl aus Wildbeständen übersteigt die Produktion der Zuchtfische. Somit ergibt sich ein Protein-Nettoverlust in der Produktion. Für jedes Kilogramm Zuchtlachs werden 2,5 bis fünf kg Fisch aus Wildbeständen verfüttert; für die Produktion von einem Kilo Thunfisch werden bis zu 20 kg verfüttert.

Die Anwendung von Arzneimitteln in offenen Aquakultur-Systemen stellt eine besondere Gefahr für die Umwelt dar, weil die Präparate direkt in die aquatische Umwelt abgegeben werden. Ebenso ist der Einsatz von chemischen Substanzen (z. B. Desinfektionsmittel) für die Umwelt schädlich. Das gilt auch für die Nährstoffeinträge aus offenen Aquakulturen in die Umwelt.

Gesundheit

Fisch ist grundsätzlich ein ernährungsphysiologisch wertvolles Lebensmittel. Insbesondere Makrelen / Heringe enthalten eine hohe Menge an gesunden Omega-3-Fettsäuren. Es gibt allerdings Einschränkungen: Bestimmte Fischarten können mit Methylquecksilber belastet sein. Das Bundesinstitut für Risikobewertung (BfR) weist darauf hin, dass es bei hohem Konsum von bestimmten Fischarten (Aal, Stör, Rotbarsch, Schwertfisch, Heilbutt, Hecht, Thunfisch) zur kritischen Exposition kommen kann. Heringe, Forellen, Seelachs und Karpfen gehören nicht zu den kritischen Fischarten. Aal aus Flüssen, aber auch aus der Ostsee, kann hoch mit Dioxin belastet sein.

Bio-Alternative
Die Besatzdichten sind geringer als bei konventionellen Aquakulturen, wobei die Standards des EU-Bio-Siegels wie in anderen Bereichen auch lascher sind als die Standards nationaler Öko-Verbände. Während das EU-Bio-Siegel die Verfütterung von Fischmehl zulässt, untersagen dies die Richtlinien mancher nationaler Anbauverbände. Der Einsatz von Antibiotika und Insektiziden ist nicht erlaubt. Beim Einsatz von Medikamenten müssen die doppelten Wartezeiten eingehalten werden. Zusatzstoffe sind nicht erlaubt, lediglich natürliche Pigmente (Farbstoffe), die bei der Lachshaltung für die Rosafärbung des Fleisches verantwortlich sind, dürfen eingesetzt werden. Bio schützt nicht vor Abholzung von Mangroven-Wäldern und unsozialen Arbeitsbedingungen (z. B. bei der Shrimps-Produktion).

Wahlfreiheit
Die Wahlfreiheit ist aus folgenden Gründen eingeschränkt: Die aktuelle Nachfrage nach Fisch kann derzeit nicht ohne negative Folgen für die Umwelt gedeckt werden. Beim Einkauf kann man meist weder erkennen, welche ökologischen Folgen sowohl der Konsum von Wildfang als auch von Fisch aus Aquakulturen zeitigen, noch von welcher Qualität die Aquakulturen sind. Bei verarbeiteten Fischprodukten ist diese Intransparenz noch größer. Auch im Hinblick auf gesundheitliche Auswirkungen kann man sich nicht sicher fühlen. Bio ist nur teilweise eine echte Alternative.

5. Erdbeeren

Zu den schönen Erinnerungen im Leben gehören auch Geschmacks- und Geruchserlebnisse. Mir geht das Aroma von Walderdbeeren nicht aus dem Gedächtnis, auch deshalb nicht, weil wir Kinder am Sonntagvormittag in den Wald geschickt wurden, aus dem wir mit Milchkannen voller Erdbeeren zurückkamen – für die Nachspeise zum Sonntagsmahl. Unvergesslich. Nun wäre es der Nostalgie zu viel, wenn ich erwarten würde, dass Supermärkte kiloweise Walderdbeeren anbieten sollen. Aber auch das Aroma der »normalen« Erdbeeren im Lebensmittelladen war damals ein anderes, unvergleichlich besseres. Das, was man uns heute im Supermarkt als Erdbeeren auftischt, ist nur noch ein Abklatsch von Geschmack. Vielleicht ist das ein Grund dafür, dass uns bei Erdbeeren im Supermarkt die Sorte vorenthalten wird. Warum ist diese Information bei Äpfeln, Trauben oder Orangen verpflichtend, bleibt bei Erdbeeren aber meist das Geheimnis des Supermarkts?[1]

In »entwickelten Gesellschaften mit gesättigten Märkten« sei Geschmack der »wichtigste Qualitätsparameter« eines Lebensmittels. So schreibt Detlef Ulrich, vielleicht der kundigste Experte für Erdbeergeschmack in Deutschland, der lange Jahre am Julius Kühn-Institut forschte, einer Bundeseinrichtung für Kulturpflanzen. In seinen Präsentationen und Texten beklagte der Chemiker jedoch regelmäßig, dass es mit dem Geschmack als Qualitätsparameter der Erdbeere nicht mehr weit her sei. Den Unterschied zwischen alten Kultursorten (»hoch aromatisch, fruchtig, süßlich, waldbeerartig«) und modernen Hochleistungssorten für den kommerziellen Anbau (»wenig aromatisch, süßlich«) beschreibt Ulrich als »genetische Erosion« infolge einer Züchtung, die jahrzehntelang auf Fruchtgröße, Schädlingsresistenz, Pflückbarkeit und andere Merkmale zielte. Der Erdbeer-Experte illustrierte das gerne mit dem Cartoon einer Wippe im Ungleichgewicht: Auf der in die Höhe ragenden Seite – der Seite von »Geschmack« und »Gesundheit« – schaut eine kleine Frau wütend zu dem dicken Mann und seinem Geldsack auf der anderen Seite der Wippe hinunter, der sie mit seinem Gewicht lächelnd aushungert; auf seiner Seite steht »Ertrag, Haltbarkeit, Aussehen, Gewinn«. Genauso liegen die Erdbeeren vor uns in ihren Plastikschalen: prall und rot, aber aromatisch ziemlich enttäuschend.[2]

Das Phänomen der Geschmacksarmut infolge züchterischer »Verbesserungen« kennen wir auch von anderen Obst- und Gemüsesorten im Supermarkt, was die Erfahrung bei den Erdbeeren nicht erträglicher macht. Und was zum Gedanken Anlass gibt, dass wir Supermarktkundinnen im Grunde keinerlei Einfluss auf die Qualität der Waren nehmen können. Natürlich haben wir insofern »Macht«, als wir von Lidl zu Edeka und von dort zu Aldi und zu Rewe wechseln können. Aber derlei Supermarkt-Hopping sendet allenfalls das Signal an die Händler, ihren Preiskampf weiter zu forcieren. Dann finden wir bei der Konkurrenz vielleicht billigere Beeren, aber nicht bessere. Obst und Gemüse sind qualitativ überall mehr oder weniger gleich schlecht oder gut, wobei die Qualitäten in erster Linie an den Erfordernissen der Supermärkte ausgerichtet sind (hohe Transporttauglichkeit, lange Haltbarkeit) und kaum an den geschmacklichen und sonstigen Erwartungen der Kundinnen. Supermarktobst und -gemüse muss vor allem schön farbig, fest und ohne Makel sein. Doch einen Qualitätswettbewerb zwischen den Supermärkten um die schmackhaftesten Erdbeeren, Zucchini, Bananen oder Karotten gibt es leider nicht, ich zumindest bin noch nicht darauf gestoßen.

Wasserimport aus Regionen ohne Wasser

Doch der Erdbeerkauf ist noch mehr als eine Frage des Geschmacks. Das hat auch damit zu tun, dass Deutschland nur etwa 20 Prozent seines Obstes selbst produziert, beim Gemüse beträgt der Selbstversorgungsgrad auch nur knapp 40 Prozent. Bei Gemüse und Obst ist Deutschland also stark auf Importe aus dem Ausland angewiesen, bei Erdbeeren sogar zu rund 60 Prozent, wobei Spanien das mit Abstand größte Lieferland ist. Mit den Erdbeeren aus Spanien importiert Deutschland auch Wasser von dort, man kann die Menge bei 300 Litern pro Kilo Obst ansetzen, so viel verbraucht die Erzeugung, wie der WWF einmal ausgerechnet hat. Aus der umgekehrten Perspektive könnte man sagen, dass wir das Problem des knappen Guts Wasser exportieren und vor Ort verschärfen. Und das gilt nicht nur für spanische Erdbeeren, sondern auch für viele andere Obst- und Gemüsesorten aus dem Ausland, deren Erzeugung dort nicht nur die kostenlose Sonnenenergie in Anspruch nimmt, sondern auch die Böden auslaugt und mit Pestiziden belastet, Landschaften zerstört und Wasserkrisen verschärft.

Besonders schlimm ist es im und am Rand des andalusischen Nationalparks Coto de Doñana an der südwestlichen Spitze Spaniens unweit von Sevilla.[3] Das Feuchtgebiet ist ein Eldorado für Zugvögel und andere Tiere und Pflanzen, die UNESCO hat es vor vielen Jahren zum Weltnaturerbe erklärt. Doch es droht auszutrocknen und zu veröden – auch wegen des Anbaus von Erdbeeren für deutsche und europäische Supermarktketten. Im und um den Nationalpark in der Provinz Huelva, die als der größte Erdbeerproduzent der Welt und Europas Obstgarten gilt, soll es rund tausend illegale Brunnen geben, aus denen Bäuerinnen das immer knapper werdende Wasser pumpen, um ihre Erdbeer-, Himbeer- und Heidelbeerfelder sowie Zitrusplantagen zu bewässern. Illegal sind nicht nur viele Brunnen, sondern auch viele Felder und Plantagen. Die Folge: Der kontinuierlich sinkende Grundwasserspiegel bedroht die gesamte Region.[4]

So sind der Nationalpark und seine exportorientierten Obstbauern längst zum europäischen Politikum ersten Ranges geworden: Weil spanische Behörden und Politikerinnen seit Jahren weitgehend untätig zuschauen und der auf Export ausgerichteten Landwirtschaft keine Grenzen setzen, reichte die EU-Kommission Klage beim Europäischen Gerichtshof ein. Der verurteilte Spanien Mitte 2021 wegen unverhältnismäßiger Grundwasserentnahme und wegen Verstoßes gegen die europäischen Wasserrichtlinien. Doch damit ist der Konflikt zwischen wirtschaftlichen Interessen und Naturschutz, zwischen regionalen und europäischen Anforderungen nicht ausgestanden. Denn es gibt Anzeichen dafür, dass die andalusische Regionalregierung die illegale Bewässerung legalisieren will – ungeachtet der Wassernot und des Klimawandels.

Und mittendrin im Konflikt um Obst und Gemüse aus wasserknappen Anbaugebieten stecken die deutschen Supermarktketten. Aldi zum Beispiel betreibt jetzt nach eigenen Worten »Wasserschutzpolitik« und verpflichtet seit Mitte 2022 viele seiner Lieferanten zu wassersparenden Produktionsmethoden. Die Vorgaben gelten für die 15 meistverkauften Obst- und Gemüseartikel, die aus Wasserrisikogebieten stammen, darunter Avocados aus Peru und Tomaten aus Spanien, aber auch Erdbeeren, Bananen, Weintrauben, Äpfel, Kartoffeln und Kopfsalat.

Wie Aldi arbeitet auch Edeka mit der Natur- und Umweltschutzorganisation WWF zusammen. Gemeinsam bewerten sie die Wasserrisiken in den Lieferketten und zertifizieren Betriebe, die nachweisen, dass sie ihr Wasser legal beziehen. In einem Projekt mit zwölf Zitrusfarmen unweit des Doñana-Nationalparks habe man innerhalb eines Jahres 1,4 Milliarden Liter Wasser eingespart, heißt es im Edeka-Geschäftsbericht (2020).

Doch Wasser zu *sparen* bedeutet nicht zwingend, weniger Wasser zu *verbrauchen*, wie der WWF deutlich macht: Auf Wasserknappheit würde meist mit technologischem Fortschritt und Effizienzsteigerung reagiert. Doch in Anbauregionen wie Südspanien zeige sich, »dass selbst eine auf die Spitze getriebene Bewässerungseffizienz das Problem des Wassermangels nicht mehr löst«, sondern sogar verstärken kann. Dann nämlich, wenn »das eingesparte Wasser für eine Ausweitung der Produktion genutzt wird. So wird zwar ein Verlust von Wasser vermieden, letztlich aber insgesamt mehr verbraucht. Dieses bekannte Phänomen nennt man Rebound-Effekt oder Jevons-Paradoxon.«[5]

Erdbeeren und Menschenrechte

Auch der Discounter Lidl hat sich eine »Wasserpolitik für den Einkauf von Handelsware« gegeben und verpflichtet sich durch verschiedene Maßnahmen und in Partnerschaft mit Organisationen wie der Alliance for Water Stewardship (AWS), den Wasserverbrauch und die Wasserverschmutzung durch Pestizide und Düngemittel in seinen Lieferketten zu reduzieren.[6] Und nicht nur das: In einem Bericht (»Human Rights Impact Assessment«) speziell über die Beeren aus der besagten spanischen Provinz Huelva, für die Lidl einer der wichtigsten Abnehmer ist, gibt der Konzern auf fast 30 Seiten ohne Beschönigung Auskunft über die schlimmen Zustände für viele der rund 100 000 Saisonkräfte, die fast zur Hälfte aus Osteuropa und Nordafrika kommen.[7] Am Ursprung von Lidls Lieferkette wird laut dem Bericht der gesetzliche Mindestlohn für Saisonarbeiterinnen in Spanien (2020: 44,99 Euro brutto pro Arbeitstag) nicht gezahlt, Tarifverträge werden »überwiegend nicht eingehalten«; das Arbeitsklima sei »gekennzeichnet vom Druck, schnell und viel zu ernten, und der ständigen Angst, entlassen zu werden«; keinem der befragten Beerenpflücker wurden die vertraglich vereinbarten Überstundensätze gezahlt; sie berichten von manipulierten Lohnabrechnungen, elf aufeinanderfolgenden Arbeitstagen und willkürlichen Pausenregelungen, von sexueller Belästigung, Diskriminierung, fehlendem Zugang zu sauberem Trinkwasser und sanitären Einrichtungen; fast alle befragten Pflückerinnen müssten unzulässigerweise für ihre Unterkunft zahlen, es sei denn, sie leben in einer der slumähnlichen »informellen Siedlungen«; es existierten auch keine wirksamen Beschwerdemechanismen. »Von den Erzeuger:innen wird erwartet, dass sie hohe Qualitäts- und Verpackungsstandards zu einem möglichst niedrigen Preis erfüllen«, heißt es über die Landwirte. Der Anreiz für sie, die Kosten zu senken, sei daher hoch. »Einsparungen finden vor allem auf Ebene der Arbeiter:innen statt.« Auch sonst vermerkt der Lidl-Bericht ganz klar: »Schließlich ist zu beobachten, dass die Akteure, etwa Erzeuger, Verbände, Gewerkschaften, Politiker, in Huelva in hohem Maße miteinander vernetzt und voneinander abhängig zu sein scheinen. Dies könnte Hürden bei der Offenlegung und Behandlung sensibler Themen mit sich bringen. Besonders auffällig ist der unzureichende Schutz der Arbeitsrechte von Seiten der verantwortlichen spanischen Behörden.«

Auch dank solcher Berichte, die nichts beschönigen, hat es Lidl im internationalen Supermarkt-Check der NGO Oxfam zum Thema Menschenrechte 2022 auf den ersten Platz der deutschen »Big Four« geschafft: Mit 59 Prozent führt Lidl in der Gesamtwertung vor Aldi Süd (56 Prozent), Aldi Nord (49 Prozent), Rewe (48 Prozent) und Edeka (elf Prozent).[8] Kriterien sind neben der Transparenz die Beachtung von Arbeiterrechten, der Umgang mit Kleinbauern sowie Frauenrechte. »Die Supermärkte machen teilweise deutliche Fortschritte. Während sich Aldi, Lidl und Rewe in Sachen Menschenrechte bewegen, bleibt Edeka stur und damit Schlusslicht«, schreibt Oxfam.

Man kann solche Rankings auf verschiedene Weise lesen. Die eine Lesart sagt: Es geht voran, es tut sich was, der Nachhaltigkeitswettbewerb der Supermarktketten wird selbst Verweigerer wie Edeka über kurz oder lang dazu antreiben, »jeden Tag ein bisschen grüner« zu werden, wie auf den T-Shirts mancher Mitarbeiterinnen des Discounters Penny steht.

Die zweite Lesart des Rankings zerstört die naive Auffassung, der Supermarktkunde könne durch seine Nachfrage das Angebot beeinflussen, in diesem Fall das Angebot an Lebensmitteln, die menschen- und arbeitsrechtlichen Ansprüchen genügen. Dass Edeka in der Oxfam-Gesamtwertung nur auf elf Prozent kommt, Lidl aber auf 59 Prozent, kann nämlich schlechterdings nichts mit dem Kaufverhalten der Kundschaft zu tun haben, es sei denn, man glaubt, Lidl-Kundinnen seien fünfmal mehr an Menschenrechten in der Lieferkette interessiert als Edeka-Kunden und viermal mehr als Rewe-Kundinnen. Die Unterschiede in der Wertung haben rein gar nichts mit dem Einkaufsverhalten der Verbraucher zu tun – aber alles mit der Offenheit oder Ignoranz von Supermarktmanagerinnen für dieses Thema.

Die dritte Lesart ist die bitterste und wichtigste: Trotz aller

Fortschritte hat sich am grundsätzlichen Geschäftsmodell der Supermärkte nichts geändert. Oxfam formuliert zutreffend: »Sie nutzen ihre Marktmacht, um die Einkaufspreise bei ihren Lieferanten zu drücken. Daraus entsteht ein immer höherer Kostendruck bei den Produzenten, die wiederum an den Löhnen der Arbeiter*innen auf den Plantagen und Feldern sparen. Eine andere Preispolitik ist notwendig, damit in den Lieferketten ein größerer Teil der Wertschöpfung bei Arbeiter*innen und Kleinbäuer*innen ankommt (...) Das System Supermarkt steht weiterhin für Ausbeutung. Die Supermärkte machen weiterhin Profite auf Kosten von Menschenrechten.«

Weder private Supermarktkunden können den Markt in die gewünschte Richtung lenken noch einzelne Supermarkt-Konzerne, so umsatzstark und mächtig sie auch sein mögen. Denn würde Lidl dafür sorgen, dass Saisonarbeiterinnen in Huelva wirklich besser behandelt und besser bezahlt werden, würde das die Erdbeeren deutlich verteuern und Lidls Position im Kampf mit Aldi, Rewe und Edeka auf Dauer verschlechtern. Dasselbe gilt für viele andere erstrebenswerte gesellschaftliche Ziele wie die radikale Reduktion beim Einsatz von Pestiziden, die Schonung von Böden, Tieren oder Wasserreserven. Ein Unternehmen, das all das freiwillig und allein auf weiter Flur gegen die unmittelbare Konkurrenz leisten würde, nähme sich auf Dauer selbst aus dem Markt. Unternehmen handeln deshalb rational, wenn sie nur so tun, als ob sie dem großen Ganzen dienten.

Genau aus diesem Grund gibt es so viele Label, Initiativen und Programme für faire, umweltschonende, klimafreundliche Produkte, so viele Nachhaltigkeits- und Sozialberichte. Manchmal sind sie Greenwashing pur, oft erzählen sie von guten, wertvollen Maßnahmen, die für sich genommen nicht zu kritisieren sind. Systemverändernd ist aber keine von ihnen. Weil eben kein Unternehmen auf eigene Faust das System verändern wollen kann. Stattdessen entsteht der Eindruck, Verbraucherinnen und Verbraucher müssten nur richtig – moralisch – einkaufen. Dass marokkanische oder rumänische Pflückerinnen in Huelva so schlecht bezahlt und behandelt werden, dass Wasserreserven geplündert und Böden vergiftet werden, liegt aber nicht an der Unmoral der Verbraucher und auch nicht an der Unmoral der Supermarktmanagerinnen. Wie bereits erwähnt, liegt es daran, dass der Schutz kollektiver Güter wie eine intakte Natur oder Menschenrechte nicht die Angelegenheit privater Akteure sein darf, sondern eine kollektive Aufgabe ist, die allein der Staat, die Politik durch verbindliche Regeln für alle gewährleisten kann.

Das beste Beispiel dafür sind Bio-Lebensmittel. Trotz intensiver Werbung für sie seit mehr als zwanzig Jahren, trotz mehrerer Bio-Siegel und permanenter medialer Berichterstattung, machen Bio-Produkte heute nur knapp sieben Prozent am Umsatz des Lebensmittelmarkts aus. Bio-Lebensmittel sind immer noch eine Nische für »asketische Ökologen« und »ethische Ästhetinnen«, wie Marktforscher das nennen. Und sie werden Nischenprodukte bleiben, solange das System nicht durch politisches Handeln anders eingestellt wird. Solange gilt: Die Welt retten, aber eben nur ein bisschen.

Qualitäten

Bei der Erdbeere handelt es sich weder um eine Beere noch um Obst. Sie zählt zu den Sammelnussfrüchten: Der rote Fruchtboden ist von winzigen Samen umgeben, die die eigentliche Frucht sind. Am besten schmecken nicht unbedingt die größten und schönsten Früchte, sondern die aus heimischem Freilandanbau während der Hauptsaison von Mai bis Juli. Der Grund: Erdbeeren aus der Region können reif geerntet und schnell vermarktet werden, während bei Beeren mit langer Anfahrt die Gefahr besteht, dass sie zu früh gepflückt wurden. Auch wenn man schon mal als Selbstpflückerin Erdbeeren auf freiem Feld geerntet hat, sollte man nicht glauben, so würden das auch alle Obstbauern machen: Ein wachsender Anteil deutscher Erdbeeren kommt nicht aus dem Freilandanbau, sondern aus dem Gewächshaus oder dem Folientunnel, 2020 lag er schon bei rund 20 Prozent. Dort sind die Pflanzen vor schlechter Witterung geschützt und reifen früher. Auch sind die im Inland angebauten Beeren keine alten aromatischen, sondern neue lager- und transportfähige Hochleistungssorten mit wässrigem Geschmack und fadem Aroma. Die 2022 wohl geringste Erntemenge aus deutschem Freilandanbau seit 25 Jahren hat nach Ansicht der Anbauverbände ihre Ursache im Handel, der vor allem billige Importware bewerbe.

Transparenz

Weder muss im Supermarkt die Erdbeersorte angegeben werden noch das Anbaugebiet. Es genügen das Ursprungsland oder der Verpacker. So bleibt unbekannt, ob die Beeren aus wasserarmen Regionen kommen. In den Erdbeeranbaugebieten in Südeuropa herrschen oft unsoziale und menschenrechtsverletzende Arbeitsbedingungen für die oft aus Nordafrika stammenden Pflückerinnen. Informationen, ob es sich um Erdbeeren aus dem Freiland oder aus dem Gewächshaus handelt, werden selten vermittelt. Ebenso fehlen Angaben dazu, dass konventionelle Erdbeeren häufig Pestizidrückstände enthalten können.

Ökologischer Fußabdruck

Der Anbau von Erdbeeren ist wasserintensiv. Für die Herstellung eines Kilos benötigt man etwa 300 Liter Wasser – zwei volle Badewannen. Spanische Erdbeeren kommen häufig aus der Doñana, einem Naturschutz- und Feuchtgebiet in Andalusien, in dem die Erdbeeren teilweise illegal angebaut werden. Für die Bewässerung wird Grundwasser mit Hilfe illegaler Brunnen angezapft, von dem auch die Doñana abhängig ist; der Grundwasserspiegel sinkt bedrohlich weiter. Der CO_2-Abdruck von Erdbeeren hält sich bei frischen Erdbeeren aus Deutschland und Südeuropa in etwa die Waage. Die Transportkosten schlagen nicht signifikant zu Buche. Im Winter haben frische Erdbeeren aus dem Gewächshaus einen rund zehnfach höheren CO_2-Abdruck.

Bio-Alternative

Bio-Erdbeeren sind meistens ebenso geschmacksfade wie konventionelle. Im Hinblick auf Pestizidrückstände schneiden sie jedoch klar besser ab: Bei den jüngsten Proben (2020) wurden in 90 Prozent der konventionell erzeugten Beeren Rückstände gefunden, bei den Bio-Beeren nur in gut fünf Prozent. Der Wasserfußabdruck jedoch ist ähnlich hoch. Auch Bio-Erdbeeren können aus von Wasserarmut bedrohten Regionen kommen – mit entsprechenden negativen ökologischen Auswirkungen. Unsoziale Arbeitsbedingungen sind auch bei Bio-Erdbeeren nicht ausgeschlossen. Die Klimabilanz von Bio-Erdbeeren, die aus dem Gewächshaus kommen, ist ähnlich schlecht wie die konventioneller Erdbeeren.

Wahlfreiheit

Eine Wahlfreiheit zwischen verschieden schmeckenden Sorten gibt es praktisch nicht. Das Angebot besteht aus fader Einheitsware. Rein zeitlich hat sich die Wahlfreiheit der Verbraucher erhöht. Dauerte die Erdbeerzeit früher etwa von Mai bis Juli, gibt es heute fast das ganze Jahr über Importware oder Erdbeeren aus beheizten Gewächshäusern. Darunter leiden die Qualität und die Ökobilanz.

6. Äpfel

In der Obstabteilung eines Aldi-Markts in Süddeutschland liegen: Elstar, Pink Lady, Braeburn, Gala, Pinova, Greenstar, Jonagold – insgesamt sieben Sorten, zwei davon in Bio-Qualität. Nur zehn Gehminuten entfernt, in einer Lidl-Filiale, sind zu finden: Elstar, Pink Lady, Braeburn, Gala, Ambrosia, Granny Smith – sechs Sorten, ein Bio-Angebot. Annähernd das identische Sortiment. Die Durchschnittspreise bei Aldi und Lidl weichen nur im Cent-Bereich voneinander ab.

Im Massengeschäft der Supermärkte geht es um genau solche Cent-Beträge, mit der Folge, dass in den Apfelschütten austauschbare Ware liegt, und die Langeweile herrscht. Nicht nur, dass sich die Äpfel einer Packung in Größe, Farbe und Form gleichen, als wären sie geklont. Die sechs wichtigsten Apfelsorten in deutschen Supermärkten machen zusammen zwei Drittel des Gesamtmarkts aus – das ist das Spiegelbild des hochkonzentrierten Lebensmitteleinzelhandels, den die »Big Four« (Edeka/Netto, Rewe/Penny, Lidl/Kaufland und Aldi Nord/Süd) zu rund drei Vierteln unter sich ausmachen. Mit anderen Worten: Wir kaufen alle mehr oder weniger bei denselben Händlern die gleichen Äpfel. Ich würde wetten, dass die Auswahl in »Ihrem« Penny oder Kaufland nur in Nuancen abweicht.

Die normierende Kraft der Supermärkte – getrieben auch durch Vermarktungsnormen der EU – ist alarmierend.[1] Die »Big Four« verkaufen Milliarden von Äpfeln, Birnen, Orangen, Zitronen, Beeren usw. und konkurrieren im Cent-Bereich um die Verbraucherinnen. Da ist es praktikabler, mit zwanzig großen Lieferanten zu operieren als mit zweitausend kleinen. Einheitsobst, das sich in Gewicht, Form und Farbe gleicht, kann einfacher maschinell gewogen, sortiert, verpackt und mit Klebern versehen werden. So formt die normierende Kraft der Supermärkte auch die Landwirtschaft: Bei den Apfelbäuerinnen sieht man es an den Plantagen aus niederstämmigen Bäumchen, durch deren wie mit dem Lineal gezogene Reihen die Traktoren fahren – in konventionellen Betrieben genauso wie bei Bio-Bauern. Und schließlich »erzieht« die normierende Kraft der Supermärkte auch die Kundin, die am Ende meint, es gäbe gar kein anderes Apfelobst mehr als Elstar, Braeburn und Jonagold. Apfelfächer in deutschen Supermarkt-Obstabteilungen sind wie der Besuch bei McDonald's: Egal, welche Filiale man betritt, man weiß, was einen erwartet.

Tatsächlich gibt es weltweit Tausende, vielleicht sogar Zehntausende Apfelsorten. Aber die »Vielfalt schwindet«, wie die Bundesanstalt für Landwirtschaft und Ernährung warnt: In den letzten hundert Jahren seien laut Schätzungen 75 Prozent der Kulturpflanzen unwiederbringlich verlorengegangen, nur noch dreißig Pflanzenarten deckten 95 Prozent des Kalorienbedarfs der Weltbevölkerung. Durch die Industrialisierung der Landwirtschaft und der Nahrungsmittelherstellung, so die Behörde (die zum Landwirtschaftsministerium gehört), wurden Anbau und Verarbeitung spezialisiert und rationalisiert, »arten- und sortenreiche Streuobstwiesen mussten zunehmend Monokulturen weichen«. Man setzte auf neue ertragreichere, transportfeste Hochleistungssorten und vergaß viele alte Kulturpflanzen, die wertvolle Nährstoffe enthalten und widerstandsfähig sind gegenüber Krankheiten, Schädlingen und Trockenheit. So seien in den letzten Jahrzehnten viele Sorten aus den Regalen verschwunden, bedauert die Bundesanstalt und schwärmt geradezu von alten Tomaten- und Rübengewächsen, von der »Pastorenbirne« und von alten Apfelsorten wie »Goldparmäne«, »Berlepsch« oder »Brettacher«. Vor den Obstschütten in »meinem« Aldi denke ich: armes Apfeldeutschland.

Nein, ich will angesichts der Öde und Uniformität in den Supermärkten hier nicht die Wochenmärkte nostalgisch beschwören. Das wäre schon deshalb nicht fair, weil der Wochenmarkt für die meisten Menschen keine ernst zu nehmende Alternative zum Supermarkt darstellt; außerdem ist auch der Wochenmarkt den Marktgesetzen unterworfen. Es geht um etwas Wichtigeres, darum, dass Sortenvielfalt eine Art genetische Reserve für die Ernährungssicherung in der Zukunft ist: Die Qualitäten alter Sorten – ihre Robustheit und Leistungsfähigkeit – werden gebraucht, um sie bei Bedarf in moderne Sorten einzukreuzen. »Alte Sorten können Retter in der Not sein«, betonen die Experten der Landwirtschaftsbehörde. »Und um Vielfalt zu erhalten, müssen wir sie nutzen.«[2]

Das ist schön gesagt, doch ein frommer Wunsch. Denn dieses Statement ignoriert, dass der Lebensmittelmarkt, so wie er heute organisiert ist, genau in die entgegengesetzte Richtung marschiert: in die Richtung stark konzentrierter Märkte (nicht nur bei Lebensmitteln) mit wenigen großen Unternehmen, die Massenware herstellen, verarbeiten, verkaufen. Größe und Vielfalt sind in diesem System alles andere als natürliche Verbündete.

Apfelallergie gratis

Wie die Apfel-Einfalt in deutschen Obst-Abteilungen unerwünschte Wirkungen hervorbringt, zeigt das Phänomen der Apfelallergien, die ganz besonders bei »Supermarktsorten« auftreten. Apfelexpertinnen des Bundes für Umwelt und Naturschutz (BUND) in Lemgo sammeln dazu schon seit vielen

Jahren Daten. Allergiker können bei ihnen in Listen eintragen, welche Apfelsorten sie als »verträglich« oder als »unverträglich« erleben. Einige hundert Menschen haben bislang gut 2500 Meldungen abgegeben (Stand: Dez. 2021), das Resultat liest sich wie die Etikettensammlung an den Apfelschütten in jedem beliebigen Supermarkt: Die meisten Meldungen für Unverträglichkeit sammelte bislang der Golden Delicious (161), es folgen Granny Smith (79), Braeburn (78), Jonagold (71), Elstar (62), Gala (40), Pink Lady (31) und Roter Delicious (16). Unbekanntere Sorten hingegen wie Dülmener Rosenapfel, Rote Sternrenette oder Krügers Dickstil werden meist gar nicht, allenfalls im einstelligen Bereich als »unverträglich« bewertet.[3]

Was die Naturschützerinnen auf diese Weise zusammentragen, ist relevant für Millionen von Menschen. Allergologen gehen davon aus, dass in Deutschland etwa 7,7 Millionen Menschen auf das Hauptallergen in Äpfeln sensibilisiert sind und mindestens 3,5 Millionen teilweise erhebliche allergische Symptome entwickeln, beispielsweise Kribbeln und Juckreiz im Mund, anschwellende Zungen, Lippen und Mundschleimhäute bis hin zu Atemnot. Das Bundeszentrum für Ernährung spricht von der »bedeutendsten Obstallergie in Deutschland«.[4]

Wissenschaftlerinnen sind der Allergie gegen die »Supermarktsorten« schon länger auf der Spur, darunter vor allem Professor Karl-Christian Bergmann von der Berliner Charité. Der Allergologe erklärt die bessere Verträglichkeit alter Apfelsorten wie Alkmene, Rambur, Goldparmäne oder Roter Boskoop damit, dass sie einerseits weniger Apfelallergene enthalten und andererseits mehr sekundäre Pflanzenstoffe, vor allem Polyphenole. Polyphenole schützen nicht nur die Pflanze gegen Schädlinge und Krankheiten und geben dem Apfel einen eher sauren und herben Geschmack. Polyphenole stärken auch die menschlichen Abwehrkräfte, senken das Risiko für bestimmte Krebsarten und helfen gegen chronische Krankheiten wie Rheuma. Außerdem können Polyphenole Apfelallergene inaktivieren, auf die Allergiker so empfindlich reagieren. Das Problem sei, dass viele neue Apfelsorten immer weniger dieser nützlichen Stoffe enthalten, wie Karl-Christian Bergmann erklärt: »Züchter legten bei Sorten wie Golden Delicious, Gala oder Jonagold Wert auf immer süßere Äpfel. Damit geht der Nachteil einher, dass deren Gehalt an Polyphenolen gering ist.« Die Polyphenole wurden regelrecht herausgezüchtet. Zudem werden polyphenolärmere Sorten nach dem Anschneiden nicht so schnell braun – auch das eine Convenience-Eigenschaft, für die manche Apfelesserin mit allergischen Reaktionen bezahlt.

In einer Beobachtungsstudie mit 85 Personen lieferten Karl-Christian Bergmann und seine Mitautoren Hinweise darauf, dass der regelmäßige Verzehr alter Apfelsorten mit hohem Polyphenolgehalt Allergikerinnen resistenter gegen neuartige »Problemäpfel« aus dem Supermarkt macht und auch Heuschnupfenbeschwerden lindern kann.[5] »Die Probanden zeigten signifikant geringere Symptome beim Essen des ›Golden Delicious‹ aus dem Supermarkt nach dem regelmäßigen Verzehr allergenarmer Äpfel alter Sorten«, heißt es in der Studie. Es erscheine damit möglich, durch den regelmäßigen Konsum alter Apfelsorten mit geringerem Allergengehalt eine orale Toleranz gegenüber hochallergenen Äpfeln zu erreichen. Patientinnen sollten deshalb ermutigt werden, ältere Zuchtsorten von Äpfeln zu probieren.[6] Mit anderen Worten: Um Supermärkte sollten Apfelallergiker am besten einen weiten Bogen machen.

Der Deutschen liebstes Obst wird aber nicht nur immer sortenärmer und ist potenziell allergen. Es enthält auch jede Menge Pestizide – was nicht überrascht, da die schönen Früchte oft 20-, 30-mal gespritzt werden, so häufig wie kein anderes Obst. Insofern wirkt es etwas weltfremd, wenn das Bundeszentrum für Ernährung (BZfE) – eine Einrichtung des

Bundesministeriums für Ernährung und Landwirtschaft – auf seiner Website unter der Überschrift »Verbraucherschutz« fragt: »Sind Äpfel mit Schadstoffen belastet?« Grob irreführend ist die Antwort: »Äpfel haben im Allgemeinen eine gute Qualität und sind z. B. nur wenig bis gar nicht mit Pflanzenschutzmitteln bzw. Rückständen belastet. Das zeigen die regelmäßigen Untersuchungen des Bundesamtes für Verbraucherschutz und Lebensmittelsicherheit (BVL).«

Tatsächlich sagen die Zahlen des BVL etwas völlig anderes: 2020 wiesen 73 Prozent von 542 untersuchten Äpfeln Rückstände von Pestiziden auf (beim Apfelsaft lag der Prozentsatz bei fast 71). In den Erhebungen des Bundesamts steht außerdem, dass in 56 Prozent der untersuchten Äpfel Rückstände von gleich mehreren Pestiziden – bis zu 18 – gefunden wurden. Und dabei war das Jahr 2020 keineswegs ein Ausreißer, sondern steht in unschöner Kontinuität. 2017 enthielten 77 Prozent der untersuchten Äpfel Rückstände, 2013 gut 80 Prozent.[7] In anderen Worten: Wer zehn konventionell angebaute Äpfel kauft, bekommt fast unter Garantie sieben oder acht pestizidbelastete Äpfel.

Während das deutsche Bundeszentrum für Ernährung das unbestreitbare Pestizidproblem in Äpfeln durch verfälschende Interpretation von Zahlen kleinzureden versucht, probierten es italienische Politikerinnen und Apfelbauern mit einschüchternden juristischen Klagen gegen das Umweltinstitut München. Der Verein hatte vor wenigen Jahren eine Kampagne gegen den massiven Pestizideinsatz in Südtirol gestartet, wo mehr als 7000 Apfelbäuerinnen rund zehn Prozent der europäischen Apfelernte erzeugen. Sie tun dies auf relativ engem Raum in einer Monokultur, die anfällig für die Ausbreitung von Schädlingen ist. Hinzu komme, so das Umweltinstitut München, »dass die Südtiroler Apfelwirtschaft bei der Sortenwahl auf wenige, für Erkrankungen oft sehr anfällige Sorten wie ›Golden Delicious‹ oder ›Gala‹ setzt.« Entsprechend hoch sei der Pestizideinsatz, teilweise würden die Apfelplantagen mehr als 20-mal im Jahr gespritzt. Zudem, so der Vorwurf, würden die Obstbauern mitunter bis zum letztmöglichen erlaubten Datum an Pestiziden festhalten, die schon längst als gefährlich erkannt wurden. Nach Berechnungen des Umweltinstituts ist der Ernteertrag in Südtirol in Tonnen pro Hektar mehr als doppelt so hoch wie im europäischen Durchschnitt.

Um in Deutschland – einem der wichtigsten Exportländer für Südtirol – auf den Widerspruch zwischen der pestizidintensiven Obstwirtschaft und der idyllischen Südtiroler Selbstdarstellung aufmerksam zu machen, nahm das Münchner Umweltinstitut deren Tourismus-Werbung aufs Korn: Statt »Südtirol sucht dich« stand auf einem Plakat »Südtirol sucht saubere Luft«, das Südtirol-Logo wurde ironisch zu »Pestizidtirol« verfremdet. Der für Landwirtschaft und Tourismus zuständige Landrat der Südtiroler Landesregierung sowie fast 1400 Apfelbauern stellten daraufhin Anzeige wegen übler Nachrede zum Schaden der Südtiroler Landwirtschaft, außerdem sei durch die Verwendung des Logos die Marke verfälscht worden.

Das Verfahren endete nach jahrelangem Hin und Her Mitte 2022 mit einem Freispruch auf ganzer Linie, auch weil die Südtirolerinnen ihre Anzeigen gegen das Umweltinstitut zurückgezogen hatten. Es war eine mehr als peinliche Niederlage für die Pestizidbefürworter, die mit ihrer ganz offensichtlich missbräuchlichen Klage eine Debatte über den Einsatz von Chemie in der Landwirtschaft unterdrücken wollten.[8] Es verwundert deshalb nicht, dass auf ihrer Website so gut wie nichts zum Thema Pestizide zu finden ist, dafür umso mehr über die vielen wertvollen Vitamine und Spurenelemente in den Äpfeln, über den »schonenden Umgang mit der Natur« und über das Bemühen der Landwirtinnen, »das natürliche Gleichgewicht ihrer Obstanlagen zu erhalten und die Widerstandskräfte der

Natur zu schützen«. Es ist die schöne heile Apfelwelt, die dort gezeichnet wird.

Im Supermarkt wird dies fröhlich fortgeführt. Dort gibt es weder Hinweise auf eventuelle Pestizidbelastungen noch auf Allergene. Man findet inzwischen aber – immerhin – zum Beispiel bei Aldi-Süd Tüten mit der Aufschrift »Krumme Dinger«. So nennt der Discounter seine Eigenmarke für frisches Obst und Gemüse, das die Erwartungen an normierte Makellosigkeit nicht zu 100 Prozent erfüllt: hier ein Apfel, der die vorgeschriebene rote Deckfarbe nicht überall im gewünschten Maß aufweist, dort ein Exemplar, das etwas kleiner geraten ist. Solche Ware landet – obwohl so frisch wie die Makellosen – sonst meist in der Saftpresse. Oder im Müll. Aldi bietet sie seit einigen Jahren als Frischware der Handelsklasse II an, das Angebot variiert saisonal und regional.

Und in zwei, drei Jahren könnte es in den Supermärkten sogar offiziell anerkannte allergikerfreundliche Äpfel geben. Daran glauben jedenfalls Wissenschaftler der Hochschule Osnabrück, der Technischen Universität München und der Allergologe Karl-Christian Bergmann von der Charité, die dazu seit Jahren forschen. Unter den mehr als 700 Apfelsorten der Züchtungsinitiative Niederelbe (ZIN), einem Zusammenschluss von rund 170 Obstbäuerinnen und Händlern, identifizierten sie zwei allergikerfreundliche Sorten, die auch bezüglich anderer Merkmale supermarkttauglich erscheinen. Die Sorten, die aktuell noch ZIN 168 und ZIN 186 heißen, haben sogar schon ein Siegel der Europäischen Stiftung für Allergieforschung (ECARF). Die ersten Bäumchen werden gerade herangezogen, ein Markenbüro sucht nach eingängigen Namen. Man wird sehen, ob es die neuen Äpfel tatsächlich in die Supermärkte schaffen. Was für ein perverses System: Zuerst tragen Züchtungen dazu bei, dass Äpfel allergen wirken, dann müssen Züchterinnen und Forscher ran, um das Rad zurückzudrehen.

Angebot / Qualitäten

Kaufentscheidungen im Supermarkt würden heute oft von der Farbe der Äpfel (»rot oder grün?«) abhängen, mokieren sich Apfelkennerinnen. Kaum einer frage nach den Inhaltsstoffen, etwa nach der Höhe des Vitamin-C-Gehalts, der je nach Sorte sehr unterschiedlich sei. Tatsächlich regelt die Vermarktungsnorm der EU zwar die Mindestgröße (in Millimeter), das Mindestgewicht (in Gramm) und die gleichmäßige Färbung, erwähnt aber weder Inhaltsstoffe noch Geschmack. So hat der Kunde zur oberflächlichen qualitativen Orientierung nur die Handelsklassen (Klasse Extra, Klasse I, Klasse II). Das Angebot beschränkt sich auf wenige lager- und transportfähige Hochleistungssorten. Die Züchtung erfolgte auf Kosten wertvoller Nährstoffe (Polyphenole), verlieh allen Sorten einen faden, süßeren Einheitsgeschmack und begünstigte allergische Reaktionen, die die Äpfel auslösen.

Transparenz

Nur bei frischen Äpfeln, nicht bei verarbeiteten, erfährt man beim Einkauf das Ursprungsland. Über den intensiven Einsatz von Pestiziden beim Anbau von Äpfeln, einschließlich »kosmetischer« Pestizide, die ein geklont-schönes Aussehen bewirken, werden Verbraucherinnen und Verbraucher nicht aufgeklärt. Auch wird ihnen der Gehalt verschiedener gesundheitlich wichtiger Inhaltsstoffe vorenthalten.

Ökologischer Fußabdruck

Eine große Rolle spielt, ob das Obst mit dem Auto, zu Fuß oder mit dem Rad nach Hause transportiert wird. Der CO_2-Fußabdruck steigt, wenn die Äpfel zwar aus der Region kommen, aber im April konsumiert werden und folglich im Vorjahr geerntet wurden: Dann schlägt zu Buche, dass die monatelange Kühlung des Obsts im Lager viel Energie gefressen hat. Etwa doppelt so hoch ist der CO_2-Fußabdruck, wenn die Äpfel per Schiff aus Neuseeland importiert werden. In früheren Studien war der Abstand zwischen dem Apfel aus Übersee und dem heimischen

Apfel geringer, hat sich nun aber wegen effizienter Kühlsysteme zugunsten heimischer Ware vergrößert.

Gesundheit

Äpfel enthalten für die Gesundheit wichtige Nährstoffe. Diese sind in den herkömmlichen, auf Transport- und Lagerfähigkeit gezüchteten Hochleistungssorten allerdings reduziert. Diesen Züchtungen ist auch das häufige Auftreten von »Apfel-Allergien« geschuldet.

Bio-Alternative

Im ökologischen Landbau werden die gleichen geschmacksfaden, nährstoffarmen und allergische Reaktionen begünstigenden Hochleistungssorten wie im konventionellen Anbau produziert. Zwar wird im Öko-Obstanbau das Schwermetall Kupfer zur Schädlingsbekämpfung eingesetzt, aber auf synthetische Pestizide völlig verzichtet. Deshalb weisen Bio-Äpfel – wie Bio-Obst und Bio-Gemüse generell – gar keine oder nur minimale Pestizidrückstände auf. Dass nicht sämtliche Bio-Äpfel pestizidfrei sind, liegt auch daran, dass der Wind Pflanzenschutzmittel von konventionell bewirtschafteten Nachbarfeldern auf die Bio-Plantagen herüberweht. Weil der Ertrag im ökologischen Landbau geringer ist, sind Bio-Äpfel meist deutlich teurer. Der CO_2-Fußabdruck ist in etwa mit dem konventioneller Äpfel vergleichbar.

Wahlfreiheit

Die Wahlfreiheit ist begrenzt. Von den vielen hundert Apfelsorten in Deutschland werden nur einige Dutzend gewerblich angebaut, und der Einzelhandel bietet noch mal weniger: kaum mehr als ein halbes Dutzend Sorten mit den im Text beschriebenen Eigenschaften geschmacksfade / süß, weniger gesunde Inhaltsstoffe und Allergien begünstigend. Eine jüngere Entwicklung ist das Angebot sogenannter Clubsorten wie Pink Lady oder Jazz. Die Äpfel werden mit viel Werbeaufwand als Marke und Lifestyle-Obst in den Markt gedrückt und ernten bei Apfelexpertinnen viel Spott: »Designer-Apfel«, »Die Barbie unter den Äpfeln«.

7. Fruchtsäfte + Limonaden

Wohl keiner Ministerin und keinem Minister ist je widerfahren, was Julia Klöckner im September 2020 widerfuhr: Kritiker stellten der damaligen Chefin im Bundesministerium für Ernährung und Landwirtschaft eine fast lebensgroße Ministerinnen-Statue aus purem Zucker vor die Behörde. Im Kostüm und mit einer Aktenkladde in der linken Hand, fasst sich die zuckrige Klöckner mit der Rechten zweifelnd ans Kinn, so als würde sie über die Zeilen auf der goldenen Tafel am Denkmalsockel sinnieren. Darauf der Ratschlag: »DENK MAL. Ein Denkanstoß von Lemonaid für das süßeste Ministerium des Landes ...«

Natürlich war die Botschaft keineswegs so süß gemeint wie die Zuckerfigur schmeckte, im Gegenteil: Der Hamburger Getränkehersteller Lemonaid war stinksauer. Anlass dafür waren Abmahnungen zweier Verbraucherschutzämter in Bonn und Hamburg, die Lemonaid vorwarfen, ihre Limonade enthalte nicht wie üblich sieben oder mehr Gewichtsprozent Zucker, sondern nur fünf beziehungsweise sechs Prozent. Der Grund: In Deutschland soll ein Getränk, das als »Limonade« verkauft wird, zu mindestens sieben Prozent aus Zucker bestehen. So sieht das zumindest die Deutsche Lebensmittelbuch-Kommission (DLMBK), ein höchst fragwürdiges Gremium, in dem Vertreter der Wirtschaft, der Wissenschaft, der Lebensmittelüberwachung und der Verbraucherinnen sogenannte Leitsätze formulieren, die für »Klarheit und Wahrheit bei Lebensmitteln« sorgen sollen (vgl. Kapitel 2).

Ein frommer Wunsch, der im Fall des Limonadenherstellers besonders kuriose Blüten trieb. Zum Beispiel die, dass die Firma ausgerechnet in jener Zeit wegen *zu wenig* Zucker im Getränk amtlich gerügt wurde, als die Bundesregierung ihre »Nationale Strategie« zur Reduktion unter anderem von Zucker in Lebensmitteln verabschiedete, um Übergewicht und ernährungsbedingte Krankheiten zu bekämpfen.[1] Die Limo-Macher aus St. Pauli wähnten sich zu Recht wie in der Fernsehshow »Versteckte Kamera«. Nicht weniger absurd war der Vorschlag, Lemonaid solle doch Etiketten auf seine Flaschen kleben mit Hinweisen wie »Weniger Zucker« oder »Weniger süß«. Absurd deshalb, weil fünf oder sechs Gewichtsprozent zwar zu wenig sind, um den Leitsätzen der Deutschen Lebensmittelbuch-Kommission zu genügen. In Chile hingegen, einem Land mit weltweit traurigen Spitzenwerten bei Übergewicht und Diabetes, müsste die Limo den Warnhinweis »Hoher Zuckergehalt« tragen, und in Großbritannien wäre bei diesem Zuckeranteil eine extra Limo-Steuer fällig (eine Maßnahme, die die Zuckerlobby in Deutschland bislang stets zu verhindern wusste).

Mir fällt diese Geschichte von Lemonaid und der Ministerin als Zuckerstatue ein, als ich durch die Getränkeabteilung eines Berliner Supermarkts laufe und auf eine verwirrende Fülle an Bildern und Bezeichnungen stoße, die viele Assoziationen wecken, aber wenig wertvolle Informationen liefern. Ist das, was ich mir beim Begriff »frisch gepresst« auf den Getränkekartons vorstelle, auch das, was der Hersteller mit »frisch gepresst« meint?[2] Bekomme ich einen Saft mit viel Himbeer- und Maracujasaft-Anteilen und weniger Apfelsaft-Anteilen, wenn auf der Vorderseite große Himbeeren und Maracuja neben einem kleinen Apfel abgebildet sind? Oder muss ich mir im kaum lesbaren Kleingedruckten auf der Rückseite die Wahrheit erschließen, dass die Hauptzutat der billigere Apfelsaft ist und die großen Himbeeren und Maracuja nur die Lockvögel sind?³ Wem ist bewusst, dass ein Fruchtnektar aus Äpfeln nur 50 Prozent Fruchtsaft enthalten muss, ein Sauerkirschen-Nektar nur 35 Prozent und ein Bananen-Nektar sogar nur 25 Prozent?⁴ Und wissen Sie überhaupt, was der Unterschied ist zwischen einem Frucht*saft* und einem Fruchtsaft*getränk*? Die Antwort: Der Fruchtsaft muss zu 100 Prozent aus Früchten stammen, das Fruchtsaft*getränk* nur zu sechs bis 30 Prozent – der große Rest sind Zuckerwasser und Aromen.⁵ Das bedeutet: Fruchtsaft*getränk* klingt zwar nach Saft, hat aber nicht mehr viel damit zu tun. Nur: Weiß das der Supermarktkunde? Wird es ihm erklärt?

Im *Saftmagazin* des Verbands der deutschen Fruchtsaft-Industrie (VdF), Ausgabe 2021, steht über Fruchtsaft*getränke* ein verräterischer Satz, er lautet: »Obwohl der Name es vielleicht anders vermuten lässt, gehören Fruchtsaftgetränke in eine ganz andere Getränkekategorie.« Die Saftmacherinnen treffen unbeabsichtigt den Punkt: Der normale Supermarktkunde ist aufs Vermuten angewiesen, weil die Herstellerinnen sehr viel tun oder lassen, um ihn vom Wissen fernzuhalten. So klingt es auch auf der Website des Verbands: »Das Saftregal im Supermarkt ist beeindruckend bunt und nicht leicht zu überblicken!« Genauso ist es: Man steht in der Getränkeabteilung seines Supermarkts und kann nicht wirklich beurteilen, was die Getränke im Regal und in den Kisten qualitativ unterscheidet. Infolgedessen kann man auch kaum ein vernünftiges Urteil darüber treffen, ob der geforderte Preis mit der erbrachten Leistung halbwegs korreliert.

Im Blindflug durch die Saftregale

Zwar habe ich 2002 die Verbraucherschutzorganisation foodwatch gegründet und mich als deren Geschäftsführer zwei Jahrzehnte lang mit Lebensmitteln beschäftigt, aber selbst als »Experte« muss ich mir durch Internetrecherche immer wieder in Erinnerung rufen oder neu erarbeiten, was einen Direktsaft von einem Saft aus Fruchtsaftkonzentrat unterscheidet, was genau einen Fruchtnektar auszeichnet und was eine Limonade. Und wenn man sich dann durch die Fruchtsaft- und Erfrischungsgetränkeverordnung (FrSaftErfrischGetrV) gekämpft hat, wenn man die einschlägigen Leitsätze der Deutschen Lebensmittelbuch-Kommission gelesen und schließlich verstanden hat, dass Fruchtsaft*getränke* zu einer ganz anderen Kategorie gehören als Frucht*säfte* – nämlich zu den Erfrischungsgetränken, zusammen mit Limonaden, Brausen und Fruchtschorlen –, dann stellt man sich die Frage, wem solch ein Verwirrspiel nutzt.

Meine These lautet daher: Die Saft- und Getränkemacher wollen genau das: die überforderte, unwissende und insofern manipulierbare Kundin. Das Umfeld dafür ist leider ideal: eine Lebensmittelbuch-Kommission, in der die Verbraucher nur ein Viertel der Stimmen stellen; Gesetze, die Täuschung und Irreführung zwar verhindern sollen, aber nicht durchgesetzt werden; dazu ein hochkonzentrierter Markt sowohl bei den Lebensmittelhändlerinnen als auch bei den Getränkeproduzenten.

Märkte mit wenigen Anbieterinnen sind eben nicht gut für Verbraucher, und das gilt auch für die Getränkeindustrie. In den 1950er Jahren zählte die deutsche Fruchtsaftbranche noch rund 1600 Betriebe, heute sind es nur noch etwa 360, wobei ganze sieben Unternehmen gut 70 Prozent des Branchenumsatzes auf sich vereinen.[6] Das bedeutet: Die Claims sind weitgehend abgesteckt. Hinzu kommt, dass in keinem anderen Land pro Kopf so viel Fruchtsäfte und -nektare getrunken werden (rund 30 Liter pro Jahr) wie in Deutschland. Wer es in einem derart gesättigten und längst aufgeteilten Markt als Herstellerin in die ohnehin übervollen Regale der vier marktbeherrschenden Handelskonzerne schaffen will, kann neue Marktanteile eigentlich nur noch mit fragwürdigen neuen Rezepturen und windigen Versprechen ergattern. Volkswirtschaftler sprechen von Scheininnovationen.

Eine solche Scheininnovation ist zum Beispiel die relativ junge Gattung der Near-Water-Getränke. Das sind Modedrinks, die man als aufgepepptes, völlig überteuertes Wasser beschreiben kann. Sie verheißen Sportlichkeit, Vitalität und Gesundheit, obwohl sie nicht selten überraschend kalorienreich sind. Sie enthalten oft das zahnangreifende Säuerungsmittel Citronensäure, dazu Konservierungsstoffe und Farbstoffe. Sie werden mit Obstnamen und großen Fruchtabbildungen von Maracuja bis Mango beworben, obwohl der fruchtige Geschmack meist nicht aus echten Früchten kommt, sondern aus billigen Aromazusätzen in geringsten Mengen.[7]

Für Verbraucherinnen ist der Geschmack das wichtigste Qualitätskriterium, doch mit Aromen werden sie oft schamlos in die Irre geführt. Das verstößt nicht nur gegen das allgemeine Täuschungsverbot des europäischen Lebensmittelrechts, sondern auch gegen die Aromen-Verordnung selbst, die eine »stets angemessene« Kennzeichnung der Aromen verlangt. Die Tatsache, dass sogar Direktsäfte keine »echten« Säfte sind, sondern zwecks Haltbarkeit erhitzt und dann rearomatisiert werden dürfen, ohne dass dies auf dem Etikett erscheinen muss, belegt, dass das im Gesetz geforderte Irreführungsverbot nicht umgesetzt ist.

Dickmacher als Durstlöscher

Zu konstatieren ist bei Erfrischungsgetränken, Fruchtsäften und Fruchtsaftgetränken zudem der fortgesetzte Verstoß gegen das Gebot des Gesundheitsschutzes. Denn viele der fruchtigen Getränke sind alles andere als Durstlöscher, sondern wahre Dickmacher. Fruchtsäfte gehören – wie übrigens auch Milch – wegen ihrer hohen Nährwertdichte und ihres Energiegehaltes nicht zu den Getränken, sie gelten als pflanzliche Lebensmittel. In einem Liter Apfelsaft stecken etwa 110 Gramm Zucker, das ist mehr als in einer regulären Coca-Cola mit 106 Gramm je Liter. In einem Liter Orangensaft sind es rund 88 Gramm, im Traubensaft sagenhafte 160 Gramm je Liter. Die Problematik liegt auf der Hand: Die meisten Menschen in Deutschland nehmen zu viel Zucker zu sich, Kinder und Jugendliche verzehren sogar 60 Prozent mehr Zucker als empfohlen. Es herrscht breiter wissenschaftlicher Konsens darüber, dass ein zu hoher Konsum die Entstehung von Übergewicht fördert. Damit verbunden sind zahlreiche Krankheiten, dazu gehören unter anderem Fettleibigkeit (Adipositas), Typ-2-Diabetes und Karies. Zuckrige Getränke wie Softdrinks, aber auch Saft, sind besonders kritisch zu sehen, weil sie viele Kalorien enthalten, ohne eine entsprechende Sättigung zu verursachen.[8] Nicht umsonst ist Wasser das einzige Getränk, das beim Nutri-Score – jene Nährwertkennzeichnung, die Mitgliedstaaten mit Genehmigung der EU als freiwillige Kennzeichnung einführen können – ein dunkelgrün unterlegtes A tragen darf, das ist die Bestbewertung der verbraucherfreundlichen Nährwertskala.

Doch die Lebensmittelbranche wehrt sich seit bald zwei Jahrzehnten mit Händen und Füßen, diese Nährwertkennzeichnung (eine Modifikation der schon lange heiß diskutierten »Nährwertampel«) als verpflichtenden Standard gesetzlich zu etablieren. Wegen des erbitterten Widerstandes der Europäischen Lebensmittel- und Getränkeindustrie gibt es bis heute kein Gesetz, das die Hersteller verpflichtet, die Nährstoffzusammensetzung ihrer Erzeugnisse leicht verständlich auf der Packungsvorderseite anzugeben. Aber nur so wäre gewährleistet, dass die Nährstoffzusammensetzung *aller* Lebensmittel, also auch unausgewogener Produkte wie viele Fruchtsäfte und andere Getränke, mit dem Nutri-Score auf der Vorderseite gekennzeichnet würden. Nur dann könnte man von Transparenz zum Vorteil der Verbraucher sprechen. Doch die EU erlaubt diese effektive Maßnahme bislang nur auf freiwilliger Basis. Anders ausgedrückt: Die einzelnen Mitgliedstaaten verstoßen gegen das Gesetz (!), wenn sie den Nutri-Score auf ihrem Territorium zur Pflicht machen. Die Macht der Konzerne und das Primat des Binnenmarktes haben mehr Gewicht als der in der EU rechtlich garantierte Gesundheitsschutz für Verbraucherinnen.

Und so soll es bleiben, finden mächtige Lobbyorganisationen wie der Industrieverband »FoodDrinkEurope« in Brüssel oder der Lebensmittelverband Deutschland. Unbeeindruckt von zahlreichen wissenschaftlichen Studien, die den Nutri-Score als verständlichste Form der Nährwertkennzeichnung identifizieren, unbeeindruckt auch vom Votum medizinischer Fachgesellschaften, von Ärzten oder der Weltgesundheitsorganisation (WHO), bleibt das Mantra und die heilige Kuh der Lobbyistinnen die Freiwilligkeit: Jedes Unternehmen soll selbst entscheiden, ob und in welchem Ausmaß es den Nutri-Score verwendet.[9]

Angebot / Qualitäten[10]

Fruchtsaft wird direkt aus der Frucht gewonnen. **Direktsaft** und **Muttersaft** sind keine lebensmittelrechtlichen Begriffe; Hersteller dürfen sie zusätzlich aufs Etikett schreiben, wenn die Säfte direkt aus den Früchten gewonnen werden. **Fruchtsaft aus Fruchtkonzentrat** besteht aus Konzentrat, das aus der Frucht gewonnen und mit Wasser rückverdünnt wurde. Vitamine und Geschmack, die beim Konzentrieren verlorengehen, können nachträglich wieder zugesetzt werden, ohne Deklaration. **Frucht-Nektar** enthält zwischen 25 und 50 Prozent Fruchtanteil und Wasser, ihm kann auch bis zu 20 Prozent Zucker zugesetzt werden. **Fruchtsaftgetränke** fallen unter den Begriff **Erfrischungsgetränke**: Sie müssen je nach Fruchtart zwischen sechs und 30 Prozent Fruchtgehalt aufweisen. Weitere Erfrischungsgetränke sind z. B. **Fruchtschorlen** und **Brausen**. Ihnen wird immer Kohlensäure zugesetzt. Brausen können auch nur aus Wasser, Kohlensäure sowie Aromen und Farbstoffen bestehen. **Limonaden** enthalten mindestens sieben Prozent Gewichtsanteil Zucker, ohne Grenze nach oben. Zu Erfrischungsgetränken zählen auch Getränke, die nicht unter die vorab genannten Kategorien fallen, also z. B. aromatisierte Mineralwässer.

Transparenz

Die Herkunft der Produkte (Früchte) muss nicht angegeben werden, weder bei konventionell noch bei Bio. Die Sorten der jeweiligen Früchte sind nicht bekannt. Die sozialen Bedingungen der Herstellung (Arbeitsverhältnisse) sind nicht bekannt. Ökologische Schäden wie die Ausbeutung von Wasserreserven sind nicht bekannt, ebenso wenig Umfang und Auswirkungen des Pestizideinsatzes.

Auch Direktsäfte werden nach dem Pressen wärmebehandelt / pasteurisiert. Im Falle von langen Transportwegen können Direktsäfte tiefgefroren und nach dem Auftauen noch einmal pasteurisiert werden. Wie bei der Rückverdünnung von Fruchtsäften aus Konzentrat dürfen auch bei Direktsäften nach dem Auftauen bzw. dem Pasteurisieren Aromen wieder zugesetzt werden, ohne dass dies deklariert werden muss.

Fruchtsäfte und Fruchtsaft aus Konzentrat sind deshalb qualitativ kaum voneinander zu unterscheiden. Der Hauptunterschied besteht darin, dass Fruchtsaft aus Konzentrat rückverdünnt wird. Auf Packungen von Fruchtsaftgetränken werden Früchte teils großflächig abgebildet, obwohl ihr Anteil sehr gering ist.

Ökologischer Fußabdruck

Im konventionellen Obstbau werden intensiv Pestizide eingesetzt, mit den entsprechenden negativen ökologischen Folgen. Fruchtsäfte aus Übersee weisen, da sie nicht konzentriert werden, eine vergleichsweise ungünstige Öko-Bilanz auf. Da die Herkunft der Früchte nicht angegeben werden muss, lassen sich ökologische Auswirkungen nicht konkret ermessen.

Gesundheit

Nektar und Fruchtsaftgetränken kann Zucker zugesetzt werden. Sie haben mehrheitlich einen zu hohen Zuckeranteil. Aber auch Fruchtsäfte sind nicht zum Durstlöschen geeignet, da sie dafür von Natur aus zu viel Zucker enthalten. Zuckergesüßte Getränke sind eine der Hauptursachen für die Entstehung von Adipositas (Fettleibigkeit) und Typ-2-Diabetes. Als Säuerungs- und Konservierungsmittel wird (auch bei Bio) der Zusatzstoff E 330 (»Citronensäure«) eingesetzt, der den Zahnschmelz angreift.

Bio-Alternative

Bio-Säften dürfen keine Vitamine zugesetzt werden. Die Früchte stammen aus Öko-Anbau, der auf synthetische Pestizide verzichtet. Allerdings darf das Schwermetall Kupfer eingesetzt werden. Ökologische Schäden durch die Ausbeutung von Grundwasserreserven sind auch hier möglich. Bio schließt menschenunwürdige Arbeitsbedingungen auf den Plantagen nicht aus. Die Transparenz der Kennzeichnungsregeln ist wie bei konventioneller Ware völlig unzureichend. Das Problem überzuckerter Getränke besteht auch bei Bio.

Wahlfreiheit

Die Wahlfreiheit ist wegen täuschender Informationen über die Herstellungsweise und Beschaffenheit der Getränke stark eingeschränkt. Die Vielfalt der verwirrenden Bezeichnungen von Safttypen, die Tatsache, dass auch Direktsäfte wärmebehandelt werden und der Wieder-Zusatz von Aromen weder bei Fruchtsaft aus Konzentrat noch bei Direktsaft deklariert werden muss, macht eine informierte Wahl praktisch unmöglich.

AROMEN

Der Sektor

Die Aromen-Industrie ist eine stark wachsende Sparte der Lebensmittelproduktion. In der Lebensmittelindustrie kommen in Europa etwa 2800 Aromen zum Einsatz. Aromen verbilligen die Herstellung von Lebensmitteln. Es kostet eine Molkerei etwa 30 Euro, um hundert Kilo Joghurt mit frischen Himbeeren zu aromatisieren, aber nur etwa 4 Euro, wenn das »natürliche Aroma Typ Himbeere« aus Sägespänen oder Pilzkulturen gewonnen wurde; und nur wenige Cent, wenn das Himbeer-Aroma »naturidentisch« aus künstlichen Grundstoffen hergestellt wurde. Mit Aromen kann man Geschmacksverluste ausgleichen, die bei der Verarbeitung, Erhitzung oder bei Gefrierprozessen auftreten, aber auch Produkte minderer Qualität geschmacklich aufpeppen. Manche Rohstoffe wären auch gar nicht in ausreichender Menge vorhanden, um Lebensmittel mit echten Früchten zu aromatisieren. Aromen werden vor allem in verarbeiteten Produkten eingesetzt, z. B. in Getränken, Fertiggerichten, Konserven, Milchprodukten, Süßwaren, Tütensuppen oder Babynahrung. Auch Tierfutter wird aromatisiert, z. B. »Problemfutter«, um es nach frischem Gras riechen zu lassen.

Transparenz

Die Kennzeichnungsregeln täuschen die Verbraucher gründlich. Steht nur »Aroma« oder »Himbeergeschmack« auf dem Etikett, handelt es sich um synthetisch hergestellte Aromen; steht »natürliches Aroma« oder »natürliches Aroma Typ Himbeere« darauf, wird das Aroma aus natürlichen pflanzlichen oder tierischen Rohstoffen gewonnen, im Falle des natürlichen Aromas Typ Himbeere aus Zedernholzextrakt. »Natürliches Himbeeraroma« bedeutet hingegen: Das Aroma muss zu 95 Prozent aus Himbeeren gewonnen worden sein. Die sogenannten Trägerstoffe von Aromen, darunter Stärkemehl, Milchzucker, Alkohol, Natriumacetat oder Kalziumsulfate, Geschmacksverstärker, Konservierungsstoffe und Chemikalien müssen nicht deklariert werden. Ein

Joghurt, der nur »echte Himbeeren« als Aroma enthält, wird wie folgt etikettiert: »enthält x Prozent Himbeeren«. Gentechnisch hergestellte Trägerstoffe von Aromen müssen nicht gekennzeichnet werden.

Ökologischer Fußabdruck
Es liegen keine aussagefähigen Daten vor.

Gesundheit
Obgleich fast alle Aromen als sicher gelten, hat die Europäische Lebensmittelbehörde (EFSA) bei einer Risikobewertung sieben Aromen aufgrund gesundheitlicher Bedenken aus dem Verkehr gezogen, bei weiteren Aromen wie Cumarin wurden Mengenbeschränkungen eingeführt. Aromen können dem Menschen auch dadurch schaden, dass sie den Geruchssinn und damit den Geschmackssinn dauerhaft beeinflussen. Aromen können ein Suchtverhalten auslösen und zu Übergewicht führen. Sie prägen den Geschmackssinn von Kindern. Je früher diese Prägung einsetzt, desto nachhaltiger wirkt sie sich aus.

Bio-Alternative
In Bio-Lebensmitteln dürfen nur Aromastoffe oder Aroma-Extrakte verwendet werden, die aus natürlichen Rohstoffen pflanzlichen, tierischen oder mikrobiologischen Ursprungs hergestellt wurden. Diese müssen im aromatisierenden Teil zu mindestens 95 Gewichtsprozent aus dem namensgebenden Ausgangsstoff gewonnen werden. Ein Erdbeer-Aroma muss also zu 95 Prozent von Erdbeeren stammen. Bis zu einem Anteil von fünf Gewichtsprozent dürfen die Aromen aus anderen natürlichen Ausgangsrohstoffen bestehen. Der Demeter-Verband erlaubt nur »natürliche Aromen«, die zu 100 Gewichtsprozent aus dem namensgebenden Ausgangsstoff gewonnen wurden.

Wahlfreiheit
Von Wahlfreiheit kann angesichts der Vielzahl verwirrender, unvollständiger oder fehlender Informationen kaum gesprochen werden.

Es besteht eine »echte« Wahlfreiheit zwischen konventionellen und ökologischen Nahrungsmitteln. In letzteren dürfen keine synthetischen (»künstliche«) oder im Labor chemisch nachgebauten (»naturidentische«) Aromen eingesetzt werden.

8. Konfitüren + Marmeladen

Im Geschäft mit Lebensmitteln gibt es wahrlich nicht wenige Regeln. Und ich denke – und das begründet dieses Buch an zahlreichen Beispielen –, dass diese Regelfülle den Interessen der Verbraucherinnen und Verbraucher am seltensten dient. Schon im vorangegangenen Kapitel wurde diese Konstante deutlich, und das zeigt sich auch hier: Die Konfitürenverordnung (KonfV), welche die einschlägige Richtlinie der EU über »Konfitüren, Gelees, Marmeladen und Maronenkrem« umsetzt, regelt in erster Linie den Wettbewerb der Hersteller. So gibt die Verordnung beispielsweise vor, unter welchen Namen die süßen Lebensmittel in den Handel gebracht werden dürfen und wie viel Fruchtmark bzw. Pülpe sie anteilig mindestens enthalten müssen, wie die Lebensmittel bei der Herstellung behandelt werden dürfen und welche Zuckerarten erlaubt sind.

Das sind durchaus wichtige Details, doch der Anspruch der normalen Supermarktkundin nach Transparenz und leicht verständlicher Information ist damit nicht erfüllt. Es geht schon los mit den laut Verordnung zulässigen Bezeichnungen für die süßen Brotaufstriche: Denn, Hand aufs Herz – wer könnte den Unterschied zwischen »Konfitüre« und »Konfitüre extra« benennen? Oder zwischen »Gelee« und »Gelee extra«? Und wüssten Sie, was diese vier genannten Lebensmittel von »Marmelade« und »Gelee-Marmelade« unterscheidet, die ebenfalls in der Konfitürenverordnung als zulässige Bezeichnungen aufgeführt werden?

Fun-Fact am Rande: Marmelade muss laut Konfitürenverordnung aus Zitrusfrüchten bestehen – also aus Zitronen,

Orangen und/oder Mandarinen –, weshalb es im Supermarkt nur Erdbeer-Fruchtaufstrich oder Himbeer-Konfitüre gibt, aber keine Erdbeer- oder Himbeermarmelade, auch wenn alle Welt sie so nennt. Weniger funny ist, dass Marmelade nur einen Fruchtgehalt von 20 Prozent aufweisen muss, was im Grunde jeden Qualitätsanspruch verrät.

So ist es überhaupt kein Vergnügen mehr, wenn man im Supermarkt vor vier, fünf, sechs Regalmetern mit süßen Gläsern in mehreren Etagen steht und versucht, das richtige Produkt zu finden. Ohne erkennbare Ordnung stehen dort Markenartikel neben No names, Bio-Produkte neben konventioneller Ware, Konfitüre neben Konfitüre extra, Marmelade neben Gelee-Marmelade, Hochpreisiges neben Billigangeboten. Qualitätsunterschiede sind in diesem Sortiments-Sammelsurium nicht mehr auszumachen. Zwar sind bei Marmeladen, Gelees und Konfitüren auf den Etiketten die Fruchtart, der Fruchtgehalt und der Gesamtzuckergehalt angegeben, so wie es die KonfV vorgibt. Aber sobald sich ein Produkt Fruchtaufstrich nennt, gelten nicht mehr die speziellen Regeln der Konfitürenverordnung, sondern nur noch die allgemeinen Kennzeichnungsvorschriften der EU. Was die Produkte qualitativ unterscheidet, wird dadurch noch undurchsichtiger.

Ignoriert wird auch das Bedürfnis der Kunden nach regionalen Lebensmitteln – laut Ernährungsreport mit 83 Prozent der am zweithäufigsten genannte Verbraucherinnenwunsch, der übrigens immer deutlicher artikuliert wird (2016 wünschten sich das noch 73 Prozent, 2017 78 Prozent). Doch auf den Gläsern steht so gut wie nie, woher die Früchte kommen. Warum eigentlich? Was gilt es zu verbergen? Die Angabe zur Herkunft könnte immerhin ein erster Hinweis sein auf die Arbeitsbedingungen, unter denen die Früchte angebaut und geerntet wurden. Die Herkunftsbezeichnung ließe außerdem Rückschlüsse auf Transportstrecken und damit auf den

CO_2-Fußabdruck zu. Aber Hersteller und Händlerinnen lassen ihre Kunden auflaufen: Herkunftshinweis auf Fruchtaufstrichen – meist Fehlanzeige.

Das Vorenthalten wichtiger Informationen, kombiniert mit einer denkbar unübersichtlichen, verwirrenden Präsentation in den Supermarktregalen hat System: Wenn die Kundin nicht weiß, was sie kauft, steigt die Wahrscheinlichkeit, dass sie irgendwelchen Kaufimpulsen folgt, die durch Preisschilder, bildhafte Aufmachungen, Reizwörter ausgelöst werden. Je unkenntlicher die Qualität des Produkts, umso weniger Qualitätsbewusstsein und Preiswissen kann sich bei Verbrauchern bilden. Teuer ist nicht automatisch gut und billig nicht zwangsläufig schlechter. Zwischen den Regalen mit den süßen Fruchtaufstrichen sind Supermarktkundinnen definitiv: lost.

Der Preis eines Produktes ist eine essenzielle Information für Verbraucher. Und normalerweise gilt: Qualitativ gute Produkte sind teurer als weniger gute Produkte. Das Prinzip dahinter: Je günstiger ein Anbieter gute Qualität liefern kann, desto erfolgreicher ist er im Markt. Aber was ist, wenn man die Qualität von Lebensmitteln als Verbraucherin gar nicht überprüfen kann? Die Folge ist reiner Preiswettbewerb, der durch die hohe Konzentration im Lebensmitteleinzelhandel noch verstärkt wird. Eine weitere Folge: Anbieter »echter« Qualität haben in diesem Täuschungs- und Preisdschungel wenig Chancen, sich zu behaupten. Die Regeln erlauben es, dass sich jede Anbieterin selbst zum Qualitätschampion ausrufen kann. Diese Entwicklung ist nicht einer diabolischen Strategie der Supermärkte geschuldet, sondern eine Konsequenz der gesetzlichen Rahmenbedingungen, die Täuschung im Lebensmittelmarkt zur Regel und nicht zur Ausnahme macht. Es ist deshalb nur logisch, dass die Supermärkte ihr Geschäftsmodell an dieser Ausgangslage ausrichten. Die Gewinner im Markt sind diejenigen, die ihre Produkte den Kundinnen mit der höchsten Marge zum höchsten vorgetäuschten Qualitätsstandard andrehen können. Klar, dass sich Anbieter von Produkten, die aus billigen Rohstoffen hergestellt und mit Aromen, Salz und Zucker auf Geschmack getrimmt werden, in diesem »Fake-Wettbewerb« glänzend behaupten. Die gemeinsamen Anstrengungen der Supermärkte, die Weltrettung durch Tierschutz, Klimaschutz und Nachhaltigkeit voranzutreiben, lassen sich aus ihrem Geschäftsmodell ebenso schlüssig ableiten: Denn wenn man an transparenter Qualität nicht viel anzubieten hat, kann man den Verbraucherinnen zumindest ein gutes Gewissen verkaufen.

Klar ist aber auch: Die populäre These, dass es im Discounter nur schlechte Qualität gibt, ist genauso wenig haltbar wie die These, dass beim Vollsortimenter die Produkte generell qualitativ besser seien. So steht man grübelnd vor dem Regal, in dem sich Konfitüren, Marmeladen, Gelees, Fruchtaufstriche von Marken und Eigenmarken der Supermärkte stapeln und sucht vergeblich, hinter dieser undurchsichtigen Mischkalkulation der Supermärkte ein System zu entdecken.

Wie begründet diese Analyse ist, belegt eindrücklich ein Test der Zeitschrift *Ökotest* vom Mai 2020. Darin nimmt die Redaktion zwanzig konventionelle und Bio-Erdbeer-»Marmeladen« unter die Lupe (»Marmelade« in Anführungszeichen, weil die Bezeichnung laut Konfitürenverordnung bekanntlich Produkten aus Zitrusfrüchten vorbehalten ist, obwohl sie umgangssprachlich die ganze Gattung meint). Aufschlussreich – und für Verbraucher ernüchternd – ist der Test deshalb, weil gewaltige Preisunterschiede zwischen den Produkten bestehen – die Spanne reicht von 55 Cent pro 250 Gramm bis zum Achtfachen mit 4,36 Euro –, ohne dass dafür entsprechend große Qualitätsunterschiede erkennbar wären.

So gehört ausgerechnet der bekannte Markenartikler Schwartau zu den drei am schlechtesten bewerteten (»ausreichend«) Produkten. Ebenfalls nur ein »ausreichend« erhält eine »Konfitüre extra« von Lidl mit identischem Fruchtgehalt (50 Prozent) und ähnlich hohem Zuckerzusatz. Doch Schwartau ist mit 2,03 Euro pro 250 Gramm fast viermal so teuer wie das Lidl-Produkt (0,55 Euro). Oder drei Produkte von Aldi Süd, Kaufland und dem französischen Markenhersteller Bonne Maman, die alle das Gesamturteil »befriedigend« bekommen, beim Fruchtgehalt identisch sind und beim zugesetzten Zucker fast identisch, sich im Preis aber um mehr als das Dreifache unterscheiden (0,55 gegenüber 1,82 Euro). Und in der Kategorie »gut« kostet ein Mövenpick/Schwartau-Produkt immer noch gut das Doppelte (2,29 Euro) eines vergleichbaren Erdbeeraufstrichs von Edeka (1,08 Euro).

Bei der Belastung mit Pestiziden schneiden die »Marmeladen« aus Bio-Erdbeeren naturgemäß viel besser ab, aber alle Herstellerinnen verweigern ihren Kunden auf dem Glas die Auskunft über die Herkunft der Beeren. Erst auf Nachfrage erfahren die Öko-Tester, dass es mit der Regionalität nicht weit her ist, auch nicht bei den Bio-Produkten: Die Erdbeeren kommen in erster Linie aus Polen und Spanien, aus der Türkei, Ägypten und Marokko.

Angebot / Qualitäten

Konfitüre extra enthält je nach Frucht mindestens 80 g bis 450 g Fruchtmark / Pülpe pro Kilogramm (z. B. rote Johannisbeeren: 350 g). **Konfitüre:** niedrigerer Fruchtgehalt: 60 g bis 350 g / kg (z. B. rote Johannisbeeren: 250 g). **Gelee extra:** Mischung aus Zucker, Fruchtmark / Pülpe (35 Prozent), Wasser. Keine Fruchtmischungen erlaubt. **Gelee:** Fruchtmischungen erlaubt. **Marmelade:** Wasser, Zuckerarten, Pülpe / Fruchtmark / Saft aus Zitrusfrüchten. Mindestens 20 Prozent Fruchtgehalt. **Gelee-Marmelade:** sämtliche unlöslichen Bestandteile mit Ausnahme etwaiger kleiner Anteile feingeschnittener Schale sind entfernt. **Fruchtaufstrich:** Für Konfitüre / Marmelade / Gelee gilt die Konfitürenverordnung, für Fruchtaufstriche gibt es keine spezielle Vorschrift. Ihnen können Wasser und Zusatzstoffe zugesetzt werden.

Transparenz

Erlaubte Behandlung der Ausgangserzeugnisse: Wärme- und Kältebehandlung, Gefriertrocknung, Konzentration. Die Herkunft der Produkte (Früchte) muss nicht angegeben werden, weder bei konventioneller noch bei Bio-Ware. Die Sorten der jeweiligen Früchte sind nicht bekannt. Die sozialen Bedingungen der Herstellung (Arbeitsverhältnisse) gelten, soweit die Früchte aus Südeuropa oder Nicht-EU-Ländern stammen, als problematisch. Eine schnelle Qualitätsauswahl unter den vielen Varianten aufgrund von Preisunterschieden ist nicht möglich.

Ökologie

Intensiver Pestizideinsatz beim konventionellen Obstanbau, in Südeuropa ist dieser häufig mit der Übernutzung von Wasserreserven verbunden.

Gesundheit

Tests finden regelmäßig Rückstände von Pestiziden, sogar von solchen, die in der EU wegen ihrer Hochgiftigkeit nicht zugelassen sind, und zwar in Produkten mit importierten Früchten. Die EU-Gesetzgebung erlaubt es dennoch, dass europäische Chemiekonzerne wie BASF, Bayer und Syngenta diese Gifte in Nicht-EU-Staaten exportieren. In Nektar sind außer Zusatzstoffen wie dem Konservierungsmittel E 202 (Kaliumsorbat) auch das Säuerungsmittel E 330 zugelassen. E 330 greift den Zahnschmelz an.

Bio-Alternative

Die Früchte aus ökologischem Anbau sind nicht mit chemisch-synthetischen Pestiziden belastet, unbeschadet der Tatsache, dass auch der ökologische Anbau das Schwermetall Kupfer gegen Pilze und Schädlinge einsetzt. Der Anbau von Früchten in Südeuropa ist häufig mit der Übernutzung von Wasserreserven verbunden. Es bestehen dieselben Transparenzdefizite wie bei konventionellen Produkten. Die Herkunft der verarbeiteten Früchte muss auch bei Bio-Produkten nicht angegeben werden. Das umstrittene Säuerungsmittel E 330 ist bei Bio ebenfalls zugelassen (vgl. Infobox »Zusatzstoffe«).

Wahlfreiheit

Die Wahlfreiheit ist eingeschränkt, weil die Bezeichnungen der unterschiedlichen Konfitüren- und Marmelade-Typen für die Normalverbraucherin unverständlich bzw. verwirrend sind. Die angebotenen Qualitäten unterscheiden sich durch detaillierte gesetzliche Herstellungsanforderungen für Hersteller, sie haben jedoch wenig Bezug zu Qualitätserwartungen der Konsumentinnen etwa im Hinblick auf Geschmack, Herkunft, Arbeitsbedingungen der Produktion, Ökologie. Eine unbehandelte Konfitüre bzw. Marmelade aus ganzen, frischen Früchten, die dazu pestizidfrei und aus einem bekannten Herkunftsort kommen, die unter akzeptablen Arbeitsbedingungen hergestellt wird und garantiert keine negativen ökologischen Folgen hat, kann man im Supermarkt nicht kaufen.

9. Honig

Zu den Lebensmitteln im Supermarkt, die höchst problematisch sind, gehört fraglos Honig. Schauen Sie mal auf die Etiketten der Gläser und Plastikbehälter, dann können Sie diesen Ärger vielleicht nachvollziehen. Sehr oft findet man dort nämlich folgende Hinweise zur Herkunft: »Mischung von Honig aus EU-Ländern«, »Mischung von Honig aus Nicht-EU-Ländern«, und oft auch – als Krönung der Verbrauchermissachtung – »Mischung von Honig aus EU-Ländern und Nicht-EU-Ländern«.[1]

Supermarktkunden suchen immer häufiger nach Lebensmitteln aus der Region, zum Beispiel, weil sie die Erzeugerinnen in ihrer Nähe unterstützen wollen. Oder weil sie einen geringeren Transportaufwand und damit geringere CO_2-Emissionen erwarten.[2] Tatsächlich bedienen die Supermärkte dieses Bedürfnis immer öfter, auch wenn bei den als »regional« angepriesenen Waren längst nicht immer klar ist, wie weit die »Region« gefasst ist – der Begriff ist nämlich gesetzlich nicht näher definiert. Wo es den Handelskonzernen nützt, verwenden sie das Argument der Herkunft nur allzu gern. Wo es ihren Interessen nicht dient, setzen sie auf Verschleierung.

Und Honig ist das beste Beispiel dafür. Hier wird der Kunde, auf gut deutsch, für dumm verkauft. »Mischung von Honig aus EU-Ländern«, »Mischung von Honig aus Nicht-EU-Ländern«, »Mischung von Honig aus EU-Ländern und Nicht-EU-Ländern« – wie lächerlich derlei »Verbraucherinformationen« sind, zeigt vor allem die letztgenannte, die auf sehr vielen Gläsern in den Supermärkten steht: Denn eine

Mischung mit Honigen aus EU-Ländern und Nicht-EU-Ländern ist ein Produkt, das aus der ganzen Welt kommt – der Informationsgehalt ist also gleich null. Nicht nur in deutschen Imkerkreisen heißt es zu dieser Pseudo-Kennzeichnung sarkastisch, auf diese Weise erfahre die Käuferin immerhin, dass der Honig nicht vom Mars stamme. Hinzu kommt: Ein derartiger Honig-Mix kann zu 99 Prozent aus China stammen und zu einem Prozent aus Spanien und dennoch die gleichgewichtig erscheinende Kennzeichnung »Mischung aus EU-Ländern und Nicht-EU-Ländern« tragen.

Warum machen die Supermärkte so etwas? Natürlich, weil es erlaubt ist. Aber was hindert sie daran, ihren Kunden zumindest bei ihren Eigenmarken die Ursprungsländer einer Honigmischung zu nennen? Sind es bestimmte *Länder*, die sie auf diese Weise verheimlichen wollen, zum Beispiel das als Honiglieferant verschriene China? Oder ist es die *Zahl* der enthaltenen Honige, die der Verbraucherin vorenthalten werden soll, damit sie nicht der Verdacht beschleicht, ihr Produkt sei ein beliebiges Allerlei aus der großen Honigmischfabrik? Befürchten die Lebensmittelketten, durch Transparenz das idyllische Bild von den fleißigen Bienchen in der schönen Natur zu zerstören? Oder wissen sie am Ende selber gar nicht, woher stammt, was sie uns verkaufen?

Dieses Buch argumentiert an vielen Stellen, dass die vier großen Handelskonzerne sehr mächtige Unternehmen geworden sind. So mächtig, dass sie inzwischen nicht mal dem Streit mit multinationalen Markengiganten wie Nestlé, Mondelez (Milka), Coca-Cola oder Unilever (Knorr, Pfanni) aus dem Weg gehen: Passen den Händlern die Preise und Konditionen nicht, die Lebensmittelherstellerinnen aufrufen, schmeißen sie deren Waren einfach aus dem Sortiment oder drohen zumindest mit dem, was im Fachjargon Auslistung genannt wird. Die neue Macht der »Big Four« zeigt sich auch in ihren vielen

Eigen- oder Handelsmarken, mit denen sie den klassischen Lebensmittelherstellern immer stärker Konkurrenz machen. Ihre Macht äußert sich schließlich auch in den teilweise absurden optischen Anforderungen an Gemüse und Obst: Was den Vorstellungen der Supermarkteinkäuferinnen hinsichtlich makelloser Ware nicht entspricht, vergammelt oft auf dem Acker oder landet im Biomüll. Das zeigt: Auch gegenüber den Landwirten sitzen die Handelskonzerne eindeutig am längeren Hebel.

Ihre Macht könnten Rewe & Co. auch dafür einsetzen, zumindest bei den Eigenmarken ihren Honiglieferantinnen transparente Kennzeichnungen zu diktieren, nach dem Motto: Euren süßen Stoff verkaufen wir nur noch, wenn ihr die Ursprungsländer auf die Etiketten schreibt. Die Supermärkte hätten auch eine gute Begründung dafür: Viele Verbraucher wüssten es gerne. Doch das würde den Interessen der Ketten nicht dienen. Sie fahren besser mit Produkten, deren Herkunft im Vagen bleibt. So können sie Kundinnen leichter mit Werbebotschaften steuern, ihnen Qualitätsunterschiede vorgaukeln und beim Preis entsprechend frei agieren.

Honig ist Fälschers Liebling

Dabei wäre gerade bei Honig Transparenz so angebracht wie bei kaum einem anderen Lebensmittel. Denn der süße Brotaufstrich gehört zu den am meisten gefälschten Lebensmitteln überhaupt. Es wird getrickst, verschnitten und gepanscht, dass es die Bienen graust. Das zeigt zum Beispiel eine 2015 von der Europäischen Kommission veranlasste Untersuchung mit fast 2300 Honigproben aus dreißig europäischen Ländern, fast die Hälfte der Proben stammte aus Supermärkten: Sieben

Prozent der Honige erfüllten die Vorschriften zur Angabe der *botanischen* Herkunft des Honigs nicht, sechs Prozent waren mit Fremdzucker gepanscht, bei zwei Prozent stimmten die Angaben über die *geographische* Herkunft nicht. In einer weiteren Untersuchungsrunde mit genaueren Analyseverfahren entdeckten die Wissenschaftler in 14 Prozent von 900 Proben unerlaubt zugesetzten Zucker.[3]

Regelmäßig ganz oben steht Honig auch bei den Berichten von Europol und Interpol. Bei ihrer jüngsten Jagd nach gefälschten Lebensmitteln zwischen Dezember 2020 und Juni 2021 überprüften die Polizistinnen und Lebensmittelkontrolleure die Honigqualität in 17 Ländern an fast 500 Stellen der Wertschöpfungskette von Honigabfüllerinnen bis zu Großhändlern, Lebensmittelherstellerinnen und Supermärkten. Ergebnis: Sieben Prozent der untersuchten Produkte entsprachen nicht den Vorschriften, meist weil der Honig mit billigem Sirup aus Mais oder Zuckerrohr gestreckt war; betroffen waren 51 Tonnen, das entspricht gut 100 000 500-Gramm-Gläsern.[4]

Bei einer früheren OPSON[5]-Operation Ende 2015 nahm die Sondereinheit »Flying Squad« der Dänischen Veterinary and Food Administration Honigproben bei mehreren dänischen Importeuren und Verarbeiterinnen.[6] Der Verdacht über gefälschten Honig aus China bestätigte sich: zehn von 25 Honigproben – also 40 Prozent – waren mit mindestens zehn Prozent Billig-Fremdzucker versetzt. Zudem stellte sich heraus, dass der Honig vielfach unreif geerntet worden war und mehr als die erlaubten 20 Prozent Wasser enthielt. In chinesischen »Honey Factories« wird dem Nektar oftmals das Wasser durch Trocknungsanlagen entzogen – was die Bienen normalerweise selber leisten. Die maschinelle Trocknung ermöglicht eine frühere Ernte des Honigs und damit eine größere Menge, dafür muss oft auch synthetisch nachgearbeitet werden, damit aus der unreifen Flüssigkeit mit zu hohem Wassergehalt und zu wenig Enzymen ein honigähnliches Produkt wird. Bei den dänischen Abfüllern wurde der Fake-Honig dann mit Honig aus der EU vermischt, es ging um riesige Mengen von rund 120 Tonnen Honigmischungen.

Betroffen war auch einer der führenden Lebensmittelhersteller Dänemarks. Weil von den gefälschten Honigen keine Gefahr für die Gesundheit der Verbraucherinnen ausging, wurden sie nicht von Amts wegen zurückgerufen, allerdings konnten die Supermärkte die Ware nicht mehr unter der Bezeichnung »Honig« verkaufen, was de facto einem Rückruf gleichkam. Das Verfahren wurde Ende 2017 ohne Strafe abgeschlossen, weil die Behörden keinen Nachweis darüber führen konnten, dass das Unternehmen an den Täuschungshandlungen beteiligt war; der Honig wurde vernichtet. Nach den Ermittlungen der »Flying Squad« bezog das dänische Unternehmen seinen Honig in der Regel über die wenigen großen europäischen Honig-Makler, die auch an andere Unternehmen in ganz Europa liefern. »Wir sind uns ziemlich sicher«, sagte eine Sprecherin der »Flying Squad« damals, »dass der gefakte Honig nicht nur ein Problem in Dänemark ist.«

Legendär in der Branche ist der »Honeygate«-Skandal in den USA, in dem während der Nullerjahre ein deutsches Handelsunternehmen mit Büros in aller Welt über viele Jahre eine zentrale Rolle spielte.[7] Auch dabei war unreifer Honig aus China im Spiel, der nach Sauerkraut roch, mit Antibiotika belastet und mit Fremdzucker versetzt war. In erster Linie ging es bei dem Skandal jedoch darum, dass chinesischer Honig im Wert von vielen Dutzend Millionen Dollar durch allerlei Tricks zu Ware aus anderen Ländern »gewaschen« wurde, etwa Indonesien, Vietnam, Indien oder der Türkei. Auf diese Weise sollen in den USA Anti-Dumping-Einfuhrzölle für Honig aus China in Höhe von rund 80 Millionen Dollar unterschlagen worden sein.[8]

Der illegale Import in die USA flog auch mit Hilfe eines Undercover-Agenten auf. Ein Zollbeamter verglich das deutsche Handelsunternehmen in einer eidesstattlichen Erklärung mit einem »vertikal integrierten Rauschgiftunternehmen«. Eine deutsche Mitarbeiterin in der US-Niederlassung der Hamburger Firma saß ein Jahr lang in einem US-Gefängnis, während einige ihrer Vorgesetzten in Hamburg zeitweise auf den Fahndungslisten von Interpol standen, aber nie zur Verantwortung gezogen werden konnten. Das Handelshaus mit seinem mehr als hundert Jahre alten Namen verschwand, ein neu gegründetes Unternehmen mit zum Teil denselben handelnden Personen übernahm die Geschäfte und führt sie bis heute weiter.

Der Selbstversorgungsgrad beim Honig pendelt in Deutschland je nach Erntejahr zwischen rund 20 und 30 Prozent. Auch die Europäische Union kann, obwohl sie zweitgrößter Honigproduzent der Welt nach China ist, ihren Hunger nach dem natürlichen Lebensmittel nur zu etwa 60 Prozent aus eigenen Bienenstöcken stillen. Der Rest kommt zu großen Teilen aus der Ukraine, China, Argentinien und Mexiko. Das bedeutet: Honig, von dem viele meinen, er stamme vom Imker aus der Region oder allenfalls aus dem Nachbarland, ist ein in den westlichen Ländern sehr beliebtes, aber knappes Lebensmittel, das global gehandelt und oft in Chargen Hunderter 190-Liter-Fässer über die Weltmeere geschippert wird. Das macht den Honig so beliebt bei Betrügerinnen, die sich seit Jahrzehnten ein Wettrennen mit den Analyselaboren liefern.

Als die französische Verbraucherschutzorganisation »Que Choisir« Ende 2021 40 Honige in Supermärkten testete, stieß sie in sieben Produkten auf zugesetzten Zucker (jeweils zwei Honige aus China und aus Frankreich, je einer aus Italien, Australien sowie Mischhonige aus mehreren Ländern), außerdem auf drei Produkte, die eine andere *botanische* Herkunft behaupteten (z. B. Akazienhonig), als tatsächlich im Glas war (diverse Mischungen), oder das Ursprungsland falsch angeben. Darüber hinaus entsprachen acht Honige nicht den gesetzlichen Anforderungen an Geschmack, Geruch, Farbe und Konsistenz (sogenannte organoleptische Parameter), darunter vier der sündhaft teuren Manuka-Honige.[9] Zusammengenommen erfüllten also 18 von 40 Honigen nicht das, was Verbraucher erwarten dürfen.

Welch bittere Bilanz der Täuschung, die einem in den Sinn kommt, wenn man mit dem Gefühl der Verlorenheit vor den Honigregalen in deutschen Supermärkten steht. »Blütenhonig«, »Honigtauhonig«, »Wildblütenhonig«, »Sommertrachthonig«, »Sommerblütenhonig«, »Nektarhonig«, »Frühtrachthonig«, »Bayerischer Fichtenhonig«, »Deutscher Honig«, »Gebirgsblütenhonig«, »Bergblütenhonig«, »Waldhonig«, »Akazienhonig mit Frühjahrsblüte«, »Lindenhonig mit Sommertracht«, »Tropfhonig«, »Wabenhonig«, »Schleuderhonig«, »Presshonig«, »Auslese«, »feine Auslese«, »feinste Auslese«, »extra feine Auslese«. Oder eben: »Honig aus EU-Ländern und Nicht-EU-Ländern.«

Das Angebot an Honigen ist ein wildes Durcheinander, ein Dschungel, in dem jede normale Supermarktkundin die Orientierung verlieren muss. Und das – so behaupte ich – ist Absicht. Preis und Qualität sind frei flottierende Parameter:

- Bei einem Straßentest in einer Sendung des WDR (2021) mit Honigen unterschiedlicher Preisklassen (2,39, 3,99 und 6,69 Euro pro 500 Gramm) konnten Passanten von 18 Proben nur vier preislich richtig zuordnen, 14-mal lagen sie falsch.
- Ein umfangreicher Honigtest der Stiftung Warentest (2019)[10] mit 36 Produkten vergab das Gesamturteil »mangelhaft« für einen Bio-Akazienhonig zum stolzen Kilopreis von 19,70 Euro und gleichzeitig ein »gut« für einen kon-

ventionellen Blütenhonig vom Discounter für ein Viertel des Preises, aber auch nur »ausreichend« für zwei gleich billige Blütenhonige anderer Discounter. In der Kategorie Waldhonig bekam man zum Kilopreis von sechs Euro sowohl »gute« als auch nur als »ausreichend« beurteilte Ware, während zwei nur »befriedigende« Honige das Doppelte kosteten. Beim Lindenhonig gab es zum Preis von rund zwölf Euro pro Kilo »gute«, »befriedigende«, aber auch »mangelhafte« Ware; den Vogel schoss ein deutscher Bio-Lindenhonig für gut 25 Euro ab, der von den Testerinnen das Urteil »mangelhaft« erhielt.

Nicht nur scheinen bei diesem zweiten Test Qualität und Preis völlig entkoppelt, auch das Gesamtbild ist erschreckend: Sieben von 36 Honigen entsprachen geschmacklich nicht der angegebenen Sorte, fast jeder fünfte Honig war wärmegeschädigt (durch zu warme Verarbeitung, Transport und Lagerung oder durch eine nachträgliche Behandlung wegen zu früher Ernte), in jedem dritten Honig fanden sich geringe Mengen des Pflanzengifts Glyphosat. Zehn von 36 Honigen fielen mit »mangelhaft« komplett durch, nur elf verdienten die Note »gut«. Und: Die »gut« getesteten Honige waren fast ausnahmslos Mischungen importierter Ware aus dem Mittelmeerraum, Osteuropa und Süd- und Mittelamerika. Von sechs deutschen Honigen im Test erzielte nur einer die Note »gut«.

Zusammengefasst bedeutet das: Weder die Sorte noch die Herkunft noch der Preis lassen irgendwelche Rückschlüsse auf die Qualität des Honigs zu. Es ist offensichtlich, dass es bessere Regeln braucht, schärfere Kontrollen, empfindlichere Strafen und eine Transparenz, die den Namen verdient.

Zwei letzte Tipps für Supermarktkunden: Greifen Sie in Ihrer Ratlosigkeit nicht zu Gläsern, auf denen »Imkerhonig« steht, dazu eine regionale Adresse oder ein Bild aus der Region, woraus Sie vielleicht schließen, der Inhalt müsse von einem Imker aus der Gegend stammen. Tatsächlich kann der Betrieb auch ein Abfüller sein, der Honige aus aller Welt vermarktet. »Imkerhonig« bedeutet nur, dass der Honig von einer Imkerin geerntet wurde – von wem auch sonst. Der Begriff ist so bedeutungsleer wie die Ursprungsbezeichnung »aus EU-Ländern/Nicht-EU-Ländern«. Und lassen Sie sich auch nicht in die Irre führen von Etiketten mit Attributen wie »kalt geschleudert«, »wabenecht« oder »naturrein«. Denn: Honig wird immer kalt geschleudert, er kommt immer aus Waben und er ist immer naturrein, sonst dürfte er nicht Honig heißen.[11]

Angebot / Qualitäten

In Deutschland ist Honig nach Marmelade der beliebteste Brotaufstrich. Man unterscheidet grundsätzlich zwischen Blüten- und Waldhonig. Waldhonig besteht – anders als Blütenhonig – nicht aus Nektar, sondern aus Honigtau. Honigtau ist ein zuckerhaltiges Ausscheidungsprodukt von Blatt- und Schildläusen. Die zahlreichen Honigsorten unterscheiden sich nach organoleptischen (z. B. Geruch, Geschmack), chemischen / physikalischen (z. B. Zuckerspektrum) und mikroskopischen Parametern (z. B. spezifischer Pollenanteil). Naturbelassener Honig wird nicht übermäßig erwärmt, in den Supermärkten wird er kaum angeboten. Deutschland und die EU sind mit einem Selbstversorgungsgrad von (je nach Ernte) lediglich 20 bzw. 60 Prozent von Importen abhängig.

Transparenz

Praktisch alle spezifischen Qualitätsmerkmale (regionale / botanische Herkunft, Sorten, Zusammensetzung) können im Labor bestimmt werden. Aber keines dieser Qualitätsmerkmale muss auf dem Etikett angegeben werden. Die Verkehrsbezeichnung »Honig« ist ausreichend. Honig darf nur dann mit einer botanischen Herkunftsangabe (z. B. Klee-Honig oder Tannenhonig) in den Verkehr gebracht werden, wenn der Honig überwiegend den genannten Blüten / Pflanzen entstammt. **Herkunft:** Es muss lediglich etikettiert werden, ob der Honig aus EU- oder Nicht-EU-Ländern stammt. Sogar das sinnlose Etikett »Herkunft / Mischung aus EU- und Nicht-EU-Ländern« ist erlaubt. Bei Honig aus einer Imkerei müssen Name und Ort der Imkerei angegeben werden. **Behandlung:** Wie ein Honig behandelt wurde, lässt sich beim Kauf im Supermarkt nicht erkennen. Die Marke »Echter Deutscher Honig« (EDH) des Deutschen Imkerbundes (D. I. B.) verspricht, dass der Honig aus Deutschland stammt und naturbelassen ist, aber viele Bio-Honige aus Deutschland benutzen nicht das Etikett des Deutschen Imkerbundes. Phantasienamen wie »Landhonig«, »Imkerhonig«, »Blütenpracht« sind erlaubt und täuschen die Verbraucherinnen. Honig gehört zu den am meisten gefälschten Lebensmitteln (z. B. mit Zuckerzusatz).

Ökologie / Tierschutz

Wild- und Honigbienen leisten als Bestäuber einen wichtigen Beitrag zum ökologischen Gleichgewicht und der menschlichen Ernährung. Pestizide, vor allem sogenannte Neonikotinoide, stehen im Verdacht, Honig- und Wildbienen-Populationen zu gefährden. Die intensive, nicht wesensgemäße Haltung der Bienen, ihre gezielte Zucht auf eine immer höhere »Honigleistung« und billige Ersatznahrung tragen maßgeblich dazu bei, dass Honigbienen anfällig für Krankheiten sind und leiden. Die meisten der angebotenen Honige dürften aus intensiver Bienenhaltung stammen. Auch deutsche Imker arbeiten mit Intensiv- und nicht wesensgemäßer Bienenhaltung.

Gesundheit

Die im Honig enthaltenen Mengen an Vitaminen, Mineralstoffen, Proteinen und Aminosäuren sind gering. Wegen seines hohen Zuckergehaltes ist Honig in erster Linie ein kalorienreicher Energielieferant. Hoher Honigkonsum entspricht hohem und deshalb ungesundem Zuckerkonsum.

Bio-Alternative

Beim Bio-Honig kommen keine synthetischen Medikamente und nur natürliche Baumaterialien für die Bienenbehausungen zum Einsatz. Die Haltung der Bienen ist bienenfreundlicher. Das Beschneiden der Flügel der Bienenkönigin, die das natürliche Schwärmen der Bienenvölker verhindern soll, ist verboten. Intransparenz durch unzureichende Kennzeichnungsregelungen besteht auch beim Bio-Honig.

Wahlfreiheit

Wahlfreiheit besteht im Supermarkt praktisch nicht. Vorwiegend werden wärmebehandelte Mischungen von Honigen aus vielen Ländern mit Einheitsgeschmack angeboten. Grundsätzlich können Verbraucherinnen die Qualitäten eines Honigs beim Kauf nicht erkennen. Die gesetzlichen Kennzeichnungsvorschriften sorgen für Intransparenz.

10. Verarbeitete Lebensmittel

Von dem US-amerikanischen Ernährungsexperten und Bestsellerautor Michael Pollan stammt der legendäre Satz, man solle nichts essen, was die eigene Großmutter nicht als Essen erkannt hätte. Man muss unweigerlich an diesen Satz denken, wenn man durch einen Supermarkt geht und die verdächtig bunte Vielfalt in den Regalen betrachtet.

»Cremige Knoblauch BBQ Sauce«. »Zartes Eigebäck mit fruchtiger Füllung aus Orangensaftkonzentrat«. Die Fertiggerichte »Maggi 5 Minuten Terrine« mit »Nudeln in sahniger Waldpilz-Rahmsauce« oder »Kartoffelbrei mit Röstzwiebeln & Croutons«. Von Knorr der Tüten-Snack »Veggie Muschelnudeln mit Frühlingsgemüse in Kräutersauce«. Flüssiges Salatdressing »Honig-Senf« aus der Flasche. »Protein-Riegel Schoko-Banane«. »High Protein Pudding Karamell«. »Milchnudeln Vanille-Geschmack«. Eine Backmischung für »Mandarinen Schmand Kuchen«. »Apfel-Erdbeer-Strudel«, tiefgefroren. »Rindfleisch in Meerrettichsauce« – aus der Dose.

Ja, all das kann schmecken und tut es offensichtlich so gut, dass Millionen es immer und immer wieder kaufen. Allerdings ohne auch nur zu ahnen, unter welchen Bedingungen dieser Geschmack, diese Optik, diese Konsistenz überhaupt zustande kommen. Lebensmittel verderben normalerweise schnell, sie verrotten, verlieren an Farbe, Geschmack und Größe und gewinnen dafür an Geruch und Gestank. Hochverarbeitete Lebensmittel jedoch scheinen dieses Naturgesetz auf mysteriöse Weise außer Kraft zu setzen.

Michael Pollans Rat, die Erfahrungswelt der eigenen Großmutter zum Maßstab zu machen, erscheint vielleicht etwas puristisch und rückwärtsgewandt, zumal wenn die Großmutter in den 1960er Jahren oder noch früher einkaufen ging, als es hierzulande noch gar keine Supermärkte gab.[1] Andererseits bin ich mir sicher, dass unser heutiges Essenswissen deutlich geringer ist als jenes unserer Altvorderen: Die Kompetenz darüber, was wir zu uns nehmen und wie wir es zubereiten, haben wir weitgehend an die Herstellerinnen und Händler abgegeben. Jedenfalls würde ich wetten, dass mehr Menschen grob erklären können, wie man Algorithmen programmiert oder wie illegale Abschalteinrichtungen in Dieselmotoren von VW funktionieren, als Menschen in der Lage sind, auch nur fünf Zusatzstoffe in ihrer tiefgekühlten Pizza mit Formschinken zu benennen, geschweige denn ihre Funktion zu erklären.

Spitzenköche: Pesto (fast) ohne Basilikum

Einer, der das definitiv kann, ist Sebastian Lege. In seinen ZDF-Shows über »Die Tricks der Lebensmittelindustrie« öffnet der Koch und Produktentwickler dem Publikum die Augen. Leges Sendungen, die man in der ZDF-Mediathek nachschauen kann, sind hochinteressant, erhellend, aufklärend, fraglos unterhaltend und auf jeden Fall empfehlenswert – und verdienen dennoch Kritik, wovon später noch zu reden sein wird.

Sebastian Leges Konzept besteht darin, dass er die zu untersuchenden Lebensmittel nicht einfach zur Analyse ins Labor schickt, sondern sie als Mann vom Fach selbst in seiner Werkstattküche vor der Kamera nachkocht. Um zum Beispiel Bratensoße à la Knorr von Unilever herzustellen, lässt Lege Rindfleisch durch den Fleischwolf, streicht es hauchdünn auf

Papier aus, trocknet es in einem Apparat aus Plexiglas, zerkleinert es im Mixer – und zeigt dann, dass letztlich nur 0,5 Prozent von dem gewonnenen Rindfleischpulver nötig sind, um Bratensoße wie jene von Unilever herzustellen. Die restlichen Zutaten sind unter anderem viel Salz als Geschmacksträger, Tomatenpulver, Aromen, Zucker, Gewürze, Röstzwiebeln, Hefeextrakt mit Glutamat als Geschmacksverstärker, Palmfettpulver.

Zu Hochform läuft Lege auf, wenn er etwa aus Fischbrei, Hühnereiweißpulver, Bindemittel, Labor-Aroma und Farbstoff Surimi herstellt, das als Fake-Garnelen zum Beispiel in Meeresfrüchtemischungen landen kann. Oder wenn er nach Industriemanier Fertigpesto à la Genovese kreiert, in dem nur ein »Hauch von Basilikum« verarbeitet ist, aber viel billige Petersilie und Basilikum-Aroma, außerdem Hartkäse anstelle von Parmesan und Cashewnüsse statt Pinienkernen. Auf diese Weise drückt der Fernsehkoch die Zutatenkosten auf weniger als ein Drittel, was jedoch die meisten gar nicht schmecken, wie bei Leges anschließender Blindverkostung deutlich wird: Denn dort beurteilen acht von zehn Testerinnen das Billig-Pesto besser als das teurere Produkt mit den echten Zutaten à la Genovese. Und so wird klar, warum Leges Mitarbeiter bei ihren Recherchen »kein einziges Supermarktpesto finden, das nach Originalrezept hergestellt ist. Alle enthalten die typischen Zutaten nur in extrem geringen Mengen.«

Lege zeigt auch den »Ewig-haltbar-Trick« der Essensmacher anhand von Pfannis »Mini-Knödeln, gefüllt mit Frischkäse & Kräutern«. Aus der Tüte! Die ungekühlt monatelang im Regal überdauert. Inhalt: 14 Prozent Kartoffeln, 0,6 Prozent Frischkäsepulver. »Wahnsinn«, sagt Lege, »Frischkäsefüllung mit nur 0,6 Prozent Frischkäse.« Der Rest (unvollständig): Stärke, Palmöl, Eiklarpulver, modifizierte Stärke, Zucker, Mehl, Speisesalz, Sahnepulver, Magermilchpulver, Milchzucker, Maltodextrin, Kräuter und Gewürze, Hefeextrakt, Citronensäure, Kaliumsorbat, Aromen.

Sehr schön auch Leges Dekonstruktion von Eis am Beispiel von Unilevers Langnese, die man so herleiten kann: Wenn Bratensoße nur Spuren von Rindfleisch enthalten muss und Frischkäsefüllungen nur ein Brischen Frischkäsepulver, dann kommt auch ein Langnese-Eis mit entrahmter Milch anstelle von teurer Sahne aus. Sebastian Lege mixt die Eismasse nach dem Industrievorbild aus Magermilch, billigem Kokosfett (das ungesunde gesättigte Fettsäuren enthält und aus regenwaldfressenden Plantagen stammt), dazu Puderzucker und Glukosesirup, schließlich Mono- und Diglyceride von Speisefettsäuren sowie Carrageen (E 407) zum Verkleistern und schließlich künstliches Vanillearoma. Weil die ähnlich rezeptierten Supermarkt-Eise in der Regel von viel süßer Schokolade umhüllt sind, geht die mindere Qualität im Inneren sowieso ungeschmeckt unter.

So dekliniert sich Lege durchs unerschöpfliche Supermarktsortiment der hochverarbeiteten Lebensmittel und schält dabei das Grundgesetz der Hersteller heraus: Ersetze hochwertige durch billige Zutaten und verschleiere diesen Umstand, so gut es geht. Den finanziellen Vorteil dieser Downgrading-Strategie hat vor einigen Jahren der Tiefkühlkost-Hersteller Frosta beispielhaft vorgerechnet, der sich selbst einem Reinheitsgebot unterworfen hat und auf Zusatzstoffe wie Aromen, Geschmacksverstärker, Farbstoffe oder Emulgatoren verzichtet: Danach kostet es eine Molkerei 31,50 Euro, hundert Kilo Joghurt mit frischen Himbeeren zu aromatisieren, aber nur 3,75 Euro, wenn das »natürliche Aroma Typ Himbeere« aus Sägespänen oder Pilzkulturen gewonnen wurde; und sagenhafte sechs Cent, wenn das Himbeer-Aroma »naturidentisch« aus künstlichen Grundstoffen hergestellt wurde (vgl. Infobox »Aromen«). Ganz ähnlich sieht Sebastian Leges Vergleichsrechnung für Vanilleeis aus: Mit natürlichen Zutaten, wie sie eine qualitätsorientierte Eisdiele verwendet, ist das Eis pro Liter 28 Euro teuer, während das Langnese-Produkt je nach Darreichungsform und Marke nur zwischen gut drei und 16 Euro pro Liter kostet.

Dabei vollzieht sich der Qualitätsverlust oft in kleinen Schritten, die man in aller Regel gar nicht wahrnimmt. Es sei denn, man stößt auf Publikationen wie jene der Verbraucherzentrale Hamburg, die vor wenigen Jahren eine Downgrading-Liste zusammenstellte mit Beispielen dafür, wie Lebensmitteln klammheimlich die wertgebenden Zutaten entzogen werden:[2] Nutella drückte den Kakaoanteil seines Brotaufstrichs von 8,4 auf 7,4 Prozent und bagatellisierte sein Vorgehen als »Feinjustierung«. Der Remouladen- und Dressinghersteller Homann packte in seinen Eiersalat einfach weniger Eier – ihr Anteil sank von 58 auf 50 Prozent (und hatte schon einmal 63 Prozent betragen), gleichzeitig kamen zwei Konservierungsstoffe auf die Zutatenliste. Milka gab der Waffelschnitte Nussini weniger Haselnüsse bei (9,5 statt zuvor 14 Prozent) und setzte stattdessen Aroma zu. Rewe reduzierte den Honig in den Dinkel-Pops seiner Eigenmarke Rewe Bio um ein Drittel und war so dreist, das Produkt fortan nicht mehr Dinkel-Pops zu nennen, sondern Honig-Dinkel. Bei ihren Begründungen für die Rezepturänderungen seien die Hersteller oft um keine Ausrede verlegen und beriefen sich auf die Wünsche der Kundinnen, so die Verbraucherschützer: Weniger Kaffee im Fertig-Cappuccino sei dem »Geschmack des Verbrauchers« geschuldet, und ein geringerer Mandelanteil im Mandeldrink (fünf statt 6,5 Prozent, dafür neue Zusatzstoffe) sei das Resultat von Kundenbeschwerden über den intensiven Mandelgeschmack.

Die Basiszutat: E-Nummern

Die Produktion verarbeiteter Lebensmittel im industriellen Maßstab und deren Vermarktung in den Supermärkten wären ohne Zusatzstoffe, Enzyme und andere Verarbeitungshilfsstoffe undenkbar. Herstellerinnen und Händler argumentieren zwar gern, all diese Zugaben verbesserten die Qualität der Produkte. Das trifft aber nur zu, wenn man Qualität definiert als »Verkaufbarkeit haltbarer und geschmacksverstärkter verarbeiteter Lebensmittel zu günstigen Preisen«. Anders ausgedrückt: Die meisten Zugaben sind nicht deshalb in den Lebensmitteln enthalten, weil sie deren geschmackliche oder Nährwert-Qualität steigern, sondern um die Produkte billiger, haltbar, genießbar, ansehnlich, verkaufbar und überhaupt erst herstellbar zu machen: Dank der Zusatzstoffe können die Maschinen schneller laufen; mit Hilfe von Enzymen lassen sich Früchte und Gemüse maschinell schälen; sogenannte Rieselhilfen wie Aluminiumsilikat oder Natriumferrocyanid sorgen dafür, dass Stoffmassen nicht verklumpen; Emulgatoren machen es möglich, große Mengen Wasser unbemerkt ins Produkt zu schmuggeln. So viel ist klar: Der Einsatz von Zusatzstoffen orientiert sich eindeutig an den Interessen der Herstellerinnen und Supermärkte und nicht an den Qualitätserwartungen und gesundheitlichen Interessen der Verbraucher.

Das beste Beispiel dafür ist der seit vielen Jahren verwendete, aber erst seit August 2022 verbotene Zusatzstoff E 171, bekannt unter dem Namen Titandioxid, für den eine erbgutschädigende Wirkung (Genotoxizität) nicht mehr ausgeschlossen werden kann. Titandioxid ist in Kosmetika, Wandfarben, Sonnencremes und Arzneimitteln enthalten, aber eben auch in Lebensmitteln, in denen es als weißer Farbstoff verwendet wird und Essbares visuell ansprechender machen soll. Dazu gehören feine Backwaren, Brühen und Soßen für Säuglinge,

Kleinkinder und Jugendliche oder Suppen, Salatsoßen und herzhafte Brotaufstriche für Kinder, Erwachsene und ältere Menschen. Verarbeitete Nüsse, Kaugummis, Süßigkeiten und Überzüge enthalten ebenfalls Titandioxid. Nach einer Neubewertung durch die Europäische Behörde für Lebensmittelsicherheit (EFSA) kann der Lebensmittelzusatzstoff nicht länger als sicher angesehen werden, weil sich »nach oraler Aufnahme (…) Titandioxidpartikel (…) im Körper ansammeln können«. Dort kann die chemische Substanz die DNA schädigen und zu karzinogenen Wirkungen führen. Und das nur, damit Lebensmittel schön weiß aussehen und sich besser verkaufen lassen![3]

Das Beispiel ist umso skandalöser, wenn man in die europäische Zusatzstoff-Verordnung schaut.[4] Denn dort steht, dass ein Lebensmittelzusatzstoff nur dann zulässig ist, wenn die Dosis für die Verbraucherinnen gesundheitlich unbedenklich ist, wenn eine hinreichende technische Notwendigkeit für den Zusatzstoff besteht und keine anderen wirtschaftlich und technisch praktikablen Methoden zur Verfügung stehen, und – Achtung – wenn die Zusatzstoffe den Verbrauchern »Vorteile bringen« und ihre Verwendung die Verbraucherinnen »nicht irreführt«. Die Frage lautet also, welcher »Vorteil« für den Verbraucher darin bestehen könnte, mit Titandioxid angereicherte Backwaren zu essen oder Mini-Knödel aus der Tüte, die nur einen Hauch von Frischkäse enthalten oder Eis aus Kokosfett, entrahmter Milch und vielen Aromen? Und ob die damit zwangsläufig einhergehenden Zusatzstoffe die Käuferin nicht insofern grundsätzlich in die Irre führen, als eine nicht vorhandene Qualität vorgetäuscht wird.

An dieser Stelle ist auch die Kritik am Fernsehnachkocher Sebastian Lege fällig. Bei allem kritischen Reden über die »Tricks« und »Fake-Produkte« der Lebensmittelindustrie klingt der Experte nämlich manchmal so, als kämen ihm die

Kritisierten doch irgendwie ganz schön pfiffig vor, als würde er die tricky Kolleginnen in den Versuchsküchen der Hersteller insgeheim ein wenig bewundern, nach dem Motto: Nicht schlecht, was denen so alles einfällt! Was man sich von ihm außerdem wünschen würde, ist ein deutlicherer Hinweis auf die Komplizenschaft der Supermarktketten beim fortgesetzten Downgrading unserer Lebensmittel: Denn Aldi, Netto oder Penny sind mitverantwortlich dafür, was in ihren Regalen und Kühltruhen liegt, *sie* sind es schließlich, die uns diese Produkte verkaufen und damit Milliardenprofite einstreichen.

Verarbeitete Lebensmittel – ein toxisches Ernährungskonzept

Problematisch sind aber keineswegs nur die vielen Zusatzstoffe, die kaum eine Verbraucherin kennt oder beurteilen kann. Problematisch an den zusammengesetzten Lebensmitteln ist auch ihr regelmäßig viel zu hoher Gehalt an Fett, Zucker und Salz sowie die gleichzeitige Armut an Vitaminen, Ballast- und Mineralstoffen. Verarbeitete Lebensmittel haben in aller Regel eine geringe Nährstoffdichte und eine hohe Energiedichte, sie repräsentieren »leere Kalorien«, die dick und krank machen und die Gesellschaft jährlich viele Milliarden von Euro kosten.

Erhöhter Konsum hochverarbeiteter Lebensmittel – Ernährungsexperten bezeichnen sie als UPF, eine Abkürzung für ultra-processed food – begünstige viele Krankheiten, berichtete die *Ärztezeitung* Anfang 2022. So sei ein um zehn Prozent erhöhter UPF-Konsum mit einer um 25 Prozent erhöhten Inzidenz von Typ-2-Diabetes assoziiert, andere Studien verwiesen auf rasche Gewichtszunahme und einen dosisabhängigen linearen Zusammenhang zwischen UPF-Konsum und Gesamtsterblichkeit sowie Sterblichkeit aufgrund von Herz-Kreislauf-Erkrankungen.[5]

Eine geradezu vernichtende Bilanz des Supermarkt-Segments UPF zieht auch die Ernährungswissenschaftlerin Angela Bechthold im Blog der Deutschen Gesellschaft für Ernährung (DGE):[6] »Je höher der Anteil der UPFs, desto schlechter ist die Qualität der Ernährung insgesamt.« Gut belegt seien erhöhte Risiken für chronische ernährungsmitbedingte Krankheiten, etwa Typ-2-Diabetes, Herz-Kreislauf-Krankheiten oder Darmkrebs durch den Verzehr von verarbeitetem Fleisch, ebenso von Adipositas, Karies und Typ-2-Diabetes durch den Konsum von zuckergesüßten Getränken. Insgesamt gebe es immer mehr Übersichtsarbeiten und Meta-Analysen, die die UPFs mit vielen negativen Auswirkungen in Verbindung brächten, von Darmfunktionsstörungen über Herz-Kreislauf-Krankheiten, Krebs, neurodegenerative Krankheiten und Depression bis hin zu vorzeitiger Sterblichkeit. Zudem würden süchtig machende Eigenschaften von UPFs diskutiert, so die Autorin.

Aber auch wegen der Zusatzstoffe – wiewohl sämtlich zugelassen – gebe es Anlass für Bedenken »hinsichtlich nicht untersuchter langfristiger bzw. durch Kombination mehrerer Zusatzstoffe ausgelöster negativer gesundheitlicher Wirkungen«. Und weil UPFs zwangsläufig verpackt sind, komme auch noch die Gefahr von Substanzen aus den Verpackungsmaterialien hinzu, die in das Lebensmittel übergehen können wie zum Beispiel endokrin wirksame Bisphenole und Phthalate aus Kunststoffhüllen.

Hochverarbeitete Lebensmittel, so muss man den Blog der Deutschen Ernährungsgesellschaft zusammenfassen, sind ein geradezu toxisches Ernährungskonzept: verlockend für Verbraucherinnen, weil UPFs relativ preiswert, oft verzehrfertig, lange haltbar und fast überall erhältlich sind, jedoch mit fragwürdigen Rezepturen schmackhaft gemacht wurden und intensiv vermarktet werden; verlockend auch für die Hersteller, weil UPFs hohe Profite abwerfen; und in dieser Kombination verheerend in ihrer Wirkung auf Individuen und Gesellschaften. Klar sei, so der DEG-Blog, »dass unverarbeitete und minimal verarbeitete Lebensmittel den UPFs vorzuziehen sind, und dabei der größte Teil pflanzlich sowie möglichst regional erzeugt und unverpackt sein sollte«.

Als ob all das noch nicht ausreichen würde – die Fülle fragwürdiger Zusatzstoffe, der Ersatz hochwertiger durch billige Rohstoffe, die ungesund hohe Energiedichte –, stehen verarbeitete Lebensmittel bzw. Fertigprodukte zudem für ein ganzes Arsenal von Täuschungspraktiken. Wie ich in den Infoboxen »Qualitätstäuschung« und »Gütesiegel« darlege, machen Herstellerinnen und Händler größtmöglichen Gebrauch von den Lücken in den Lebensmittelgesetzen und dem quasi rechtsfreien Raum infolge ineffektiver Lebensmittelüberwachung. Die fundamentale Strategie vieler Produzentinnen und Supermärkte besteht darin, auf jeden Fall zu verhindern, dass Verbraucher die Qualität eines Lebensmittels einfach und schnell einschätzen können. Legendäres Beispiel dafür ist der Kampf fast der gesamten Lebensmittelbranche gegen die Einführung der verpflichtenden Nährwertkennzeichnung »Nutri-Score«. Dass Supermärkte inzwischen freiwillig immerhin manche ihrer Eigenmarken mit dem Nutri-Score kennzeichnen, kann nur als halbherziges Manöver gewertet werden, solange die Branche durch ihre Verbände weiterhin mit aller Macht gegen die verpflichtende Anwendung des Nutri-Score kämpft.

An dieser Stelle würden Managerinnen von Aldi & Co. wohl einwenden, dass ja kein Verbraucher genötigt werde, hochverarbeitete Lebensmittel zu kaufen. Das klingt erst einmal einleuchtend. Allerdings würde man dieses Argument beim Verkauf eines Autos, das nicht deklarierte Mängel aufweist, auch nicht gelten lassen. Warum dann bei Lebensmitteln, deren Qualität die Menschen – anders als bei einem Auto – kaum noch beurteilen können? Lebensmittel – und gerade die stark verarbeiteten – sind »Vertrauensgüter«. Das bedeutet, die Käuferin muss dem Verkäufer vertrauen können, weil sie selbst die Güte der Waren angesichts ihrer komplexen Rezepturen und unverständlichen bis irreführenden Kennzeichnungen nicht mehr zuverlässig beurteilen kann. Dieses Vertrauen ist leider zerstört, was nicht nur das Verhältnis zwischen Supermarktkundin und Supermarktkette belastet, sondern auch ambitionierte Lebensmittelproduzenten trifft: Denn diejenigen Herstellerinnen, die zum Beispiel keine Geschmacksverstärker verwenden, stehen im Wettbewerb mit Firmen, die das bedenkenlos praktizieren, aber davon profitieren, dass sie es nicht auf der Verpackung angeben müssen.

Möglicherweise halten Sie es für naiv, für allzu idealistisch oder weltfremd, wenn ich ausgerechnet in der »Kampfzone« der vier mächtigen Supermarkt-Konzerne ein Plädoyer für fairen Wettbewerb und transparente Kommunikation mit den Kunden halte. Wenn Sie allerdings Artikel 8 des sogenannten »Grundgesetzes des Lebensmittelrechts« der EU-Verordnung 178/2002 lesen, werden Sie feststellen, dass meine Kritik keineswegs naivem Idealismus entspringt. An dieser Stelle mute ich Ihnen deshalb tatsächlich wenige Zeilen Gesetzestext zu – weil sie so unmissverständlich sind, weil sie in kompromissloser Klarheit formulieren, was wir Supermarktgängerinnen eigentlich erwarten können. Und wenn Sie diese Sätze lesen, könnten Sie versuchen, sich dabei in Ihren Supermarkt zu versetzen, wie Sie dort durch die Regalreihen gehen, Produkte begutachten und vergleichen, wie Sie Informationen auf den Verpackungen zu lesen und zu deuten versuchen.

In Artikel 8 der EU-Verordnung 178/2002 zum »Schutz der Verbraucherinteressen« heißt es:

(1) Das Lebensmittelrecht hat den Schutz der Verbraucherinteressen zum Ziel und muss den Verbrauchern die Möglichkeit bieten, in Bezug auf die Lebensmittel, die sie verzehren, eine sachkundige Wahl zu treffen. Dabei müssen verhindert werden:
a) Praktiken des Betrugs oder der Täuschung,
b) die Verfälschung von Lebensmitteln und
c) alle sonstigen Praktiken, die den Verbraucher irreführen können.

Die Betonung liegt auf »irreführen *können*«. Das heißt, dass bereits die *Möglichkeit*, in die Irre geführt zu werden, dem Lebensmittelrecht zuwiderläuft.

Ähnlich kompromisslos und umfassend formuliert die Verordnung in Artikel 14 die »Anforderungen an die Lebensmittelsicherheit«, also an den Gesundheitsschutz. Dort steht:

(1) Lebensmittel, die nicht sicher sind, dürfen nicht in Verkehr gebracht werden.
(2) Lebensmittel gelten als nicht sicher, wenn davon auszugehen ist, dass sie a) gesundheitsschädlich sind.

Und weiter unter (4):

Bei der Entscheidung der Frage, ob ein Lebensmittel gesundheitsschädlich ist, sind zu berücksichtigen
a) die wahrscheinlichen sofortigen und/oder kurzfristigen und/oder langfristigen Auswirkungen des Lebensmittels nicht nur auf die Gesundheit des Verbrauchers, sondern auch auf nachfolgende Generationen,
b) die wahrscheinlichen kumulativen toxischen Auswirkungen,
c) die besondere gesundheitliche Empfindlichkeit einer bestimmten Verbrauchergruppe, falls das Lebensmittel für diese Gruppe von Verbrauchern bestimmt ist.

Diese ausdrücklich präventive Definition muss man im Zusammenhang mit Artikel 7 lesen, der das sogenannte »Vorsorgeprinzip« regelt. Danach können, wenn bei der Beurteilung der Gesundheitsschädlichkeit eines Lebensmittels oder Stoffes wissenschaftliche Unsicherheit besteht, vorsorgliche Schutzmaßnahmen getroffen werden, zum Beispiel Verbote von Zusatzstoffen, falls diese im Verdacht stehen, gesundheitsschädlich zu sein.

Das ernüchternde Fazit aus der Gesetzeslektüre lautet also: Auf dem Papier sind wir beim Einkauf im Supermarkt hervorragend geschützt, sowohl vor Täuschung als auch vor gesundheitsschädlichen Lebensmitteln. In der Praxis unserer regelmäßigen Supermarktbesuche sind wir jedoch rechtlos – und können uns noch nicht einmal dagegen wehren! Beim Gang durch die Regale ist deshalb nicht Vertrauen, sondern äußerstes Misstrauen angesagt. Misstrauen, wie es unsere Großmütter noch hatten: Iss nichts oder nur selten, von dem du nicht weißt, was drin ist und das nicht auf den ersten Blick zweifelsfrei wie ein Lebensmittel aussieht.

ZUSATZSTOFFE

Anzahl / Art

Die Anzahl der Zusatzstoffe in verarbeiteten Lebensmitteln ist seit 1993 von 265 auf derzeit rund 380 gestiegen. Die wichtigsten Klassen sind: Farbstoffe, Konservierungsmittel, Antioxidationsmittel, Emulgatoren, Verdickungsmittel, Säureregulatoren, Geschmacksverstärker, Süßungsmittel. Neben den Zusatzstoffen werden Verarbeitungshilfsstoffe eingesetzt, z. B. Antischaummittel, Antiklumpmittel, Entfärbungsmittel, Schmiermittel, Lösungsmittel, Klebemittel und Filterhilfsmittel. Zu den Verarbeitungshilfsstoffen gehören auch sogenannte »technische Enzyme« (Eiweiße, die der Beschleunigung chemischer Reaktionen dienen), um passgenau gewünschte Produkteigenschaften zu erzielen. Der Markt für diese vorwiegend gentechnisch hergestellten Enzyme wächst rasant.

Transparenz

Zusatzstoffe müssen in der Zutatenliste auf der Verpackungsrückseite angegeben werden. Sie werden entweder als E-Nummern (»E« steht für Europa) deklariert oder nur mit ihrer Klassenzugehörigkeit (z. B. Säuerungsmittel) und ihrer Bezeichnung (z. B. Citronensäure). Da E-Nummern abschreckend wirken, sind sie von den Zutatenlisten praktisch verschwunden.

Verarbeitungshilfsmittel, einschließlich der technischen Enzyme, müssen, wenn diese im Endprodukt nicht mehr aktiv sind, nicht deklariert werden. Da Enzyme die Eigenschaften eines Produkts steuern, trägt die Nicht-Deklarierungspflicht zur Intransparenz bei. Beispiele sind das Enzym Transglutaminase zum Aneinanderkleben von Fleischstücken bei der Herstellung von Formschinken oder Amylasen beim Backen von Brötchen, die für eine knusprige braune Kruste sorgen. Lose verkaufte Lebensmittel, zum Beispiel Wurst, Schinken, Käse oder Brot, müssen überhaupt keinen Hinweis auf Zusatzstoffe enthalten. Verbraucher müssen die Zutatenliste an der Theke erfragen. **»Clean Label«**: Hersteller lassen die Zutatenliste attraktiver erscheinen, indem sie angeben, welche Stoffe ein Produkt *nicht* enthält. Beispiel: »Ohne geschmacksverstärkende Zusatzstoffe«. Glutamat versteckt sich in solchen Fällen in anderen Zutaten, insbesondere in Hefeextrakt, und muss dann nicht in der Zutatenliste auftauchen.

Ökologischer Fußabdruck
Über den ökologischen Fußabdruck von Zusatzstoffen, Hilfsstoffen und Enzymen gibt es keine oder nur wenige zuverlässige Daten.

Gesundheit
In der EU ist seit 2003 die Europäische Behörde für Lebensmittelsicherheit (EFSA) für die gesundheitliche Bewertung von Zusatzstoffen zuständig. Eine Zulassung durch die EFSA heißt jedoch nicht, dass der jeweilige Zusatzstoff gesundheitlich grundsätzlich unbedenklich ist. Wie in den vergangenen Jahren deutlich wurde, können Süßstoffe vielerlei gesundheitlich nachteilige Wirkungen haben. Zahlreiche Zusatzstoffe sind auch deshalb bedenklich, weil die geschätzten aufgenommenen Mengen die empfohlene tägliche Höchstmenge (ADI, Acceptable Daily Intake) überschreiten.

Farbstoffe (E 100 bis 180): Sechs Farbstoffe müssen seit 2010 den Hinweis tragen: »Kann Aktivität und Aufmerksamkeit bei Kindern beeinträchtigen.« Darunter die Farbstoffe E 104 (Chinolingelb), E 110 (Gelborange) oder E 122 (Azorubin). Titandioxid (E 171) zum Weißen von Lebensmittel (z. B. bei Backwaren) ist seit 1. August 2022 wegen Verdacht der Erbgutschädigung verboten.
Konservierungsstoffe (E 200 bis 297): Zu ihnen gehören die Benzoesäure und ihre Abkömmlinge mit den Nummern E 210 bis 213. Beim Menschen lösen sie häufig Allergien aus (Asthma, Nesselsucht).
Nitrite (E 249 und 250): Eine hohe Aufnahme von Nitritpökelsalz, einem Konservierungsmittel für Fleischprodukte, ist mit einem erhöhten Magenkrebsrisiko verbunden.

Schwefeldioxid (SO2) und Sulfite (E 220 bis 228): Schwefeldioxid hat eine keimhemmende und farberhaltende Wirkung. Schwefeldioxid und Sulfite sind bekannte Auslöser von Unverträglichkeitsreaktionen.

Antioxidations- und Säuerungsmittel (E 300 bis 385) und Phosphate (E 338 bis 343): Es gibt einen bekannten Zusammenhang zwischen Phosphat in der Nahrung und Organverkalkung bei Patienten mit Niereninsuffizienz.

Citronensäure (E 330): Citronensäure, die ein typischer Zusatz von Süßwaren, Limonaden und Süßspeisen ist, greift den Zahnschmelz an.

Gallate (E 310 bis 314): Gallate sind farbstabilisierend, verhindern Fettverderb und schützen den Geschmack von Lebensmitteln vor Veränderungen durch Sauerstoff. Propylgallat und andere synthetische phenolische Antioxidantien haben östrogene und anti-östrogene Eigenschaften, die das Hormonsystem beeinflussen können.

Verdickungs- und Feuchthaltemittel (E 400 bis 495): Carrageen (E 407) emulgiert und stabilisiert Pudding, Brotaufstrich, Konfitüren, Desserts, Gelees, Eiscreme und Frischkäse. Der langfristige Verzehr von Carrageen in Lebensmitteln kann die Häufigkeit von Darmentzündungen erhöhen.

Polysorbate (E 432 bis 436): Sie sind künstliche Emulgatoren und können in Kuchen und Keksen, Eiscreme, Kaugummi, Süßigkeiten, Desserts, Suppen und Soßen sowie in pflanzlichen Milchersatzprodukten und Sahne enthalten sein. Polysorbate können das Risiko einer chronischen Darmentzündung erhöhen.

Geschmacksverstärker (E 600 bis 650) wie Glutaminsäure / Glutamate (E 620 bis 625): In höherer Dosis kann Glutamat bei empfindlichen Menschen das »China-Restaurant-Syndrom« auslösen: Schläfendruck, Kopfschmerzen, steifer Nacken. E 620 stimulierte in Tierversuchen zusätzlich die Fresslust. Geschmacksverstärker täuschen die Verbraucherinnen über die tatsächliche Qualität der Ware.

Süßstoffe (E 950 bis 962): Entgegen der landläufigen Meinung, man könne durch Süßstoffe wie von selbst abnehmen, sind sie gerade für Übergewichtige problematisch. Der Süßgeschmack löst eine Insulinaus-

schüttung aus (Pawlow'scher Reflex). Dadurch sinkt der Blutzuckerspiegel, und es stellt sich Hunger ein. Zudem gibt es eindeutige Hinweise darauf, dass der regelmäßige Konsum von Süßstoffen das Risiko von Stoffwechselkrankheiten wie Typ-2-Diabetes erhöht sowie ernst zu nehmende Bedenken, dass der Süßstoff Aspartam bei regelmäßiger Aufnahme Krebserkrankungen begünstigen kann.
Technische Enzyme: Technische Enzyme können Allergierisiken bergen. Die Allergierisiken zugelassener technischer Enzyme in Lebensmitteln sind noch nicht ausreichend erforscht.

Bio-Alternative[7]

Im Bio-Sektor sind nur etwas mehr als 50 Zusatzstoffe und gut 40 Verarbeitungshilfsmittel zugelassen. Süßstoffe, Stabilisatoren, synthetische Farbstoffe, künstliche Konservierungsmittel und künstliche Geschmacksverstärker sind vollständig verboten. Den niedrigsten Standard weist der EU-Bio-Standard auf, der auch den Einsatz von technischen Enzymen erlaubt. Bioland und Naturland erlauben nur 22 Zusatzstoffe, Demeter 19. Dennoch sind auch für Bio-Lebensmittel einige gesundheitlich kritische Zusatzstoffe zugelassen wie z. B. Nitrit, Carrageen und Citronensäure. Bei Demeter und Bioland sind die Zusatzstoffe Nitrit und Carrageen nicht erlaubt.

Wahlfreiheit

Die Wahlfreiheit ist sehr eingeschränkt. Verbraucher können nicht wissen, welche Zusatzstoffe problematisch sind. Beim Kauf von Bio-Produkten können die Verbraucherinnen die Aufnahme von Zusatzstoffen zumindest reduzieren, wenn sich auch gesundheitlich bedenkliche Zusatzstoffe nicht völlig vermeiden lassen. Allerdings sind die unterschiedlichen Standards der Anbauverbände verwirrend. Welche technischen Enzyme mit welcher Wirkung eingesetzt werden, bleibt völlig verborgen, da keine Deklarierungspflicht besteht. Der zunehmende Einsatz technischer Enzyme anstatt von deklarierungspflichtigen Zusatzstoffen schränkt die Wahlfreiheit noch weiter ein.

GÜTESIEGEL

Gütesiegel: Arten und Funktion

»Gütesiegel« für Lebensmittel haben das Ziel, die Qualitätsauswahl zu erleichtern. Es gibt staatliche Siegel, deren Standards gesetzlich kodifiziert sind, wie z. B. den Nutri-Score oder das Bio-Siegel. Manche Siegel sollen auch eine positive Lenkungswirkung entfalten, wie das Bio-Siegel, das die ökologische Landwirtschaft fördern soll. Darüber hinaus gibt es unzählige private Siegel ohne staatliche Vorgaben sowie Siegel, die vornehmlich der Werbung und nicht der Information dienen.

Die wichtigsten Siegel

Der **europaweite, staatliche, aber nur freiwillig anwendbare »Nutri-Score«** informiert mit einem Farbcode über den Gehalt an Fett, Salz,

Zucker, Fettsäuren, Ballaststoffen sowie den Anteil von Gemüse, Obst und Nüssen und damit über die **gesundheitliche Ausgewogenheit** eines Lebensmittels. Das dunkelgrüne »A« bewertet die gesundheitliche Ausgewogenheit am höchsten, das dunkelrote »E« am niedrigsten. Da der Nutri-Score noch nicht verbindlich ist, müssen Hersteller unausgewogener Nahrungsmittel ihn nicht verwenden. **Deshalb hat er als Siegel zwar Aussagekraft, aber nur geringe Lenkungswirkung.**

Das **»Regionalfenster«**: Das Siegel ist unter Mitarbeit des Bundesministeriums für Ernährung und Landwirtschaft entwickelt worden. Der Begriff »Region« ist nicht definiert, sie muss nur kleiner als Deutschland sein (d. h. Deutschland ohne Sylt wäre eine Region). Angegeben werden muss lediglich, aus welcher Region die Hauptzutat stammt. Bei verarbeiteten Lebensmitteln müssen nur 51 Prozent aus der genannten Region

kommen. »Aus der Region« oder »von hier« sind hingegen reine Werbebegriffe, die nichts über die tatsächliche regionale Herkunft aussagen. **Die Aussagekraft des Siegels ist sehr gering, ebenso die Lenkungswirkung.**

Die wichtigsten (europäischen) Siegel zur **Ursprungskennzeichnung** sind die **»geographisch geschützte Angabe«** (g. g. A.) und die **»geschützte Ursprungsbezeichnung«** (g. U.). Bei der g. g. A. muss nur *ein* Produktionsschritt in der genannten Region stattfinden. Schinken hergestellt mit im Schwarzwald geräuchertem Fleisch aus Dänemark darf sich deshalb Schwarzwälder Schinken nennen. Die **Aussagekraft ist deshalb irreführend.** Bei der geschützten Ursprungsbezeichnung müssen die *wichtigsten* Zutaten aus der Herkunftsregion des Produktes kommen (Beispiel Parmaschinken). Die **Aussagekraft ist deshalb besser.** Das Siegel **»garantiert traditionelle Spezialität«** (g. t. S.) lobt eine traditionelle Herstellungsweise aus. Die Aussagekraft ist oft beschränkt, weil »traditionell« durch betriebswirtschaftliche Zwänge aufgeweicht wird (vgl. g.t.s Heumilch im Kapitel 12).

»Bio-Siegel«: Für verpackte Lebensmittel gibt es ein EU-Bio-Siegel (zwölf weiße Sterne auf grünem Grund) und ein deutsches Bio-Siegel (sechseckiges, grün umrandetes Symbol mit weißem Hintergrund und stilisierter Aufschrift: BIO) sowie die Symbole unterschiedlicher Bio-Anbauverbände (z. B. Demeter, Bioland, Naturland). Die **Aussagekraft der Siegel und Symbole ist nicht umfassend,** weil nicht alle wichtigen ökologischen Parameter erfasst werden (z. B. Wasserverbrauch, Treibhausgase). Der Aufdruck des deutschen Bio-Siegels ist freiwillig und

kann gemeinsam mit dem EU-Bio-Siegel verwendet werden. Die Vielzahl der Bio-Siegel und Symbole der Anbauverbände ist verwirrend (vgl. Infobox »Bio«).

Das Siegel »**Ohne Gentechnik**« hat zwar **Aussagekraft, aber nur geringe Lenkungswirkung,** da rund 90 Prozent aller Fleisch- und Milch-

produkte von Tieren stammen, die mit (importierten) gentechnisch manipulierten Futtermitteln gemästet bzw. gezüchtet wurden. Eine spürbare Lenkungswirkung würde das Siegel nur entfalten, wenn die tierischen Produkte die Kennzeichnung »**mit Gentechnik**« tragen würden, da die Mehrheit der Verbraucherinnen den Einsatz von Gentechnik ablehnen.

Das bekannteste Siegel zu den **Arbeitsbedingungen,** unter denen international gehandelte Produkte erzeugt werden, ist »**Fair Trade**«. Internationale Fair-Trade-Standards sind u. a. Verbot von Kinderarbeit, Gesundheits- und Arbeitsschutzmaßnahmen, Verbot von Gentechnik, Förderung der Umstellung auf den Bio-Anbau, Anerkennung der Kernarbeitsnormen der Internationalen Arbeitsorganisation (ILO) der Vereinten Nationen. **Das Siegel hat Aussagekraft, die Lenkungswirkung ist gering.**

Tierschutz: Die Ampel-Koalition plant eine staatliche, freiwillig anwendbare »Tierhaltungskennzeichnung«, deren Parameter bei Redaktionsschluss noch nicht abschließend vorlagen. Das derart gekennzeichnete Fleisch wird mit einem Aufpreis verkauft, der eine verbesserte Haltungsform finanziert. Diese kommt also nur derjenigen

kleinen Gruppe von Tieren zugute, deren Fleisch die Kunden nachfragen. Das Siegel schließt auch nicht aus, dass Tiere an Krankheiten leiden, weil ein staatlich vorgeschriebenes Gesundheitsmonitoring der Tiere nicht Bestandteil der Kriterien ist.

2019 haben Einzelhandelskonzerne die **Kennzeichnung »HF«** eingeführt (HF steht für Haltungsform). Das Siegel unterteilt zwischen vier Haltungsstufen, wobei nur die Stufen 3 und 4 akzeptable Standards abbilden. Allerdings fragen die Kundinnen diese kaum nach.

Seit 2013 bietet der Deutsche Tierschutzbund das Kennzeichen »**Für Mehr Tierschutz**« an, das den Haltungsformen 3 und 4 entspricht. Diese Siegel **haben nur begrenzte Aussagekraft**, weil sie den Gesundheitszustand der Tiere nicht berücksichtigen.

Eierkennzeichnung: Die Eierkennzeichnung mit vier Stufen (0 = Bio; 1 = Bodenhaltung; 2 = Freilandhaltung; 3 = Kleingruppenhaltung, früher Käfighaltung) hat nur begrenzte Aussagekraft, weil der Gesundheitszustand der Tiere kein Kriterium ist. Die **Lenkungswirkung** ist bescheiden: Nur 13 Prozent der im freien Verkauf abgesetzten Schalen-Eier sind Bio (vgl. Infobox »Eier«).

Branchen-Nachhaltigkeits-Siegel: Das »**Marine Stewardship Council**« (**MSC**) beschreibt nachhaltigen Fischfang. Das Siegel wird kritisiert,  weil auch Fischereien mit hohem Beifang und selbst Fisch aus überfischten Beständen mit dem MSC-Siegel gekennzeichnet werden. Seine **Aussagekraft ist begrenzt**, seine **Lenkungswirkung gering** (vgl. Infobox »Fisch«).

Von der Industrie propagierte **Nachhaltigkeitssiegel** (z. B. »Eco-Score« von Lidl) haben **wenig Aussagekraft,** weil sie nur allgemeine Produkteigenschaften abbilden, z. B. nur den generellen Wasserverbrauch einer Gemüsesorte, aber nicht, ob das Anbaugebiet unter Wassermangel leidet. Der in Frankreich von der Regierung unterstützte **»Planet-Score«** ist zielgenauer. Generell leiden Nachhaltigkeitssiegel daran, dass sie nur eine geringe Lenkungswirkung haben (vgl. Bio-Siegel).

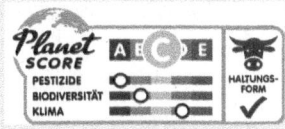

Siegel für Klima-Neutralität werden privat von der Lebensmittelindustrie verwendet. Die Definition von »Klima-Neutralität« beinhaltet nur, dass die bei der Herstellung des Produktes emittierten Treibhausgase durch die Speicherung von Treibhausgasen in gleicher Höhe an anderer Stelle (z. B. durch Aufforstung) kompensiert, aber nicht verringert werden. **Die Aussagekraft ist irreführend.**

Das europaweit gültige **V-Siegel** steht jeweils für **vegane und vegetarische Lebensmittel.** Vegetarische Produkte mit diesem Label werden ohne tierische Bestandteile hergestellt. Milch, Eier und Honig dürfen verwendet werden. Vegane Produkte mit dem V-Label verzichten auf sämtliche Zutaten tierischen

Ursprungs. **Beide Siegel besitzen Aussagekraft, die Lenkungswirkung dürfte begrenzt sein, wenn das Siegel auch zum Ziel hat, den Fleischkonsum zu verringern.**

Bekannte **allgemeine Qualitätssiegel** sind die **DLG-Prämierung und QS**. Die »Goldmedaille« der Deutschen Landwirtschaftsgesellschaft (DLG) dient vorwiegend der Absatzförderung und somit Werbezwecken. **Das QS-Siegel** dokumentiert die Erfüllung gesetzlicher Mindestanforderungen.

QS. Ihr Prüfsystem für Lebensmittel.

Fazit

Nur fünf von 17 Siegeln haben eine verlässliche Aussagekraft. Im Verbund mit zahlreichen privaten Siegeln, die Werbezwecken dienen, tragen Gütesiegel eher zur Unübersichtlichkeit als zur Transparenz bei. Keines der Siegel hat eine effektive Lenkungswirkung. Bio schützt nicht vor irreführenden Siegeln wie der Bio-Schwarzwälder-Schinken beweist.

QUALITÄTSTÄUSCHUNG

Ausgangslage

Umfragen bestätigen regelmäßig, dass Verbraucherinnen und Verbraucher die Qualität von Lebensmitteln beim Einkauf nicht einschätzen und damit auch nicht zwischen verschiedenen Qualitäten auswählen können. Ein wesentlicher Grund dafür ist, dass Aufmachung und Beschreibung von Produkten sehr oft täuschen. Dieser Zustand kollidiert mit den Grundsätzen des Lebensmittelrechts, das Täuschung und Irreführung bei der Aufmachung und Bezeichnung von Produkten verbietet.

Transparenz

Schwer verständliche Kennzeichnung von Zusatzstoffen / Verarbeitungshilfsstoffen

2800 chemisch, physikalisch oder gentechnisch gewonnene Aromen, 380 Zusatzstoffe und über 100 Verarbeitungshilfsstoffe finden in der EU Anwendung. Ihre Kennzeichnung in der Zutatenliste dürfte sich den wenigsten Menschen erschließen. Verarbeitungshilfsstoffe wie technische Enzyme müssen nicht deklariert werden, wenn sie im Endprodukt nicht mehr aktiv sind. De facto verändern sie jedoch die Produkteigenschaften, also deren Qualität, oftmals substanziell (vgl. Infobox »Brot«). Die Überprüfung ist schwierig, weil sehr viele Hersteller die Art der verwendeten Enzyme als Betriebsgeheimnis einstufen.

Irreführende Gesundheitswerbung

Zwar müssen sich Lebensmittelherstellerinnen seit 2012 ihre gesundheitsbezogenen Werbeaussagen (z. B. über zugesetzte Vitamine und deren Bedeutung für Gesundheit) genehmigen lassen und auch für nährwertbezogene Angaben wie »fettarm« gibt es Vorgaben. Doch welche Produkte die Hersteller mit dieser Werbung schmücken dürfen, ist bislang nicht geregelt. Gesundheitsbezogene Werbeaussagen sind somit auch für Produkte erlaubt, die eine ungesunde Nährwertzusammensetzung aufweisen, also z. B. sehr fett, salzig oder süß sind. Eigentlich hätte die EU schon 2009 Mindestanforderungen an die gesundheitliche Ausgewogenheit von Lebensmitteln beschließen müssen, die mit Gesundheitswerbung vermarktet werden dürfen (sogenannte Nährwertprofile). Als Grundlage könnten die von der WHO definierten Mindestanforderungen für ernährungsphysiologisch ausgewogene Lebensmittel herangezogen werden. Doch auf Druck der Lebensmittellobby ist die EU dieser Aufforderung bis heute nicht nachgekommen.

Unzureichende Nährwertkennzeichnung

Ob ein Lebensmittel »gesundheitlich ausgewogen« ist, lässt sich insbesondere bei verarbeiteten Lebensmitteln kaum erkennen. Die Nährwerttabellen mit Angaben zu Zucker, Fett, Salz oder Kohlenhydraten finden sich im Kleingedruckten auf der Rückseite der Verpackung. Für den Laien sind sie wenig verständlich und die Nährwertqualität verschiedener Produkte lässt sich nur schwer miteinander vergleichen. Wissenschaftliche Studien belegen, dass der Nutri-Score die verständlichste Form der Nährwertkennzeichnung ist. Jeder Mitgliedstaat kann den Nutri-Score bei der EU zur Zulassung anmelden, in Deutschland ist er seit 2020 anerkannt. Der Nutri-Score basiert auf einer fünfstufigen Farbskala von A (dunkelgrün) bis E (rot), ist allerdings bisher nur als freiwillig anwendbare Kennzeichnung zugelassen. Das bedeutet, Unternehmen, die unausgewogene Lebensmittel vertreiben, sind nicht verpflichtet, den Nutri-Score abzubilden (vgl. Infobox »Gütesiegel«).

Unleserliche Angaben in Mini-Größe

Die Angaben auf Verpackungen sind kaum zu entziffern. Wichtige Informationen wie Zutatenlisten und Nährwerte stehen nur schwer lesbar im Kleingedruckten, zum Teil wird die Lesbarkeit auch durch mangelnde Kontraste und geringe Zeilenabstände erschwert. In der 2014 in Kraft getretenen »EU-Lebensmittelinformationsverordnung« ist für Pflichtangaben eine Mini-Schrift von 1,2 Millimetern vorgesehen, bei kleinen Verpackungen sogar von nur 0,9 Millimetern (bezogen auf das kleine »x«).

Herkunftskennzeichnung

In verarbeiteten Lebensmitteln ist meist nichts über die Herkunft der Zutaten bekannt, für die allermeisten verarbeiteten Produkte muss das Herkunftsland der verwendeten Zutaten nicht angegeben werden.

Produktabbildungen

Abbildungen und Produktbezeichnung vermitteln auf der Schauseite häufig falsche Mengenverhältnisse der enthaltenen Zutaten, es werden sogar Zutaten abgebildet, die im Produkt gar nicht enthalten sind. Die Lebensmittelinformationsverordnung verbietet lediglich, dass eine Zutat beworben wird, die durch eine andere Zutat *vollständig ersetzt* wurde – etwa Aroma anstelle der Frucht. Sobald Herstellerinnen eine geringe Menge der Frucht hinzufügen, dürfen Fruchtabbildungen und -bezeichnungen genutzt werden.

Zutaten tierischen Ursprungs

Viele Lebensmittel werden mit Hilfe von Zutaten, Zusatzstoffen oder technischen Hilfsstoffen tierischen Ursprungs hergestellt – ohne dass dies sofort erkennbar wäre oder in allen Fällen erwartet würde (zum Beispiel Gelatine in der Herstellung von Apfelsaft).

Produktbezeichnungen

Täuschende Produktbezeichnungen sind lebensmittelrechtlich gestattet oder gewollt. Einige sind wohlklingende Phantasienamen, wie »Alpenmilch« oder »Bergbauernmilch«, die geduldet werden. Ein großer Teil der Produktbezeichnungen wird auch durch die beim Bundesministerium für Ernährung und Landwirtschaft (BMEL) angesiedelte Lebensmittelbuch-Kommission festgelegt. Sie erarbeitet Leitsätze dafür, wie Produkte bezeichnet und hergestellt werden sollten. Leitsätze haben gesetzesähnlichen Charakter. »Kirsch«-Tee ohne Kirschen, »Alaska-Seelachs« ohne Lachs oder »Ochsenschwanzsuppe« ohne Ochsenschwanz sind z. B. durch das Lebensmittelbuch erlaubte Produktbezeichnungen. Dennoch sind sie definitiv geeignet, Verbraucher über den eigentlichen Inhalt des Produktes zu täuschen.

Gütesiegel

Spezielle Gütesiegel, die die Herkunft oder Herstellungsweise von Produkten ausloben, weisen in der Mehrzahl auch gravierende Transparenzdefizite auf. Eine Ausnahme stellt das Nährwertsiegel »Nutri-Score« dar, dessen Lenkungswirkung jedoch dadurch eingeschränkt ist, dass Hersteller es nicht verpflichtend anwenden müssen und es Mitgliedstaaten verboten ist, das Siegel auf nationalstaatlicher Ebene verpflichtend einzuführen (vgl. Infobox »Gütesiegel«).

Gesundheit

Täuschungspraktiken und Intransparenz verstoßen nicht nur gegen das generelle Täuschungsverbot, sie unterminieren auch den rechtlich garantierten Gesundheitsschutz der Verbraucherinnen. Eine unzureichende Nährwertkennzeichnung oder eine Gesundheitswerbung für ernährungsphysiologisch unausgewogene Lebensmittel gefährdet die Gesundheit der Verbraucher.

Bio-Alternative

Ob Bio- oder konventionelle Produkte: Intransparenz und Täuschung durch unverständliche oder irreführende Kennzeichnung sind in beiden Fällen vergleichbar, denn sowohl Bio- als auch konventionelle Produkte unterliegen generell denselben gesetzlichen Kennzeichnungsvorschriften. Der Zusatzstoff- und Aromen-Dschungel ist im Bio-Sektor aufgrund der geringeren Anzahl von zugelassenen Zusatzstoffen, Aromen und Verarbeitungshilfsstoffen jedoch lichter.

Wahlfreiheit

Wäre Transparenz nur eine Frage der Menge an Informationen, gäbe es kein Transparenzproblem. Doch die unzähligen Facetten täuschender Informationen bei der Aufmachung und Auslobung von Produkten verstärken die Intransparenz und schränken die Wahlfreiheit der Verbraucherinnen signifikant ein. Die umfassende Täuschung trägt dazu bei, dass der Preis als Unterscheidungskriterium verschiedener Qualitäten außer Kraft gesetzt ist. Es ist offensichtlich, dass dieses Täuschungsarsenal nicht aufgrund der Verbraucher-Nachfrage etabliert worden ist, sondern durch übermäßigen Einfluss der Lebensmittelindustrie.

11. Fleisch + Wurst

In der oberfränkischen Marktgemeinde Hirschaid hat der Edeka-Konzern Anfang 2022 der Demokratie einen kleinen Dienst erwiesen – was allerdings die letzte seiner Absichten war: Weil es Streit gab um Edekas Pläne für eine riesige Lebensmittelfabrik, in der vor allem Fleisch verarbeitet werden sollte, kam es zum ersten Bürgerentscheid in der Geschichte des Orts. Die Befürworterinnen argumentierten mit angeblich »krisensicheren« gut 400 Arbeits- und Ausbildungsplätzen, mit den »schriftlich zugesicherten« Gewerbesteuern von 500 000 bis 600 000 Euro im Jahr und den Entwicklungschancen für den Ort in der Provinz; Edeka in Hirschaid – das sei »ein absoluter Glücksfall«, warb der Bürgermeister von der CSU. Viele Menschen in der 12 600-Einwohner-Gemeinde jedoch, von denen sich etliche in einer Bürgerinitiative sammelten, sorgten sich um zunehmenden Lkw-Verkehr, um unangenehme Gerüche, um Flächenversiegelung und multiresistente Keime im Abwasser.

Der monatelange Streit spaltete die Bürgerschaft, was sich schon an den verwendeten Begriffen zeigte: Während die Gegnerinnen der Ansiedlung stets von einer »Wurstfabrik« sprachen, benutzten die Fabrikfreunde die von Edeka eingeführte Bezeichnung »Frischemanufaktur«, weil dort neben Fleisch- und Wurstwaren auch Käse, Fisch, Salate, vegetarische und vegane Produkte produziert werden sollten. Mit Wörtern macht man Politik.

Aber nicht nur mit Wörtern. In der heißen Phase vor dem Bürgerentscheid half Edeka mit Gratis-Fressalien nach: Mit

Verkostungstüten, gefüllt mit Wurst und Würstchen, Käseaufschnitt und Antipasti, gingen Edeka-Helferinnen bei 5500 Haushalten von Tür zu Tür, und wer nicht zu Hause war, konnte sich das Geschenk im Wert von rund 15 Euro im örtlichen Edeka-Markt abholen. Ein klares Foulspiel gegen die mittellose Bürgerinitiative.

Es kam, wie es kommen musste: Eine klare Mehrheit der Bürger stimmte für die Ansiedlung, seither ist der Weg frei für einen riesigen Klotz auf einem fast 80 000 Quadratmeter großen Gelände. Die jährliche Produktionskapazität der Fabrik liegt bei 15 000 Tonnen Fleisch- und Wurstwaren – fast doppelt so viel wie die beiden alten Edeka-Fleischwerke bei Nürnberg und Würzburg leisten, die dichtgemacht werden, wenn der Neubau Anfang 2024 steht. Edeka rechnet damit, pro Tag etwa 350 Schweine und zehn Rinder zu verarbeiten, was eindeutig für eine veritable industrielle Wurst- und Fleischfertigung spricht und kaum für eine »Manufaktur«. Zumal in der Fabrik im Drei-Schicht-Betrieb und manchmal auch samstags gearbeitet werden soll.

Mag der Bürgerentscheid ein demokratischer Höhepunkt und »Glücksfall« für das kleine Hirschaid gewesen sein, für die Edeka Regionalgesellschaft Nordbayern-Sachsen-Thüringen bedeutet das Ja zur Wurstfabrik einen enormen Zuwachs an Marktmacht in der Region. Denn die Waren aus Hirschaid gelangen in rund 400 Supermärkte von Nord-Württemberg und Nordbayern über Thüringen bis nach Sachsen. Marktführer Edeka ist stramm auf Expansionskurs und seine geplante Wurstfabrik eine knallharte Kampfansage an die Metzgereien.

Laut dem Jahrbuch 2021 des Deutschen Fleischer-Verbands gibt es in Berlin und Hamburg nur noch vier bzw. sechs »fleischerhandwerkliche Verkaufsstellen« je 100 000 Einwohner, in Nordrhein-Westfalen sind es 14, in Niedersachsen 18. Dass der Wert im Bundesdurchschnitt 23 Verkaufsstellen pro

100 000 Einwohner beträgt, liegt an Regionen mit noch relativ vielen Metzgereien und ihren Filialen: In Baden-Württemberg beträgt die Metzger-Dichte 29 pro 100 000 Einwohner, in Sachsen 34, in Bayern 38, in Thüringen sogar 44. Und ausgerechnet dort, in den noch mit überdurchschnittlich vielen Metzgereien versorgten Regionen, bläst Edeka mit seiner neuen Wurstfabrik zum Angriff. Man könnte auch sagen: Edeka arbeitet daran, dass das Metzgereisterben mit hohem Tempo weitergeht. Allein zwischen 2010 und 2020 sank die Zahl der Fleischerhandwerksbetriebe bundesweit von 15 500 auf gut 11 200. Und der Schwund setzt sich seither unvermindert fort. Die Deutschen lieben Fleisch, aber sie strafen ihre Metzgerinnen mit dem Gang in den Supermarkt ab. Denn dort tätigen sie etwa 80 Prozent ihrer Fleisch- und Wursteinkäufe.

Die Metzgerei – ein Auslaufmodell

Nur rund hundert Kilometer entfernt von Hirschaid, im unmittelbaren Einzugsbereich der geplanten Wurstfabrik, hat Stefan Vider Ende 2021 im Städtchen Schwarzenbach an der Saale im Landkreis Hof in einer leerstehenden Metzgerei aus den 1970er Jahren eine »Fleischhauerei« eröffnet. Es ist eine Metzgerei im Retro-Design und mit Retro-Geist: ein einziger kleiner Raum mit elfenbeinfarbenen Kacheln bis zur Decke; eine 50 Jahre alte restaurierte Theke; an den Haken baumeln Würste, geräucherter Speck und auch schon mal Schweinsohren für den Hund; an der Wand Viders Meisterbrief im Rahmen und eine Tafel, auf der in Kreide die Namen und Dörfer der Landwirte stehen, von denen die Schweine und Rinder stammen – »Fam. Hofmann, Wölbersbach«, »Klaus Hager,

Großwendern«. Vider kennt sie persönlich, und natürlich auch ihre Ställe.

Stefan Vider, ein schlanker Enddreißiger, hat selbst lange Jahre als Meister und Fleischtechniker in einer großen Wurstfabrik gearbeitet, zuletzt in leitender Funktion. Er wurde unglücklich darüber. Es sei nur noch um Mengen gegangen, um Umsatz, Durchsatz, Tempo – und natürlich immer um den Preis. Er wolle seinen früheren Arbeitgeber nicht kritisieren, auch der habe nur im Sinne des Systems funktioniert. Und das mache Wurstfabrikanten nun mal zum »Knecht des Einzelhandels«.

Deshalb macht Stefan Vider jetzt so gut wie alles anders. »Wie früher.« Wo sich Edeka seiner 150 Wurstsorten rühmt, reichen ihm zwei bis drei Dutzend, frei nach dem Motto: »Lieber ein guter Bierschinken als 20 Sorten Lyoner.« Wo in den Supermärkten vakuumverpackter Aufschnitt und Fleisch liegen, die dank Begasung mit sogenannten Packgasen viele Wochen haltbar bleiben und farblich Frische vortäuschen, bietet Vider echte Frische: Von der kleinen Werkstatt bis zur Verkaufstheke sind es 15 Schritte. Ohnehin gehört der Satz »Das ist leider schon ausverkauft« zum festen Repertoire in der Metzgerei. Mehr als fünf, sechs Schweine und ein dreiviertel Rind pro Woche können Vider und seine Mitarbeiter nicht verschaffen, was nicht bedeutet, dass sein Angebot eintönig wäre: Fische aus den eigenen Weihern, frisch und geräuchert, mal Täubchen oder Stallhasen, Wild, »wenn's welches gibt«, Innereien, hin und wieder eine Rinderzunge am Stück, Wurst- und Fleischsalate. »Wir machen alles selbst, kaufen nichts zu. Wir bieten Hausmannskost, eben das schmale fränkische Sortiment«, sagt Vider und versichert stolz und in breitem Fränkisch: »Bei mir gibt's keine Party-Häppchen, keine Canapés, keine Tofu-Würste. Ich bin auch kein Fleischsommelier. Ich bin Metzger.«

Nicht mal als »bio« gekennzeichnete Ware gibt es in der Fleischhauerei. Er kaufe zwar manchmal ein Rind vom Bio-Bauern und zahle dem auch mehr dafür. Aber in seiner Theke liege das Fleisch nicht als Bio-Ware, sagt Vider: »Wenn du in einem Stall stehst, siehst du sofort, was gespielt wird, egal ob bio oder nicht. Und ich will dem konventionellen Bauern nicht durch unterschiedliche Auszeichnungen signalisieren, dass er das Falsche macht und schlechtere Ware liefert.«

Nicht alle Metzger sind wie Stefan Vider, und nicht alle Fleisch- und Wurstwaren in Supermärkten und Discountern sind über einen Kamm zu scheren. Aber beim Metzger, der Produzent und Verkäufer in einer Person ist, ist die Chance größer, frischeres, weniger wässriges, strukturierteres, fettmarmoriertes Fleisch zu bekommen als aus den Selbstbedienungskühltruhen bei Aldi bis Edeka. Und pauschal lässt sich auch behaupten, dass es den Tieren, die von Metzgerinnen bei Landwirten für einen bestimmten Verwendungszweck handverlesen werden, *bis* zur Schlachtung und *bei* der Schlachtung besser ergeht als jenen, die aus Massentierbetrieben in Mega-Schlachtfabriken à la Tönnies verfrachtet werden: weil die Transportwege zu regionalen Schlachthöfen meist kürzer sind; weil der qualitätsmindernde Stress für die Tiere in schnellgetakteten Schlachtfabriken mit 20 000 Schlachtungen am Tag größer ist. In einer Analyse des Deutschen Fleischer-Verbands (2020) gaben knapp 80 Prozent der befragten Metzgereien an, ihre Schweine direkt über Landwirtinnen oder indirekt über einen regionalen Schlachthof zu beziehen. Der von Stefan Vider ist nur 20 Kilometer entfernt, seine Landwirte in noch größerer Nähe. Nur: Dieses Modell ist ein Auslaufmodell. Die Konzentration im Lebensmitteleinzelhandel – vier Konzerne teilen sich rund 80 Prozent des Marktes[1] – geht einher mit einer hochkonzentrierten Schlachtindustrie,[2] in der ebenfalls vier große Unternehmen rund 60 Prozent des Marktes beherrschen. Die Folge: Es sterben nicht nur die Metzgereien, sondern mit ihnen die kleineren Schlachthöfe und die kleineren Bauernhöfe. Am Ende stehen veränderte Kulturlandschaften, weil es für kleinere Landwirtschaftsbetriebe unmöglich geworden ist, Tiere für die Fleischproduktion zu halten; am Ende stehen leere Schaufenster in den Innenbezirken der Städte, an deren Rändern Edeka & Co. siedeln, die von ihren konzerneigenen Fleisch- und Wurstwerken wie in Hirschaid beliefert werden oder von großen Schlacht- und Zerlegefabriken wie Tönnies, Vion, Westfleisch oder Müller Fleisch.

Ganz anders ist (noch) die Lage im Städtchen Schwarzenbach an der Saale am Rand des Fichtelgebirges, wo es außer der »Fleischhauerei« von Metzgermeister Vider noch drei weitere Metzgereien gibt, außerdem zwei Landwirte in den Nachbardörfern, die ihr Fleisch selbst vermarkten: Schwarzenbach zeigt, wie es einmal überall war und wie es heute nur noch in Ausnahmefällen ist. Vider selbst nennt es »guinessbuchrekordverdächtig«, dass sich in seinem Heimatstädtchen mit weniger als 7000 Einwohnerinnen vier Metzgereien behaupten. Und das trotz eines Edeka-Supermarkts am Ort. Und wenn der ein halbes Jahr lang Kampfpreise aufrufen und Werbung machen würde, wie Schwarzenbach es noch nie gesehen hat? »Und wenn sie ihr Fleisch und ihre Wurst verschenken!«, antwortet Vider selbstbewusst, »mich würde das nicht jucken, nullkommanull. Sie würden keinen einzigen Kunden abwerben.«

Stefan Vider ist Überzeugungsgründer. Er glaubt an die Macht der Qualität. Und die erschöpft sich für ihn nicht mit dem Braten selbst, mit der Wurst allein. Für ihn gehört auch Transparenz dazu. Deshalb hat er auf der Rückseite seiner Metzgerei eine Glastür eingebaut, durch die ihm jeder in den Brühkessel schauen kann. Deshalb gibt er in den sozialen Medien Einblicke in seine Arbeit und in die seiner Landwirtinnen und seines Viehhändlers. Auch die Work-Life-Balance seiner

Mitarbeiterinnen ist ihm wichtig, auch wenn er das nie so nennen würde: Seine »Fleischhauerei« hat nur von Mittwoch bis Samstag geöffnet. »Und bei mir steht kein Mitarbeiter bei zwei Grad Kälte in der Werkstatt, versteht noch nicht mal meine Sprache und geht nach zehn, zwölf Stunden Arbeit in ein heruntergekommenes Haus, wo er mit vielen anderen das Zimmer teilt.«

Man kann Stefan Viders kleine Fleischhauerei und das mit Metzgereien gesegnete Städtchen Schwarzenbach als nostalgischen Rückfall abtun. Aber viele Menschen lieben das. Wäre diese Sehnsucht irrelevant, würden die Handelskonzerne nicht alles versuchen, um sich genau jenes nostalgische Image anzueignen, dessen wahren Kern sie mit ihrer Marktmacht in der Realität selbst zerstören: Edekas geplante »Frische*manufaktur*«, die in Wahrheit eine industrielle Fleisch- und Wurstfabrik sein wird; Aldis Eigenmarke »meine Metzgerei« – Slogan: »Wie frisch vom Metzger« –, deren Produkte keineswegs aus einer Metzgerei stammen, sondern auch von Deutschlands größtem Schlachter Tönnies[3] (vor vielen Jahren brachte der Fleischer-Verband Aldi dazu, in der Werbung wenigstens auf Aussagen wie »Nach guter handwerklicher Tradition« oder »aus eigener Schlachtung« zu verzichten); den Begriff »regional«, den die Supermärkte so inflationär verwenden, dass man glauben könnte, Deutschland ernähre sich aus den nahen Ställen und Feldern einer kleinbäuerlichen Landwirtschaft – tatsächlich ist der Begriff »Region« gesetzlich weder definiert noch geschützt,[4] weshalb der Irreführung und Täuschung Tür und Tor offen stehen.

Die Mär vom »Tierwohl«

Wie man mit Wörtern Politik für die eigenen Interessen macht, wissen die »Big Four« nur allzu gut. Das schlagendste Beispiel dafür ist der Begriff Tierwohl. Kein Supermarkt, kein Discounter, der nicht behauptet, sich für das Wohl der Tiere einzusetzen – natürlich nur, bis sie getötet und zerlegt werden. Schon Anfang 2019 taten sich die großen Supermarktketten in der »Initiative Tierwohl« zusammen und zeichnen seither immer mehr Fleisch- und Wurstwaren – inzwischen sogar Milchprodukte – mit dem freiwilligen Label »Haltungsform« aus.[5] Es umfasst vier Kategorien von der roten Stufe 1 (»Stallhaltung«), die die gesetzlichen Mindeststandards verspricht, über die blaue Stufe 2 (»Stallhaltung plus«), die ein wenig mehr Platz und Beschäftigungsmaterial wie Eisenketten oder Strohkörbe bietet; die orangefarbene Stufe 3 (»Außenklima«) gewährt noch etwas mehr Platz sowie Frischluftkontakt (was nicht Auslauf bedeutet), während die grüne Stufe 4 (»Premium«) erneut das Platzangebot vergrößert und tatsächlich Auslauf im Freien erlaubt. (Bis auf wenige kleine Abweichungen ist das neue geplante staatliche Siegel von Landwirtschaftsminister Cem Özdemir eine Kopie der Tierwohl-Initiative.)

Diese Maßnahme der Supermarktketten zeigt einmal mehr, wie bescheiden die Wirkung auf das Kaufverhalten ist, wenn an die Freiwilligkeit appelliert wird: So entfielen auch drei Jahre nach Beginn der Handelsinitiative beim Schweinefleisch immer noch 22 Prozent der Verkäufe auf die unterste Stufe 1 und 68 Prozent auf Stufe 2 (Stand November 2021); mit anderen Worten: 90 Prozent des verkauften Schweinefleischs stammten von Tieren, deren Haltung dem gesetzlichen *Mindest*standard entsprach oder ein ganz klein wenig besser war. Ein ähnlich ernüchterndes Ergebnis beim Rindfleisch: 86 Prozent der gekennzeichneten Ware stammte aus der untersten

Stufe und ein Prozent aus Stufe 2. Die Zahlen sind ein Beleg dafür, dass kollektive Güter – und Tierschutz ist ein solches kollektives Gut – staatlicher Regulierung bedürfen. Gibt es die nicht, findet Tierschutz nach Gutsherrenart statt: Die Entscheidung (begüterter) Konsumenten bestimmt, ob Tiere gequält werden oder nicht. Würden wir Menschen akzeptieren, dass die Anwendung uns zustehender Rechte wie etwa Gesundheitsschutz von den privaten freiwilligen Entscheidungen Dritter abhängig ist?

Der Vorteil der freiwilligen Variante für den Handel liegt indes auf der Hand: Trotz gar keiner oder minimaler Verbesserungen für die Tiere können die Supermärkte jetzt hinausposaunen, sie würden sich fürs Tierwohl engagieren – denn das Logo der Tierwohl-Initiative prangt jetzt werbewirksam auf sehr vielen Verpackungen, selbst auf solchen, in denen Fleisch der Haltungsstufe 2 steckt. Es entsteht aber der Eindruck, überall sei Tierwohl drin. Ein grandioser Marketing-Trick der Händlerinnen.

Noch halbseidener wirkt ihre Initiative, wenn man weiß, dass der Begriff Tierwohl wissenschaftlich überhaupt nicht klar definiert ist. In einer umfangreichen Publikation des Umweltbundesamtes (2020) über den Lebensmitteleinzelhandel verwendet eine Autorin das Wort Tierwohl nur in Anführungszeichen, ihre Begründung: »In einer auf Leistungssteigerung und Effizienz ausgelegten Nutztierhaltung kann es ein wirkliches Tierwohl nicht geben.« Wohl wahr: Mastschweine, -rinder und -hühner, Zuchtsauen, Milchkühe und Legehennen leiden massiv, millionenfach und oft chronisch an entzündeten Herzen, Lungen, Klauen, Eutern, Bauchfellen, Lebern, an Knochenbrüchen, Lahmheiten, Stoffwechselerkrankungen, Fruchtbarkeitsstörungen ... (vgl. die Infoboxen auf den folgenden Seiten).[6] Die Wissenschaft spricht von »Produktionskrankheiten« bei Nutztieren, die ganz offensichtlich übernutzt werden, was ihre Krankheiten zum Ausdruck bringen. Deshalb liegt in den Truhen und Theken von Edeka & Co. (und natürlich auch bei manchen Metzgern) vielfach das Fleisch kranker Tiere.

Doch den Supermarktkonzernen ist es gelungen, mit viel PR-Aufwand einen völlig unscharfen Begriff – Tierwohl – zu etablieren, ihn als irreführendes Qualitätsmerkmal mit den eigenen Produkten zu verknüpfen und darüber hinaus mit einem weiteren, gänzlich ungeeigneten Begriff zu verbinden – mit den Haltungsbedingungen der Tiere.

Große Ställe – kranke Tiere

Seit vielen Jahren predigt Albert Sundrum, Tierarzt und Professor für Tiergesundheit an der Universität Kassel, dass allein die Art der Haltung von Nutztieren wenig bis gar nichts mit ihrem Wohlergehen zu tun hat. Wäre es so, müssten die etwas besseren Haltungsbedingungen auf Öko-Höfen dazu führen, dass die Tiere dort seltener krank werden als in konventionell wirtschaftenden Betrieben. Viele wissenschaftliche Studien belegten aber eindeutig, dass dies nicht der Fall ist, argumentiert Sundrum. Das zeigen pathologische Befunde in Schlachthöfen und Tierbeseitigungsanstalten. Ein paar Quadratzentimeter mehr Stallfläche, ein wenig Frischluft, ab und an Freigang unter offenem Himmel – und schon geht's den Tieren besser: In den Köpfen vieler deutscher Supermarktkundinnen – und gerade auch von Bio-Fleisch-Käufern – hat sich diese einfache, aber falsche Gleichung dank Dauer-PR des Handels eingegraben.[7]

Die Analogie mit einem lebensnäheren Bereich mag zum besseren Verständnis beitragen: Keine Eltern kämen auf die

Idee, dass sich die Unterrichtsqualität in der Schule ihrer Kinder und in der Folge auch deren Noten automatisch verbessern, wenn das Klassenzimmer vergrößert und die Kreidetafel durch ein digitales Whiteboard ersetzt wird. Keine Frage, Whiteboard und Quadratmeterzahl können Faktoren für einen besseren Unterricht und am Ende bessere Noten sein. Aber ob Lernen tatsächlich gelingt, hängt ab vom Zusammenspiel vieler weiterer Variablen, von den pädagogischen und didaktischen Fähigkeiten des Lehrers bis zur Zusammensetzung der Klasse nach Alter, Geschlecht, sozialem Hintergrund und Wissensstand, vom Schulklima bis zum Essen in der Mensa.

Ganz ähnlich ist es bei Landwirtinnen, die als »Stallmanager« das Zusammenleben fühlender intelligenter Wesen bestmöglich organisieren sollen, und das unter hohem Zeit- und Kostendruck. Nur weil in einem nach Exkrementen stinkenden Stall anstatt 1300 Mastschweinen 1000 oder 600 Tiere stehen, geht es ihnen nicht automatisch besser. Übersieht der Landwirt kranke und verhaltensgestörte Tiere oder fällt die Lüftungsanlage während brütender Sommerhitze für ein paar Stunden aus, hilft kein Beschäftigungsmaterial in Form von Plastikbällen, die von der Stalldecke hängen. Tierarzt Albert Sundrum nennt das Beispiel von Schweinen, denen Einstreu und Freilauf gegeben wird: Ihre Bedingungen sind auf den ersten Blick besser als in einem Stall mit Vollspaltenböden aus Beton – aber nur solange das Stroh frei von Schimmelpilzen ist; oder hochleistende Milchkühe: Der Gang auf die Weide ist artgerecht, kann die Tiere aber schwach und krank machen, wenn sie ihren Energiebedarf dort nicht decken können.

Nicht die äußeren Haltungsbedingungen, sondern die Gesundheitsdaten der Tiere, erfasst in jedem einzelnen Betrieb, ob bio oder konventionell, könnten gute von schlechter Arbeit mit Nutztieren unterscheiden, sagt Albert Sundrum. Das wäre echter fairer Wettbewerb um Qualität, der diejenigen Landwirtinnen belohnen würde, deren Tiere seltener krank sind und weniger leiden. Die Währung im Wettbewerb wären harte Gesundheitsdaten. Es wäre der Anfang vom Ende von »Tierwohl«, »tiergerechter Haltung«, von »Hofglück-Schweinen« (Edeka) und anderem Supermarktgeschwurbel.[8]

Tiere als Ausschussware

Wie dramatisch es in vielen Ställen wirklich zugeht, darauf hat der Bio-Landwirt und bayerische Landtagsabgeordnete Paul Knoblach im Juni 2022 ein Licht geworfen. Aus den Antworten auf seine Anfragen im Landtag stellte Knoblach folgende Zahlen zusammen: In Bayern, dem Eldorado für Weißwurstesser und Schweinshaxenliebhaberinnen, wurden 2019 4,7 Millionen Schweine geschlachtet; zusätzlich landeten im selben Jahr gut eine Million Schweine in einer der fünf Tierkörperbeseitigungsanstalten Bayerns: weil sie tot geboren wurden, weil sie durch Krankheit, Schwäche oder Unfall zu Tode kamen oder aus diesen Gründen getötet wurden. Eine Million Schweine, die nicht geschlachtet und zu Lebensmitteln verarbeitet wurden, weil sie zuvor verendeten und in vielen Fällen lange litten. Ähnliche Zahlen bei den Rindern: Gut 950 000 geschlachteten Tieren standen im Jahr 2019 rund 220 000 sogenannte Falltiere in den Tierkörperbeseitigungsanlagen gegenüber. In einer Pressemitteilung fasste Landwirt Knoblach die Ergebnisse so zusammen: »Jedes fünfte Tier verendet in Bayern vor der Schlachtung.« Es sei nicht hinnehmbar, dass so viele Schweine und Rinder sozusagen im Abfall landeten.

Natürlich konterte der Bayerische Bauernverband. Es handle sich um eine »bösartige Irreführung« und »willkürlich kombinierte Statistiken ohne Fachwissen«. Seither wird darüber gestritten, welche Zahlen wie zu interpretieren sind, ob totgeborene Tiere die Statistik verfälschen und ob sie den Landwirten überhaupt zuzurechnen sind.

Doch selbst wenn der »wahre« Prozentsatz verendeter und notgetöteter Nutztiere am Ende halb so groß wäre, verweist er auf ein grundsätzliches Problem. »Wir müssen das System ändern«, findet Bio-Bauer Knoblach und fordert mehr tierärztliches Personal, eine systematische Rückverfolgung von den Tierkörperbeseitigungsanlagen an die Höfe sowie eine verpflichtende Tiergesundheitsdatenbank und mehr Forschung über die Todesursachen der Tiere.

Keine Schraubenfabrikantin und kein Hersteller von Dichtungsringen würde hinnehmen, dass ein Fünftel oder auch nur zehn Prozent ihrer Schrauben oder Dichtungsringe Ausschuss sind. Sie würden Himmel und Hölle in Bewegung setzen und sämtliche Produktionsprozesse auf den Prüfstand stellen, um das Missverhältnis zwischen Input (Material, Energie, Arbeitszeit, Ideen) und Output (funktionstüchtige Schrauben oder Dichtungen) zu verbessern.

Bei Nutztieren gelten offensichtlich andere Maßstäbe, jedenfalls im herrschenden System, das vom beinharten Preiskampf der Supermärkte um das billigste Schnitzel und die günstigste Grillwurst geprägt ist. Gut geht es den Nutztieren vor allem in der Markenwelt der »Tierwohl«-Initiative, und sehr gut geht es ihnen auf dem Papier. Zum Beispiel im Grundgesetz, wo sie seit immerhin 20 Jahren den Schutz des Artikels 20a genießen, nicht weit entfernt von der Menschenwürde, der Gewissensfreiheit, der Versammlungs- und Berufsfreiheit und noch vor dem Bekenntnis zu einem vereinten Europa. Oder im Bürgerlichen Gesetzbuch, das ihnen seit mehr als 30 Jahren zugesteht, »keine Sachen« zu sein und folglich »durch besondere Gesetze geschützt (zu) werden«. Oder im Vertrag der Europäischen Union von Lissabon, der anerkennt, dass Tiere fühlende

Wesen sind und dass die EU und ihre Mitgliedstaaten die ethische Verpflichtung haben, Misshandlungen, Schmerzen und Leiden zu verhüten. Um diese schönen Worte in die Praxis der Landwirtschaft zu bringen, braucht es endlich ein europäisches Tierschutzgesetz, das die Vorgaben der europäischen Verträge ernst nimmt.[9]

RINDFLEISCH

Angebot / Qualitäten

Es gibt auf Fleisch- sowie auf Milchleistung gezüchtete Rassen. Fast ein Drittel des Rindfleischs stammt von ausgemusterten Milchkühen, die vor allem zu Hackfleisch verarbeitet werden. Rinderrassen mit hoher Fleischqualität und ausgezeichnetem Geschmack wie Angus-Rind oder Hereford sind im Handel nur selten zu haben. Die Qualität des Rindfleisches hängt auch von der betriebsindividuellen Haltung und Behandlung durch Fachpersonal ab (Auslauf, Bewegung, »Abhängen« des Fleischs).

Transparenz

In Deutschland betrug der Verzehr von Fleisch im Jahr 2020 rund 57 Kilogramm pro Kopf, davon entfallen knapp zehn Kilo auf Rindfleisch. Die Vorstellung, dass man beim »Metzger seines Vertrauens« einkauft, der weiß, woher die Tiere kommen und wie es ihnen dort erging, ist in aller Regel eine Illusion. Heute schlachten nur noch rund 3500 Metzgereien selbst. Angaben über die Fleischsorte an der Theke, z. B. ob es sich um Kuhfleisch oder Ochsen- bzw. Bullenfleisch handelt, sind freiwillig.

Ökologischer Fußabdruck / Tierhaltung

Der Klimaeffekt der Rindfleischproduktion variiert stark, da er vom Geschlecht bzw. der Haltungsform abhängt. Mit 4 bis 6 kg CO_2-Äquiv. / kg Fleisch ist der Klimaeffekt des Fleisches von ausgemusterten Milchkühen am geringsten, weil die Treibhausgase auf die Fleisch- und Milchproduktion aufgeteilt werden. Fleisch aus der Bullen- bzw. Ochsenmast erreichen Werte von 12 bis 14 kg CO_2-Äquiv. / kg Fleisch. Diese Werte entsprechen einer Autofahrt (Basis 95 g CO_2 / km) zwischen 126 und 147 km.

Zu den Grundbedürfnissen von Rindern gehören das Erkunden ihrer Umgebung, das Galoppieren und Grasen, das Ruhen, die Körperpflege sowie vielfältige soziale Verhaltensweisen. In der Intensivhaltung wird den Tieren das Ausleben vieler dieser Bedürfnisse unmöglich gemacht, weshalb sie erkranken. Zu den häufigsten Erkrankungen gehören Entzündung der Klauenlederhaut und der Verdauungsorgane, Stoffwechselerkrankungen, Deformationen der Gelenke durch einen herabgesetzten Knochenanteil und Lungenprobleme. Diese Befunde variieren stark von Betrieb zu Betrieb.

Menschliche Gesundheit

Die Weltgesundheitsorganisation empfiehlt, nicht mehr als 300 bis 600 Gramm Fleisch wöchentlich zu verzehren. 600 Gramm pro Woche entsprechen etwa der Hälfte des in Deutschland verzehrten Fleisches. Die Deutschen essen mithin doppelt so viel Fleisch, wie es aus gesundheitlichen Gründen geboten ist.

Bio-Alternative

In der ökologischen Rindermast verfügt das Tier über mehr Bewegungsraum und Freiluft. Auch in der Öko-Haltung werden Hochleistungsrassen eingesetzt, die auf maximale Milch- bzw. Fleischleistung gezüchtet und damit besonders anfällig für Erkrankungen sind. Ein staatliches Gesundheitsmonitoring existiert auch in der Öko-Haltung nicht, so dass die Tiere in beiden Haltungsformen häufig krank sind und Schmerzen erleiden. Vorteile hat die ökologische Produktion durch den Verzicht auf Pestizide und Mineraldünger in der Futtermittelproduktion. Die Treibhausgasemissionen beider Haltungsformen unterscheiden sich nicht wesentlich und liegen zwischen 4 bis 16 kg CO_2-Äquiv. / kg Fleisch.

Wahlfreiheit

Die Wahlfreiheit ist stark eingeschränkt. Informationen über Rasse, Haltung, Fleischqualität und Ökologie sind unzureichend. Je nach Fleischsorte variiert der Klimaeffekt stark, ohne dass man dies erfährt. Schmerzen und Leiden der Tiere kann die Kundin weder beim Kauf von konventionellem noch von Bio-Rindfleisch ausschließen.

SCHWEINEFLEISCH

Angebot / Qualitäten

In Deutschland gibt es rund 21 Millionen Mastschweine. Seit 2005 ist Deutschland Nettoexporteur von Schweinefleisch. Der Exportanteil stieg zwischen 1997 und 2020 von sieben auf 47 Prozent. Hauptabnehmer ist China, gefolgt von Italien. Die am meisten verbreitete Rasse ist die »Deutsche Landrasse«, alte robuste Schweinerassen (z. B. Duroc, Bunte Bentheimer, Schwäbisch Hällische) mit besonderer Fleischqualität spielen im Supermarkt-Angebot keine Rolle. Von 57 kg durchschnittlichem Fleischkonsum pro Kopf in Deutschland entfallen 33 kg bzw. 58 Prozent auf Schweinefleisch.

Transparenz

Der »Metzger des Vertrauens«, der weiß, woher die Tiere kommen und wie es ihnen dort erging, ist in aller Regel eine Illusion. Heute schlachten nur noch rund 3500 Metzgereien in Deutschland selbst.

Ökologischer Fußabdruck / Tierhaltung

Die Landwirtschaft stößt etwa so viele Treibhausgase aus wie der Verkehrssektor, 75 Prozent davon entfallen auf die Tierhaltung. Die Menge der Treibhausgase (Kohlendioxid, Lachgas und Methan) einschließlich der Futtermittelproduktion beträgt rund 3 kg CO_2-Äquiv. / kg Schweinefleisch. Damit belastet die Schweinefleischproduktion das Klima deutlich geringer als die Rindfleisch- oder Milchproduktion.
In der Schweinemast werden Ringelschwänze gestutzt und Muttersauen in engste Käfige (»Kastenstände«, »Ferkelschutzkörbe«) gepfercht. Über 90 Prozent der Mastschweine werden auf Vollspalten- bzw. Teilspaltenböden gehalten. Bei Vollspaltenböden liegen die Schweine ausschließlich auf Betonboden, in den Spalten als Durchlass für Kot und Harn eingezogen sind. Der Anteil von Vollspaltenböden hat in der Vergangenheit zugenommen. Schweine werden auf beschleunigtes Wachstum und maximale Muskelmasse gezüchtet, was ihre jungen

Tierkörper stark belastet. Atemwegs- und schmerzhafte Gelenkserkrankungen, Verletzungen an den Klauen, Stoffwechsel- und Verhaltensstörungen gehören zum Alltag. Da es kein staatliches Gesundheitsmonitoring gibt, leiden die Tiere oft an Krankheiten und Schmerzen. Der Umfang der Krankheiten variiert stark von Betrieb zu Betrieb.

Menschliche Gesundheit

Die Weltgesundheitsorganisation empfiehlt, nicht mehr als 300 bis 600 Gramm Fleisch wöchentlich zu verzehren. Die Deutschen essen doppelt so viel Fleisch, wie es aus gesundheitlichen Gründen geboten ist.

Bio-Alternative

Der Anteil von Öko-Schweinen am Gesamtbestand beträgt nur ein (!) Prozent. In der Öko-Schweinemast verfügt das Tier über mehr Bewegungsraum und Freiluft. Maximal 50 Prozent der Bodenfläche dürfen Spaltenboden sein. Auch die ökologische Haltung nutzt Hochleistungsrassen mit maximalem Fleischwachstum. Da es kein staatliches Gesundheitsmonitoring für die Tierhaltung gibt, leiden die Tiere in vergleichbarem Ausmaß unter Produktionskrankheiten wie in konventioneller Haltung. Vorteile hat die ökologische Produktion durch geringeren Einsatz von Antibiotika sowie den Verzicht auf Pestizide und Mineraldünger in der Futtermittelproduktion. Die Treibhausgasemissionen liegen mit 2 kg CO_2-Äquiv. / kg Schweinefleisch etwas niedriger als in der konventionellen Produktion (3 kg CO_2 Äquiv. / kg Fleisch).

Wahlfreiheit

Die Wahlfreiheit ist stark eingeschränkt. Die Informationen über Herkunft, Rasse, Geschmack, Haltung, Fleischqualität und Ökologie, die man im Supermarkt erhält, sind unzureichend. Wer Schweinefleisch kauft, muss sich über die negativen ökologischen Auswirkungen der Produktion sowie Schmerzen und Leiden der Tiere bewusst sein, auch bei Bio.

MASTHÜHNER

Angebot / Qualitäten

7,5 kg (13 Prozent) des gesamten Fleischkonsums von 57 kg / Kopf entfallen auf Geflügelfleisch. Es ist die nach Schweinefleisch (33 Prozent) und vor Rindfleisch (zehn Prozent) am zweithäufigsten verzehrte Fleischsorte. Der Konsum teilt sich auf in 68 Prozent Masthühnchen, 26 Prozent Pute und sechs Prozent Ente und Gans. Anders als bei Legehennen, die auf maximale Legeleistung gezüchtet werden (vgl. Infobox »Eier«), ist beim Mastgeflügel die maximale Fleischleistung das Ziel. In der konventionellen Mast werden sehr schnell wachsende Hybridlinien eingesetzt, in der Öko-Mast kommen langsamer wachsende Linien zum Einsatz. Masthühner wachsen heute viermal so schnell wie früher: Brauchte ein Tier in den 1950er Jahren noch 120 Tage, um 1,5 Kilogramm auf die Waage zu bringen, erreichen heutige Masthybriden dieses Gewicht bereits nach 35 Tagen (Bio: Schlachtgewicht nach rund 70 Tagen). Eine Auswahl zwischen verschiedenen Rassen mit entsprechender Geschmacksvielfalt gibt es nur selten.

Transparenz

Masthühner werden in vier Produktionsstufen in jeweils hochspezialisierten Betrieben industriell »hergestellt«: **Basiszucht**: Die Betriebe erzeugen die Elterntierküken und verkaufen sie an Vermehrungsbetriebe. **Vermehrungsbetrieb**: Hier wachsen die Elterntierküken auf. Die dabei entstehenden befruchteten Eier werden an die Brütereien verkauft. Dort werden die befruchteten Eier der Elterntiere ausgebrütet. Männliche und weibliche Küken werden an Mastbetriebe geliefert. **Mastbetrieb**: Die Masthühner werden bis zur Mastreife gemästet.

An der Frischetheke ist die **Herkunft** der Masthühner in der Regel nicht angegeben und muss erfragt werden. Lediglich auf abgepackter Ware muss die Herkunft vermerkt sein. Auf verpackter Ware ist die **Haltungsform**, die in vier Stufen eingeteilt ist, angegeben. Nicht der Staat hat

dieses System entwickelt, sondern die Einzelhandelskonzerne.
Stufe 1: gesetzlicher Mindeststandard.
Stufe 2: zehn Prozent mehr Platz und Spielmöglichkeiten.
Stufe 3: noch mehr Platz und Frischluft-Kontakt.
Stufe 4: Auslaufmöglichkeiten im Freien.
Das System ist freiwillig, nicht verbindlich und unterliegt keiner staatlichen Kontrolle.

Ökologischer Fußabdruck / Tierschutz

Der ökologische Fußabdruck (Ressourcenverbrauch) der Geflügelmast ist im Vergleich zur Schweine- und Rindfleischproduktion am geringsten. Der Treibhausgasausstoß beträgt rund 2 kg CO_2-Äquiv. / kg Fleisch. Da es kein staatliches Gesundheitsmonitoring gibt, leiden die Tiere oft an Krankheiten und Schmerzen. Hohe Besatzdichten führen dazu, dass sich die Tiere gegenseitig verletzen. Um das zu vermeiden, wird Putenküken in der konventionellen Haltung meist der Schnabel gekürzt – fast immer betäubungslos. Die inneren Organe und das Skelett der Tiere können dem Muskelwachstum kaum standhalten mit der Folge schmerzhafter Erkrankungen und Verletzungen. In der konventionellen Mast werden deutlich mehr Antibiotika eingesetzt als in der Schweine- und Rindermast. Aufgrund der durch den Antibiotikaeinsatz entstehenden Resistenzen setzen die Mäster mittlerweile verbreitet »Reserve-Antibiotika« aus der Humanmedizin ein, mit dem Risiko der Resistenzbildung auch gegen diese Reserveantibiotika. Reserveantibiotika müssten jedoch für schwerste Krankheitsverläufe in der Humanmedizin »reserviert« bleiben.

Gesundheit

Die Weltgesundheitsorganisation empfiehlt, nicht mehr als 300 bis 600 Gramm Fleisch wöchentlich zu verzehren. 600 Gramm pro Woche entsprechen etwa der Hälfte des in Deutschland verzehrten Fleisches. Wissenschaftlich strittig ist, ob »weißes« Fleisch (Geflügel) weniger ungesund ist als »rotes« Fleisch (Schwein und Rind).

Bio-Alternative

Der Marktanteil von Bio-Geflügel beläuft sich auf weniger als drei Prozent. Öko-Masthühner werden mit ökologisch erzeugten Futtermitteln gemästet. Die Futtermittel dürfen – anders als in der konventionellen Mast – nicht gentechnisch verändert sein. Der Einsatz von Antibiotika ist viel restriktiver als in der konventionellen Haltung. Öko-Puten und -Hühnchen werden langsamer gemästet, für sie sind zehn Quadratmeter Grünauslauf pro Pute und vier Quadratmeter pro Masthühnchen vorgeschrieben. Im Stall sind nicht mehr als zehn Tiere pro Quadratmeter zulässig. Obwohl die Tiere in der Öko-Produktion mehr Platz haben und langsamer wachsen, ist ihr Gesundheitszustand (Knochenbrüche, Verletzungen durch Picken und Kannibalismus) vergleichbar mit dem in konventionellen Betrieben. Ein staatliches Gesundheitsmonitoring existiert auch in der Bio-Haltung nicht.

Bio-Geflügel und konventionelles Geflügel verursachen in etwa gleich hohe Treibhausgasemissionen, aber es gibt beträchtliche Unterschiede zwischen den Betrieben. Die langsamer wachsenden Öko-Rassen mit weniger effizienter Futterverwertung verursachen tendenziell höhere Emissionen.

Wahlfreiheit

Die Wahlfreiheit ist eingeschränkt. Auch beim Kauf von Bio-Geflügel gibt es keine Garantie, dass es den Tieren gut ging und sie ein schmerzfreies Dasein fristeten. Der massive Antibiotikaeinsatz in der konventionellen Mast bleibt verborgen. Das Europa-Parlament hat im September 2021 einen Antrag, den Einsatz von Reserve-Antibiotika in der Tiermast zu beschränken, zurückgewiesen.

WURST

Angebot / Qualitäten

Man unterscheidet Brühwürste (ca. 800 Sorten, die Rohmasse wird gebrüht – z. B. Wiener Würstchen), Kochwürste (ca. 350 Sorten, sie werden aus vorgekochtem Fleisch hergestellt – z. B. Blutwurst) und Rohwürste (ca. 500 Sorten, sie bestehen aus rohem Rind-, Schweine- oder Lammfleisch – z. B. Salami). Knapp die Hälfte des jährlichen Fleischkonsums von 57 kg / pro Kopf entfällt auf Würste.

Transparenz

Wer beim »Metzger seines Vertrauens« eine Wurst kauft, kann nicht davon ausgehen, dass sie dort auch handwerklich hergestellt wurde. Es gibt keine Pflicht, vom Großhandel zugekaufte Ware zu kennzeichnen. Über die **Herkunft / Qualität** des in den Würsten enthaltenen Fleisches erhält die Kundin keine Informationen, weder in verpackter noch in loser Ware. Auch wenn die Wurst das Herkunftssiegel »geographisch geschützte Angabe« (g. g. A.) trägt wie z. B. die »Thüringer Rostbratwurst«, heißt das nicht, dass das Fleisch aus Thüringen kommen muss (vgl. Infobox »Gütesiegel«). **Herkunft von »Wurstpellen«:** Die Haut von Würsten besteht je nach Sorte aus Natur- oder Kunstdärmen. Die Herstellung von Naturdärmen ist in Deutschland mittlerweile zu teuer. Naturdärme werden deshalb importiert, vor allem aus Syrien, Ägypten, Iran, Afghanistan und China. **Separatorenfleisch:** In der Wurstproduktion wird auch Separatorenfleisch eingesetzt. Es besteht aus maschinell von Knochen gelösten Fleischresten vom Schwein und Geflügel, gilt jedoch lebensmittelrechtlich nicht als Fleisch, weil durch maschinelle Behandlung die Muskelstruktur zerstört wird. Die Verwendung von Separatorenfleisch von Rind, Schaf oder Ziege ist seit der BSE-Krise verboten. Schätzungen gehen davon aus, dass in Deutschland jährlich 70 000 Tonnen Separatorenfleisch (Schwein / Geflügel) anfallen, das 20 bis 30 Prozent billiger ist als echtes Fleisch. Es muss auf der Verpackung von Lebensmitteln (z. B. in Brühwürsten, Leberkäse, Fleischpasten etc.) angegeben werden. Obwohl gesetzlich vorgeschrieben, geschieht dies äußerst selten. Im Labor kann Separatorenfleisch wegen der nicht mehr vorhandenen Muskelstruktur nicht sicher identifiziert werden. Mehrere 10 000 Tonnen Separatorenfleisch bleiben deshalb jedes Jahr »verschollen«.

Täuschungsmethoden

Wie bei kaum einem anderen Produkt können Verbraucher bei der Wurst getäuscht werden, weil sie das Strecken der Wurst mit Wasser, die Zugabe von Separatorenfleisch ohne Kennzeichnung und generell die Qualität des Fleisches nicht erkennen können. Zusatzstoffe müssen nur auf verpackter Ware gekennzeichnet werden. An der Frischetheke muss die Kundin nach der Kladde fragen, in der die Zusatzstoffe aufgelistet sind. Dies ist unzumutbar und alles andere als transparent.

Ökologischer Fußabdruck / Tierschutz

Die Produktion von Fleisch ist mit einem hohen Treibhausgasausstoß verbunden. Die Produktion von Schweine- und Geflügelfleisch ist weniger treibhausgasintensiv als die von Rindfleisch.

Der Tierschutz ist bei der Herstellung aller Fleischsorten ungenügend. Die auf maximale Fleischleistung gezüchteten Rassen leiden unter »Produktionskrankheiten« wie z. B. Knochenbrüchen.

Gesundheit

Der Verzehr von verarbeitetem Fleisch erhöht das Risiko, an Darmkrebs zu erkranken. Verarbeitet ist Fleisch dann, wenn es durch Salzen, Pökeln, Räuchern oder Fermentieren haltbar gemacht wurde, wie bei Schinken, Wurst, Corned Beef, Dosenfleisch und Trockenfleisch. Polyzyklische aromatische Kohlenwasserstoffe, die vor allem in geräucherten Fleischwaren vorkommen, sowie heterozyklische aromatische Amine, die entstehen können, wenn das Fleisch stark erhitzt wird, bergen gesundheitliche Risiken. Zu den gesundheitlich bedenklichen Zusatzstoffen gehören insbesondere E 250 – Natrium-Nitrit und Phosphat.

Aus Nitrit können im Körper Nitrosamine entstehen. Wahrscheinlich sind sie krebserregend. Phosphat, das als Stabilisator eingesetzt wird, steht im Verdacht, Nieren und Knochen zu schädigen.

Bio-Alternative

Das Fleisch in Bio-Würsten stammt aus ökologischer Tierhaltung. In Bio-Würsten darf kein Separatorenfleisch verwendet werden, und es darf nur eine signifikant geringere Anzahl von Zusatzstoffen eingesetzt werden. Allerdings verwenden auch einige Bio-Hersteller den Zusatzstoff E 250, Natrium-Nitrit. Die Herkunft des Fleisches ist ebenso intransparent wie bei konventionellen Produkten. Auch die Haut einer Münchner Bio-Weißwurst kann aus China kommen, ohne dass man dies beim Einkauf erfährt. Der Tierschutz ist wegen der auch in der Öko-Landwirtschaft eingesetzten Hochleistungsrassen und den damit einhergehenden Produktionskrankheiten ungenügend. Die gesundheitlichen Gefahren eines hohen Wurstkonsums bestehen auch bei Bio-Würsten.

Wahlfreiheit

Die Wahlfreiheit für die Verbraucherin ist durch beträchtliche Intransparenz über Herstellung, Inhaltsstoffe, Herkunft etc. sehr eingeschränkt. Auch einige Bio-Hersteller verwenden den gesundheitlich bedenklichen Zusatzstoff Natrium-Nitrit. Wie bei kaum einem anderen Lebensmittel müssen Verbraucherinnen und Verbraucher beim Kauf den Herstellern und dem Handel vertrauen, weil sie wichtige Qualitäten nicht nachprüfen können.

SCHINKEN

Angebot / Qualitäten

»Schinken« besteht meist aus der Keule des Schweines. Schinken wird gepökelt, gebrüht, gebraten, getrocknet oder geräuchert. Bekannte deutsche Schinken sind der Westfälische Knochenschinken oder der Schwarzwälder Schinken. Bekannte luftgetrocknete Schinken sind Serrano-Schinken (Spanien) und Parma-Schinken (Italien). Der Schinken-Konsum pro Kopf beträgt 4,3 kg pro Jahr (2020) oder acht Prozent des Fleischkonsums in Deutschland.

Transparenz

Da Schinken verarbeitetes Fleisch ist, muss die Herkunft nicht angegeben werden. Das am häufigsten verwendete Herkunftssiegel »g. g. A.« (geographisch geschützte Angabe), das auch den Schwarzwälder Schinken schmückt, ist irreführend. Denn nur ein Produktionsschritt muss am ausgelobten Herkunftsort stattfinden. Deshalb darf sich ein Schinken, dessen Fleisch aus Dänemark stammt, aber im Schwarzwald geräuchert wurde, »Schwarzwälder Schinken« nennen (vgl. Infobox »Gütesiegel«). Wird Kochschinken aus kleineren Schinkenteilen zusammengefügt, muss dieser entsprechend gekennzeichnet werden, z. B. als **»Formfleisch-Schinken, aus Fleischstücken zusammengefügt«**. Schinkenteile können mit Hilfe des Enzymes Transglutaminase zusammengefügt werden. Da Transglutaminase – wie andere Enzyme in der Lebensmittelherstellung – keine technologische Wirkung mehr im Endprodukt haben, müssen sie als Zutat nicht deklariert werden. Auch Rohschinken, z. B. Nussschinken, kann durch Klebetechnologien aus Teilstücken zusammengesetzt sein. Makroskopisch kann man aber feststellen, dass Schinkenteile zusammengefügt wurden.
Bei **Schinkenerzeugnissen** handelt es sich hingegen um eine brühwurstartig feinzerkleinerte Masse mit kleinen Fleisch- und Speckeinlagen. Die Beschaffenheit von Schinkenerzeugnissen muss gesondert beschrieben werden, z. B.: »Pizzabelag nach Art einer groben Brühwurst«.

Ökologischer Fußabdruck

Schinken wird aus Schweinefleisch hergestellt, vgl. deshalb Infoboxen »Schweinefleisch« und »Wurst« zu Angaben über Klimaeffekte und Tierhaltung.

Gesundheit

Schinken kann gesundheitsschädliche Zusatzstoffe enthalten (vgl. Infoboxen »Schweinefleisch«, »Wurst« und »Zusatzstoffe«). Beim Räuchern können schädliche Substanzen wie polyzyklische aromatische Kohlenwasserstoffe entstehen, von denen einige krebserregend wirken. Zu den gesundheitlich bedenklichen Zusatzstoffen gehören insbesondere E 250 – Natrium-Nitrit – sowie Phospate und Geschmacksverstärker.

Bio-Alternative

Bezüglich Tierhaltung und Klimaeffekten vgl. Infoboxen »Schweinefleisch« und »Wurst«. Im Bio-Bereich sind weniger gesundheitlich bedenkliche Zusatzstoffe erlaubt. Allerdings gibt es auch Öko-Anbauverbände, die den unter Krebsverdacht stehenden Zusatzstoff Natriumnitrit (E 250) einsetzen. »Formfleisch-Schinken« findet man auch bei Bio, ebenso wie Bio-Schwarzwälder Schinken, dessen Fleisch nicht aus dem Schwarzwald kommen muss.

Wahlfreiheit

Die Wahlfreiheit ist sehr eingeschränkt. Theoretisch ist sie zwar groß, denn es gibt unzählige Schinken und Schinkenerzeugnisse. Bei loser Ware müssen die Kunden jedoch Informationen beim Verkaufspersonal erfragen. Den vergleichsweise besten Überblick hat man beim Kauf abgepackter Ware. Aber angesichts täuschender Herkunftsangaben, gesundheitsschädlicher Zusatzstoffe, Ungewissheit über die Tierhaltung und der Möglichkeit, unwissend Schinken aus zusammengesetzten Fleischstücken zu kaufen, ist auch hier die Wahlfreiheit faktisch sehr eingeschränkt.

12. Milch

Es war im vergangenen Sommer, ich verbrachte ein paar Tage zum Wandern im Bregenzer Wald. Auf einer Alm begegneten wir zufällig dem Senner, der uns zur Rast einlud und dickwandige Porzellanbecher mit der frischen Milch seiner Kühe, die im Hintergrund das Gras von den Almwiesen rupften, auf den Holztisch stellte.

Nie im Leben habe ich ein solches Geschmackserlebnis mit Milch gehabt. Es war im Grunde unbeschreiblich, aber weil ich es hier trotzdem beschreiben will, würde ich sagen, dass die Milch dünner wirkte als gewöhnlich, wässriger, nicht so pampig-cremig, und dass sie nicht so offensiv süßlich schmeckte wie sonst, geheimnisvoller, ein bisschen wie die berückend schönen Blühwiesen auf der Alm, auf denen Dutzende von Orchideenarten wachsen. Ein Anblick einer anderen, vergangenen Welt, der vor Augen führt, wie brutal wir Menschen mittlerweile mit der Landwirtschaft in die Natur eingreifen. Jedenfalls hätte ich in dem Moment für einen Werbeclip alles in die Kamera gesagt, um für diese wunderbare Milch und ihre Erzeuger – das Braunvieh und den Senner – zu werben.

Zurück in Berlin, in den Supermärkten meiner Umgebung, holte mich dieses Erlebnis auf der Alm wieder ein. Ich stand vor den Kühlregalen mit der »Weidemilch«, der »Alpenmilch«, der »Vollmilch«, »Frischmilch«, »Heumilch«, die ich alle schon mal probiert hatte. Sie schmecken alle mehr oder weniger gleich, und keine kommt auch nur annähernd an die Milch auf der Alm heran. Da helfen auch die vielen kreativen Produktbezeichnungen und entsprechenden Bilder nicht, die beim Supermarktkunden wohl das Almerlebnis heraufbeschwören sollen.

Lidl, Rewe, Aldi und Edeka sind mächtige, fähige Unternehmen, dasselbe gilt für Großmolkereien wie Deutsches Milchkontor, Müller, Arla oder Zott. Warum schaffen es solche Konzerne, die viele hundert Millionen, sogar Milliarden Euro jährlich umsetzen, nicht, eine erstklassige Milch in die Regale zu bringen? Eine, an der alles stimmt: der Geschmack, die Partnerschaft mit den Landwirten, der Umgang mit den Tieren, die Kommunikation mit den Kundinnen?

Die wichtigste Erklärung ist: Sie schaffen es nicht, weil sie gefangen sind in ihrem Preiskampf mit der Konkurrenz und ihren Lieferanten. Der Frankfurter Kartellrechtsexperte Kim Manuel Künstner sagt: »Keiner der vier im Oligopol traut sich, die Billigwaren-Logik aufzubrechen. Jeder schaut nur, was der andere macht, und wenn einer beim Milchpreis vorprescht – oft ist es Aldi –, folgen die anderen postwendend. Das sind quasi Kartellabsprachen in der Öffentlichkeit.« Kein Wunder, dass da kein Platz mehr ist für Qualitätswettbewerb um die beste, leckerste Milch. Es geht um Masse und Marktanteile, und das Mittel dazu ist der Tiefstpreis. Im Extremfall verdienen die Supermärkte überhaupt nichts mehr mit der Milch, locken damit aber Kunden an, die auch andere Lebensmittel kaufen.

Es gibt eine Graphik, die diesen Irrsinn, an dem die Supermärkte (neben den Molkereien und der Politik) entscheidenden Anteil haben, auf den Punkt bringt. Die Graphik beginnt im Jahr 2014 und endet Anfang 2022 und zeigt zwei Linien: Die obere Linie steht für die Erzeugungskosten für Milch, sie verläuft relativ gerade mit leichter Tendenz nach oben; demnach entstanden einer deutschen Milchbäuerin im genannten Zeitraum Kosten zwischen gut 41 und fast 47 Cent, um ein Kilogramm Milch zu erzeugen. Die untere Linie der Graphik steht für den Preis, den die Landwirte für jedes Kilo Milch von ihrer Molkerei ausgezahlt bekommen, diese Linie hat stärkere Aufs und Abs, ihre Werte bewegen sich zwischen knapp 28 und gut 41 Cent.

Die Linien, die sich nie kreuzen, drücken aus: Mit jedem Kilo Milch, das die Landwirtinnen produzieren, verlieren sie Geld, weil ihre Kosten immer über ihren Erlösen liegen. Im Jahr 2014 betrug der Quotient aus dem »Milchgeld«, das die Bauern von ihren Molkereien erhalten, und den eigenen Produktionskosten minus 13 Prozent; in den zwei darauffolgenden Jahren lag die »Unterdeckung« sogar bei minus 26 und minus 34 Prozent; Anfang 2022 ging es den Milchbauern so »gut« wie seit Jahren nicht mehr – sie zahlten »nur« gut vier Cent pro Kilo Milch drauf.[1]

Existenznot trotz Milliardengeschäfts

Betriebswirtschaftlich macht es also keinen Sinn, Milchkühe zu halten, nicht zu reden vom Selbstwertgefühl eines Berufsstandes, dessen Erzeugnisse permanent unter Wert verramscht werden. Das erklärt, warum seit dem Jahr 2000 rund 83 000 Milchbäuerinnen ihren Stall für immer zugemacht haben. Und diejenigen, die bis heute dabeigeblieben sind, können das nur, weil sie Subventionen erhalten. Zwischen 2014 und 2020 flossen jährlich 6,2 Milliarden Euro an Direktzahlungen von der EU an Deutschlands Bauern.[2] An ihrem Einkommen machten diese Subventionen zuletzt 42 Prozent aus, bei den Milchviehbetrieben waren es sogar 54 Prozent.

In den vergangenen zwanzig Jahren hat die EU rund eine Billion Euro an die Landwirtinnen ihrer Mitgliedstaaten ausgezahlt. Eine Billion Euro – das sind 1000 Milliarden oder eine Eins mit zwölf Nullen. 1000 Milliarden Euro, die schwer in Übereinstimmung zu bringen sind mit dem Anspruch, Steuergeld effektiv auszugeben. Denn vielen Bauern, vor allem den kleineren, geht es trotzdem schlecht. Und auch die Artenvielfalt, die Böden, Gewässer und Nutztiere haben trotz des vielen Geldes kaum profitiert. Die 1000 Milliarden Euro an Subventionen haben aber sehr wohl dazu beigetragen, die Preise für Lebensmittel staatlich zu drücken oder zu bremsen, auch zum Vorteil der vier marktbeherrschenden Supermarkt-Konzerne. Denn die können sich ihrer vergleichsweise günstigen Preise rühmen (und bekommen dafür Beifall von der Politik), unterschlagen aber, dass diese Preise nur möglich sind, weil Supermarktkundinnen über den Umweg ihrer Steuern ein monströses System von Agrarsubventionen finanzieren.

Ende 2021 informierte Edeka seine Kunden über den Streit mit zwei seiner Lieferantinnen: Die Firmen – die zwei französischen Milch- und Käsemultis Lactalis und Bel – hätten für einige Produkte zu hohe Forderungen erhoben, deshalb verbanne man sie so lange aus den Edeka-Märkten, bis der Preis wieder stimme, denn: »Wir kämpfen jeden Tag für höchste Qualität zum niedrigsten Preis.«[3] Die Details der Verhandlungen kennen nur Edeka und die beiden Lieferanten, und vielleicht waren deren Preisvorstellungen im konkreten Fall tatsächlich überzogen. Generell aber legt der von Edeka öffentlich gemachte Preiskampf die Machtverhältnisse in der Lieferkette offen: Ganz oben in der Hierarchie stehen die Supermärkte, die kein Problem damit haben, selbst auf die Produkte großer Markenhersteller einfach mal für eine Weile zu verzichten. Das trifft die Molkereien hart, aber immerhin haben sie die Möglichkeit, ihre Milch bei wegbrechendem Absatz zu Milchpulver zu verarbeiten und einzulagern; auch der Molkereimarkt ist inzwischen hochkonzentriert – die Zahl der Betriebe in Deutschland sank seit 1950 von 3400 auf 158 (!), die ersten zehn Unternehmen beherrschen heute zwei Drittel des Marktes.

Ganz unten in der Hierarchie stehen die Bäuerinnen und Bauern, sie sind das schwächste Glied in der Kette, denn ihre auf Höchstleistung gezüchteten Tiere produzieren täglich Milch, die aus den Eutern und vom Hof muss, und sei es zu Ramschpreisen, weil das immer noch besser ist, als sie in den Gully zu kippen (welchen Preis die Bauern für ihre Milch bekommen, erfahren sie übrigens meist erst nach der Ablieferung in der Molkerei).

Kamen 1970 noch 57 Prozent der Verbraucherausgaben im Supermarkt für Milch bei den Landwirtinnen an, waren es 2020 nur noch 35 Prozent. Supermärkte und Molkereien schöpfen immer mehr vom Rahm ab, die Landwirte sind zu Rohstofflieferanten degradiert worden, die in doppelter Weise abhängig sind: vom Goodwill der mächtigen Molkereien und Supermarktkonzerne sowie von den EU-Subventionen. Finden Supermärkte und Molkereien nach Preiskämpfen irgendwann wieder zueinander, dann oft zu Lasten der Milchbäuerinnen. Edekas Selbstlob – »Wir stehen für Preise, die allen schmecken!« – kann für sie jedenfalls kaum gelten. Der Kartellrechtler Kim Manuel Künstner sagt: »Der heutige Preismechanismus entlang der Milchlieferkette ist ›missbräuchlich by design‹: Er wälzt die Vermarktungsrisiken einseitig auf die Landwirte und Verarbeiter ab, während die Supermärkte die Chancen internalisieren.«[4]

Und weil das Markt-Design den Handelsriesen einen strukturellen Vorteil zuschanzt, gehören Schlagzeilen wie diese längst zur Routine: »Trecker-Blockade bei Edeka im Ammerland«, »Bauern blockieren Logistikzentren von Lidl in Neckarsulm«, »Traktoren vor dem Rewe-Logistikzentrum in Kiel«. »Aldi diktiert, der Bauer krepiert!« – so stand es auf einem Transparent bei einer bayernweiten »Nadelstich-Aktion«

des Bauernverbands Anfang 2022 vor rund 50 Aldi-Filialen. In einem offenen Brief geißelte der bayerische Bauernpräsident den Discounter, der mit großem Werbeaufwand angekündigt hatte, bei Milch und Fleisch immer häufiger auf Tiere aus höheren Haltungsstufen zu setzen. Davon abgesehen, dass sich die Situation der Tiere dadurch nur marginal verbessert und Aldi seine Ziele teilweise erst bis zum Jahr 2030 umsetzen will, zielte die Attacke der bayerischen Bauern auf den kranken Kern der Preisbildung infolge eines großen Machtungleichgewichts: Aldi inszeniere sich in der Öffentlichkeit als Hüter des Tierwohls, fahre aber unverändert seine »aggressive Niedrigpreisstrategie«, die Bäuerinnen müssten erbittert um jeden Zehntelcent kämpfen.

Warum Milch nicht billig ist

Doch selbst wenn Aldi, Lidl & Co. endlich Preise zahlten, die die Landwirte als akzeptabel erachteten, wären das noch längst keine wahren Preise. Denn wahre Preise gewährleisten nicht nur ein Auskommen für die Erzeugerinnen und ein Leben ohne Schmerzen und Leid für Nutztiere. Wahre Preise müssten in einer wahren Marktwirtschaft auch jene versteckten Umweltkosten abbilden, die entstehen, weil Tiere und Traktoren Treibhausgase emittieren und dadurch das Klima schädigen, weil zu viel Gülle die Gewässer verunreinigt und die Wassergebühren in die Höhe treibt, weil Pestizide die Artenvielfalt reduzieren und die industrielle Landwirtschaft den Schwund der Böden befördert. Allein die versteckten Umweltkosten der Milchproduktion in Deutschland werden auf sieben bis elf Milliarden Euro pro Jahr geschätzt, die der Landwirtschaft insgesamt auf ein Vielfaches davon.

Bezahlt werden diese externen Kosten jedoch nicht an der Supermarktkasse, sondern von anderen – von Steuerzahlerinnen, von Versicherten in Form höherer Krankenkassenbeiträge, von miserabel bezahlten Menschen in Schlachthöfen, auf Feldern und in Gewächshäusern, von Nutztieren, von späteren Generationen. Das herrschende System der falschen Preisbildung bestraft diejenigen Landwirte, die heute schon umweltfreundlicher produzieren und belohnt diejenigen, die einen großen Teil der Kosten auf andere abwälzen.

In immer neuen Studien versuchen Wissenschaftlerinnen, diese externalisierten Kosten zu berechnen und so dem »wahren Preis« der Produkte näherzukommen. So ermittelten Wissenschaftler der Universität Augsburg vor wenigen Jahren, dass der Preis für einen Liter Frischmilch 122 Prozent höher sein müsste, dass der Supermarkt für 400 Gramm Gouda nicht 1,99 Euro, sondern »wahre« 3,74 Euro verlangen müsste, dass sich selbst der Preis von Bio-Hackfleisch von neun Euro fürs Kilo auf 20,38 Euro mehr als verdoppeln müsste. Sämtliche Berechnungen dieser Art sind im Detail angreifbar und nur als Annäherungen zu verstehen. Ihre Botschaft ist jedoch eindeutig: Die Preise in den Supermärkten sind zu tief, Lebensmittel müssen teurer werden, vor allem jene mit hohen Schadensfolgen, also gerade Milch und Milchprodukte, Wurst und Fleisch.

Ausgerechnet Penny, der Discounter von Rewe, der den Tiefstpreis zum Markenkern erhoben hat, schien sich für die »wahren Kosten« seiner billigen Lebensmittel zu interessieren und ließ auch seine Kundinnen daran teilhaben. Als die Supermarkt-Kette Ende 2020 in Berlin Spandau ihren ersten »Nachhaltigkeits-Erlebnismarkt Penny Grüner Weg« eröffnete, wurden dort acht konventionell und ökologisch erzeugte Lebensmittel (Apfel, Banane, Kartoffel, Tomate, Mozzarella, Gouda, Milch, Hackfleisch) jeweils mit doppelten Preisschildern ausgezeichnet: links auf rotem Grund der normale Verkaufspreis, rechts auf grünem Grund jener Preis, der bei einer »wahren« Kostenrechnung zu bezahlen wäre, wenn bestimmte Umweltfolgen (u. a. Stickstoffemissionen und Klimagase) eingerechnet würden: für 220 Gramm Mozzarella 89 Cent statt 59 Cent, für ein Kilo vom jungen Gouda 9,36 Euro statt 4,98 Euro, für den Liter Bio-Frischmilch 1,84 Euro statt 1,09 Euro. An der Kasse müssen die Kunden aber nur den »normalen« Verkaufspreis zahlen, die doppelte Preisauszeichnung dient nur dem Ziel, »Transparenz über die Folgekosten unseres Konsums zu schaffen und so die Diskussion über die Kosten der Lebensmittelproduktion um einen Aspekt zu erweitern«.[5]

Die Aktion brachte Penny viele Schlagzeilen ein; Schulklassen kamen, um sich im »Nachhaltigkeits-Erlebnismarkt« zu informieren. Inzwischen ist das Interesse abgeflaut, die doppelten Preisschildchen hängen auch nicht mehr an allen acht Lebensmitteln. Im Penny-Markt »Grüner Weg« in Berlin Spandau geht alles wieder seinen normalen Gang, wie in den anderen 2149 Penny-Filialen auch. Am Eingang hängen im Glaskasten Angebots-Plakate im Stil des klassischen Preiskämpfers: »Wer günstig will, muss Penny«, Fleisch zum »Aktionspreis«, 12 Bodenhaltungseier »+ 2 Eier gratis«, »-40 %« bei den Cherry-Romatomaten, »-22 %« bei den Paprika, »-37 %« bei den weißen Champignons Marke »Marktliebe«.

Würde Penny aus dem Preiskampf ausbrechen und als einzige der großen Supermarkt-Ketten von ihren Kundinnen fortan nur noch die »wahren« Preise verlangen, wären die Kette und ihre Lieferanten, Milchbäuerinnen und Molkereien, bald pleite. Die Milchbauern müssten kostendeckende Preise von den Molkereien und diese von den Supermärkten fordern, die wiederum zu diesen Preisen keine Abnehmerinnen finden würden. Fakt ist also: Die Marktwirtschaft ist nicht in der Lage, das Problem der Milchwirtschaft, nämlich unzureichenden Tierschutz und negative Auswirkungen auf das Klima und die Artenvielfalt, zu lösen. Insofern ist es »rational«, dass Supermärkte ihre freiwilligen grünen Aktionen und Versprechen immer nur so spärlich dosieren, dass es ihr Geschäftsmodell im permanenten Preiskampf nicht wirklich antastet. Die Grenze zum Greenwashing ist deshalb oft hauchdünn, wie das Beispiel Aldi zeigt, bei dem der Discounter das Kunststück vollbrachte, billige Milch als klimaneutrales Produkt anzupreisen.

Mitte 2022 hatten Recherchen von foodwatch und ZDF frontal aufgedeckt, wie fragwürdig Aldis Behauptung ist, seine FAIR & GUT Landmilch sei klimaneutral. Tatsächlich machte Aldi weder der Molkerei noch den beteiligten Landwirten Vorgaben, wie stark sie ihre Treibhausgasemissionen senken sollen. Die Molkerei konnte noch nicht einmal die Menge der emittierten Treibhausgase beziffern (vorwiegend das Treibhausgas Methan, das aber in Kohlendioxid-Äquivalenten ausgedrückt wird). Anstatt die Emissionen hierzulande zu reduzieren, soweit es irgend geht, kaufte Aldi Zertifikate von sogenannten Kompensationsprojekten. Diese Zertifikate bescheinigen dem Käufer – hier also Aldi –, dass er irgendwo auf der Welt Treibhausgase speichert, zum Beispiel durch Wälder. Und zwar so viele wie nötig sind, um jene Treibhausgase zu kompensieren, die durch die Milcherzeugung für Aldi entstehen. In einem Projekt in Uruguay finanzierte der Discounter Eukalyptus-Monokulturen in industrieller Forstwirtschaft, in denen das Ackergift Glyphosat der Biodiversität schadet und die einen hohen Wasserverbrauch aufweisen. Auch ein Waldprojekt in Peru wies eklatante Mängel auf.

Derlei Kompensationsgeschäfte sind nicht nur im Fall Aldi angreifbar, weil durch sie keine effektive Reduktion der Treibhausgasemissionen sichergestellt wird. Und nur darum geht es heute in der Klimapolitik: Auch die Landwirtschaft muss ihre Emissionen senken, und die Milch- und Rindfleischproduktion verursachen schlichtweg die meisten Treibhausgase. Wenn Deutschland seine Klimaziele erreichen will, geht das nicht, ohne die Zahl der Tiere, insbesondere der Rinder, in etwa zu halbieren. Das wiederum erfordert eine »künstliche« Verteuerung der Milch (und des Rindfleischs) durch eine Klimaschutzabgabe auf Fleisch und Milch, die an die Verbraucherinnen übergewälzt wird und somit einen Rückgang der Nachfrage bewirkt. Gleichzeitig müssen die Milch- und Rindfleischerzeuger durch eine entsprechende Abgabe auf Milch- und Rindfleischimporte aus Nicht-EU-Staaten geschützt werden. Im Ergebnis würden sich die Preise in etwa verdoppeln, was dann ungefähr den »wahren« Kosten des Milch- und Fleischkonsums entspräche. Natürlich muss diese Klimapolitik sozial abgefedert und Stück für Stück über mehrere Jahre umgesetzt werden (vgl. Kapitel 19).

Würde es Aldi mit seiner Klima-Offensive ernst meinen, müsste der Discounter seine Produkte ehrlich bewerben, anstatt sie durch einen zweifelhaften Ablasshandel reinzuwaschen. Auch ein noch so harter Wettbewerb rechtfertigt nicht diese Praxis, die zudem den Kundinnen den verheerenden Eindruck vermittelt, man könne effektive Klimapolitik im Supermarkt kaufen.[6]

Angebot / Qualitäten

Im Supermarkt werden folgende Qualitäten angeboten: »Frische Vollmilch traditionell hergestellt«, »haltbare Frischmilch« (3 bis 4 Wochen haltbar, wird auch ESL-Milch für »extended shelf life« genannt) sowie »H-Milch« (lange haltbar, ultrahocherhitzt). Es gibt drei verschiedene Fettgehalte: 3,5 Prozent (Vollmilch), 1,5 Prozent (fettarme Milch) und 0,3 Prozent (Magermilch). Alle Milchsorten sind wärmebehandelt. Nicht wärmebehandelt, nur gefiltert ist die sogenannte »Vorzugsmilch«, die hohe Hygieneanforderungen stellt, die man aber kaum mehr in den Regalen findet. Der Geschmack von haltbarer Frischmilch fällt gegenüber dem Geschmack von frischer Vollmilch deutlich ab. Immer weniger wird frische Vollmilch angeboten, während das Angebot an »haltbarer Frischmilch« wächst. Außerdem gibt es »Heumilch« mit dem EU-Qualitätskennzeichen »g. t. S.« (garantiert traditionelle Spezialität). Das Siegel schreibt vor, dass das Futter zu 75 Prozent aus Raufutter (Heu oder Gras) und zu höchstens 25 Prozent aus Kraftfutter (z. B. Soja- und Rapsschrot besteht). Die geschmackliche Qualität hängt von der Fütterung und der Wärmebehandlung ab: Je mehr Raufutter und desto weniger Kraftfutter, je schonender die Wärmebehandlung, umso besser der Geschmack. Der Anteil von Kraftfutter hat in den letzten 20 Jahren mit dem Ansteigen der Milchleistung beständig zugenommen.

Transparenz

Bezeichnungen wie »Frische Vollmilch, traditionell hergestellt« oder »haltbare Frischmilch« täuschen den Verbraucher, denn nach der Wärmebehandlung / Erhitzung kann nicht mehr von »Frische« gesprochen werden. Nicht oder schwach gesetzlich geregelte Phantasienamen wie »Weidemilch«, »Landmilch«, »Alpenmilch«, »Bergbauernmilch« oder »Wiesenmilch« täuschen ebenfalls, weil sie keinen nachprüfbaren Qualitätsunterschied (z. B. Haltung, Fütterung) beschreiben. Auch der Begriff »Heumilch« täuscht, denn es wird auch Kraftfutter verfüttert. Die **Herkunft** der Milch kann man an dem ovalen Rückverfolgungs-Code auf der Verpackung nur bedingt feststellen, denn leicht ersichtlich sind für den Verbraucher nur das Land und das Bundesland, in dem das Erzeugnis zuletzt bearbeitet oder verpackt wurde. Über Internetrecherche kann man zusätzlich den Standort der Molkerei ermitteln. Die Milchviehbetriebe können sehr weit entfernt liegen, auch in einem anderen Bundesland, und können über den Code nicht identifiziert werden. Angaben zur Tierhaltung oder zur Fütterung, die den Geschmack wesentlich beeinflussen, erhält die Kundin nicht.

Tierhaltung

Die heute vorwiegend genutzten **Hochleistungskühe,** die über 10 000 Liter Milch pro Jahr geben, sind besonders anfällig für Krankheiten. In etwa 50 Prozent der Betriebe leiden die Rinder unter sogenannten Produktionskrankheiten, die Folgen der einseitigen Zucht auf maximale Milchleistung sind (z. B. Euter- oder Gebärmutterentzündungen). Ein staatliches Gesundheitsmonitoring existiert nicht. Die **Kälber** werden unmittelbar nach der Geburt von ihren Müttern getrennt und isoliert aufgezogen. Sie erhalten nur Milchersatzfutter, damit die Milch ihrer Mütter vermarktet werden kann. Nach zwei bis drei Jahren werden die Kühe geschlachtet. Früher wurde eine Kuh durchschnittlich acht Jahre alt. Die Aufzucht von **Bullenkälbern,** die keine Milch geben, lohnt sich insbesondere bei Hochleistungsrassen, die auf maximale Milchleistung und nicht zur Fleischmast gezüchtet wurden, nicht. Deshalb werden Bullenkälber zu Schleuderpreisen an externe Mäster verkauft. Die Dunkelziffer von toten oder getöteten Bullenkälbern ist hoch. Für die Statistik müssen nur Geburten an die Ämter gemeldet werden, keine Sterbefälle.

Ökologischer Fußabdruck (Treibhausgase, einschließlich Futtermittelerzeugung)

Der Klimaeffekt der Milchproduktion variiert je nach Milchleistung und Fütterung der Kuh. Bei einem Kilo Milch sind es durchschnittlich 0,85 kg CO_2-Äquiv. (ab Hof) bzw. rund 1,3 kg CO_2-Äquiv. (ab Regal). Der Konsum eines Kilos Milch entspricht einer PKW-Fahrt von rund

14 Kilometern, bei einem Kilo Butter sind es über 180 km (Annahmen: gesetzlicher EU-PKW Höchstverbrauch 95 g CO_2/km sowie 22 Liter Milch für die Herstellung eines Kilos Butter).

Gesundheit

Je höher der Anteil an Raufutter (Heu, Grünfutter u. a.), desto höher der Anteil an ungesättigten Fettsäuren in der Milch, denen eine positive Auswirkung auf die menschliche Gesundheit zugeschrieben wird. Milch ist reich an Eiweiß, dem wichtigsten Baustoff für sämtliche Körperzellen, sowie an Kalzium, das gut für Knochen und Zähne ist.

Bio-Alternative

Rund vier Prozent der konsumierten Milch entfällt auf Bio. Die Ställe bieten mehr Platz, jedoch hat die Stallgröße keinen Einfluss auf die Gesundheit der Tiere. Der Anteil an schmerzhaften Produktionskrankheiten ist in Bio-Betrieben mit konventionellen Betrieben vergleichbar, weil überwiegend dieselben Hochleistungsrassen eingesetzt werden und kein staatliches Gesundheitsmonitoring existiert. **Kälber** werden auch in Bio-Betrieben nach der Geburt von ihrer Mutter getrennt, erhalten aber etwas länger Vollmilch. **Bullenkälber**, da von auf Milchleistung und nicht auf Muskelwachstum gezüchteten Kühen stammend, werden aus ökonomischen Gründen ebenfalls bald nach der Geburt verkauft, überwiegend an konventionelle Mäster – mit unbekanntem Schicksal. Bei Bio ist nur **Futter** aus ökologischer Landwirtschaft (keine Pestizide, kein Mineraldünger) zugelassen, außerdem ist es gentechnikfrei. Auch Bio-Kühe erhalten Kraftfutter. Die Verwendung von gentechnikfreiem Soja aus Lateinamerika, die zur Entwaldung beiträgt, ist möglich. **Ökologischer Fußabdruck**: Der Ausstoß an Treibhausgasen (unter Berücksichtigung der Futtermittel) liegt nur geringfügig unter dem von konventionellen Betrieben. Die Transparenz-Defizite bezüglich Bezeichnungen, Herkunft, Geschmacksqualität und Gesundheit sind vergleichbar mit Milch aus konventioneller Landwirtschaft. Unterschiede ergeben sich aufgrund verschiedener Standards der Öko-Verbände (Demeter z. B. verbietet u. a. die schmerzhafte Entfernung der Hörner von Rindern).

Wahlfreiheit

Milch, die von gesunden Kühen stammt, die im Sommer ausschließlich Gras und im Winter Heu fressen und die im Sommer ein gutes Leben auf der Weide führen, können wir im Supermarkt nicht mehr kaufen. Milch und Milchprodukte sind ein globales Business geworden. Die EU ist weltweit größter Exporteur und die Milchproduktion ist das wichtigste und größte Segment der landwirtschaftlichen Produktion in Deutschland, sowohl konventionell als auch bei Bio. Charakter und Qualität der Milch haben sich in den letzten Jahrzehnten schleichend verändert. Die Produktivität hat sich auf Kosten der Natur, der Tiere, der Landwirte und der Qualität der Milch (Geschmack) stark erhöht. Dadurch konnten die realen Preise für Milch (ausgedrückt in Preisen des Jahres 2000) relativ niedriger gehalten werden als bei anderen Verbrauchsgütern.

KÄSE

Angebot / Qualitäten

Weltweit geht man von 5000 Käsesorten aus, in Deutschland von etwa 150, in Frankreich von rund 400. Man kann Käse nach Art der Reifung, Wassergehalt und Fettgehaltsstufen einteilen. Die deutsche Käseverordnung teilt Käse nach dem Wasseranteil in folgende *Käsegruppen* ein: Hartkäse (bis zu 56 Prozent Wasseranteil), Schnittkäse (54 bis 63 Prozent), halbfester Schnittkäse (61 bis 69 Prozent), Sauermilchkäse (60 bis 73 Prozent), Weichkäse (über 67 Prozent) und Frischkäse (über 73 Prozent). Je mehr Trockenmasse ein Käse hat, desto härter ist er; je weniger Trockenmasse, umso mehr Wasser hat er und umso weicher ist er.

Der **Geschmack** von Käse hängt wesentlich von der Fütterung der Tiere und der Qualität der verwendeten Milch ab (Rohmilch, pasteurisierte Milch, Magermilch) sowie von den verwendeten Bakterienkulturen, Gewürzen etc. Die Herstellung ist heute industrialisiert. Früher brachte man Käse zum Reifen in feuchte Naturhöhlen. Heute reift Käse in Reifekammern, in denen eine konstant hohe Luftfeuchtigkeit herrscht. Die Milch stammt nicht mehr von Kühen, die nur Raufutter fressen, das der Milch den Eigengeschmack verleiht, sondern von mit Kraftfutter auf Hochleistung getrimmten Tieren. Der individuelle, manchmal schwankende Geschmackscharakter von Käse geht dadurch verloren. In Frankreich sind für manche Käse die Milchsorten gesetzlich festgelegt: Reblochon z. B. darf nur aus der Milch der Montbéliard-Kühe hergestellt werden.

Transparenz

Nur aus Tiermilch hergestellter Käse darf »Käse« heißen. Veganer Käseersatz darf nicht »Käse« genannt werden. Auch die Begriffe »nach Käseart« oder »Cheese« sind nicht zulässig. Für die Unterscheidung von Käsesorten wurden die EU-Gütezeichen »geschützte Ursprungsbezeichnung« (g. U.), »geschützte geografische Angabe« (g. g. A.) und

»garantiert traditionelle Spezialität« (g.t.S.) eingeführt, deren Aussagekraft begrenzt ist (vgl. Infobox »Gütesiegel«). »Allgäuer Emmentaler« trägt das Siegel »geschützter Ursprung« (g.U.) und der »Holsteiner Tilsiter« das Siegel »geographisch geschützte Angabe« (g.g.A.), bei dem die Milch aber auch aus Italien kommen darf.

Zu den Käse-Standardsorten nach der Käseverordnung gehört auch **Bergkäse**. Allerdings muss Bergkäse nicht aus den Bergen kommen, sondern kann auch aus Schleswig-Holstein stammen. Nur wenn der Käse auch als »Bergerzeugnis« rechtlich geschützt ist, müssen die Rohstoffe überwiegend aus Berggebieten stammen. Bestimmte Käsesorten *müssen* mit Rohmilch hergestellt, andere *können* wahlweise mit Rohmilch hergestellt werden. Käse aus Rohmilch müssen entsprechend gekennzeichnet werden.

Ökologischer Fußabdruck / Tierschutz

Der Wasserverbrauch bei der Herstellung von Käse liegt bei über 5000 Liter / kg. Für die Herstellung von einem Kilogramm Käse werden je nach Käsesorte zwischen vier und 16 Liter Milch benötigt. Daraus ergibt sich auch die Treibhausgas-Bilanz von Käse. Der Klimaeffekt des Käsekonsums wird unterschätzt. Ein Liter Milch verursacht rund 0,85 kg CO_2-Äquiv. Die erforderlichen Milchmengen für die Käseherstellung variieren je nach Käsesorte, je härter und trockener Käse ist, desto mehr Milch braucht er in der Herstellung. Für Frischkäse fallen rund vier Liter an, für Hartkäse durchschnittlich 13 Liter. Der Konsum eines Kilos Hartkäse entspricht damit einer PKW-Fahrt von 116 km (Annahme: 95 g CO_2 / km). Ein Kilo Schweinefleisch bringt es dagegen nur auf rund 30 Kilometer. Ein Brot mit Wurst aus Schweinefleisch, konventionell oder Bio, ist damit bedeutend klimafreundlicher als ein Brot, das mit Hartkäse belegt wird.

Käse stammt in praktisch allen Fällen von Hochleistungs-Milchkühen, die sehr anfällig gegenüber Produktionskrankheiten wie Euterentzündungen sind. Wer Käse isst, kann nicht ausschließen, dass dieser von Tieren stammt, die unter Schmerzen leiden und krank sind. Der Grund ist, dass sowohl in der konventionellen wie der ökologischen Tierhaltung ein staatliches Gesundheitsmonitoring nicht existiert (vgl. auch Infobox »Milch«).

Gesundheit

Käse liefert neben den elementaren Nährstoffen wie Eiweiß und Fett wichtige Mineralstoffe und Vitamine. Allen voran ist Kalzium zu nennen, das Knochen sowie Zähnen Stabilität verleiht, an der Blutgerinnung beteiligt ist, Zellwände stabil hält und für eine reibungslose Reizweiterleitung in Nervensystem und Muskulatur sorgt. Je nach Sorte liefert das Milchprodukt neben reichlich Fett und Kalorien auch eine Menge Salz. Zu viel Salz gilt als ungesund. Vor allem Blauschimmelkäse, Halloumi oder Schafskäse wie Feta sind sehr salzhaltig und daher nur in kleineren Mengen gesund. Für die Oberflächenbehandlung von Käse darf der Zusatzstoff Natamycin (E 235) eingesetzt werden. Er wird in der Humanmedizin auch als Antibiotikum verwendet und ist deshalb in der Lebensmittelherstellung kritisch zu sehen. Für die Herstellung von **Schmelzkäse** werden Phosphate verwendet, die den Wassergehalt erhöhen und für eine cremige Konsistenz sorgen. In höherer Dosis sind sie gesundheitsschädlich. Damit fettreduzierte **Frischkäsesorten** (»Light Produkte«) eine ähnliche Konsistenz wie nicht fettreduzierte Sorten aufweisen, werden Zusatzstoffe wie Gelatine oder Carrageen hinzugefügt. Carrageen gilt als gesundheitlich bedenklich (vgl. Infobox »Zusatzstoffe«). **Rohmilchkäse** wird nur bis auf 40 Grad wärmebehandelt. Es bestehen dadurch Risiken bakterieller Infektionen wie EHEC, Listerien, Salmonellen u. a. Besonders gefährdet sind Säuglinge, Kleinkinder, Schwangere, alte Menschen und Menschen mit geschwächtem Immunsystem.

Bio-Alternative

In Bio-Käse darf der Zusatzstoff Natamycin (E 235) nicht eingesetzt werden. Carrageen ist für Bio-Käse grundsätzlich erlaubt, Demeter, Bioland und Naturland verzichten jedoch auf dieses Verdickungsmittel.

Auch im Bio-Sektor ist die Käseherstellung weitgehend industrialisiert, d. h. es wird geschmacklicher Einheitskäse angeboten. Die Intransparenz der Kennzeichnung im Hinblick auf Herkunft und Herstellung ist ähnlich unzureichend. Der von der Käseherstellung verursachte Treibhausgasausstoß entspricht in etwa dem der konventionellen Produktion. Auch wer Bio-Käse isst, kann nicht ausschließen, dass das Produkt von Tieren stammt, die krank sind und Schmerzen leiden.

Wahlfreiheit

Es gibt unzählige Käsesorten, aber sie alle sind vorwiegend industrielle Einheitsprodukte, deren Qualität und Geschmack durch die je verwendete Milch meist negativ beeinflusst wird. Milch von Kühen, die sich tiergerecht ausschließlich von Gras und Heu ernähren, finden heute keinen Eingang mehr in die Käseproduktion. Auch nicht, wenn es sich um sogenannte »Heumilch« handelt (vgl. Infobox »Milch«). Weil es keine einfache Nährstoffkennzeichnung wie den Nutri-Score gibt, bleibt der sehr hohe Salzgehalt mancher Käsesorten unbekannt. Man kann nicht ausschließen, dass bedenkliche Zusatzstoffe wie Natamycin und Carrageen verarbeitet sind. Dafür, dass der Käse von Milchkühen stammt, die schmerzfrei und tiergerecht gehalten werden, gibt es keine Garantie.

13. Eier

Es gibt vielerlei Arten von Eiern in deutschen Supermärkten: weiße, braune und – zu Ostern – knallbunte Eier; Bio-Eier und Eier aus konventionellen Betrieben; Eier verschiedener Gewichtsklassen und Haltungsformen. Und dann gibt es noch Solidaritätseier und Loyalitätseier.

Solche Eier tauchen regelmäßig auf, wenn wegen der Vogelgrippe die Stallpflicht ausgerufen wird und Eierbauern ihre Legehennen nicht mehr nach draußen lassen dürfen. Dadurch rutschen die Eier von der Kategorie »Freiland« zur »Bodenhaltung« ab und erzielen geringere Preise. In Lidl-Filialen standen in solchen Fällen gern mal Kartons im Regal, auf denen in Großbuchstaben zur »SOLIDARITÄT« aufgerufen wurde: »MIT DEM KAUF DIESER EIER UNTERSTÜTZEN SIE UNSERE LANDWIRTE!«

Aber wer sind »unsere Landwirte«? Sie sei davon ausgegangen, schrieb eine Lidl-Kundin aus dem bayerischen Freising an das Internetportal »Lebensmittelklarheit«, dass mit »unseren Landwirten« deutsche Bauern gemeint seien. Zumal auf dem Eierkarton auch noch eine deutsche Adresse stand: »Kwetters Eierhof, 39393 Hötensleben.«[1] Der Eierhof in der kleinen Gemeinde in Sachsen-Anhalt war auch auf Kartons in Filialen von Kaufland in Prenzlau und Frankfurt/Oder genannt. Dort appellierte der Aufdruck nicht an die »Solidarität« der Kunden, sondern an ihre »Loyalität«; und wieder stand ganz groß auf der Verpackung: »Für unsere Landwirte.«

Doch wer bei Lidl oder Kaufland im bayerischen Freising, in Berlin oder in der Uckermark Eier kauft und meint, mit

»unsere Landwirte« seien Bauern gemeint, die in halbwegs erreichbarer Nähe Legehennen halten, kann sich täuschen. Denn in den genannten Fällen kamen die Eier weder aus Deutschland und schon gar nicht aus der Region, sondern aus den 600, 700 Kilometer entfernten Niederlanden. »Ich finde es von Kwetters Eierhof und auch von Lidl Deutschland eine Unverschämtheit gerade in Zeiten der Pandemie solche Mogelpackungen zu verkaufen«, schrieb die düpierte Kundin. Man könnte auch sagen: Die Eierproduzentinnen und Supermärkte verhalten sich alles andere als »solidarisch« und »loyal« gegenüber ihren Kunden, von denen sie ebendiese Verhaltensweisen einfordern.

Für deutsche Verbraucherinnen gibt es kaum einen wichtigeren Wunsch als den nach Regionalität der Lebensmittel, gerade bei Eiern. Produzenten und Händlerinnen nutzen das immer wieder schamlos aus, indem sie regionale Herkunft suggerieren: Mal ist auf den Eierschachteln von »unseren Bauern« die Rede, mal sind die Eier »von hier« oder »aus der Region«. Es gebe eine unüberschaubare Vielzahl an Regionalkennzeichnungen, Markennamen und Slogans wie »Rewe Regional« oder »Gutes aus der Heimat«, die auf eine Herkunft aus der Nähe anspielten, dies jedoch oft nicht einlösten, kritisiert der Bundesverband der Verbraucherzentralen. Er fordert deshalb von der EU-Kommission eine verbindliche Kennzeichnung des Herkunftslandes für *alle* Lebensmittel, bislang gibt es diese Pflicht nur für unverarbeitetes Fleisch und unverarbeitetes Obst und Gemüse. Wer Eier von »unseren Landwirten« in Brandenburg, Bayern oder sonstwo in Deutschland kaufe, solle keine Eier aus den Niederlanden bekommen, beklagen die Verbraucherschützerinnen zu Recht.

Weil die Gesetzeslage so supermarktfreundlich und so verbraucherfeindlich ist, können die Eierverkäufer darauf spekulieren, dass ihre Kundinnen die Aussagen nicht überprüfen – dafür müssten sie nämlich *in* den Karton schauen und den aufgestempelten Erzeugercode auf den Eiern entziffern (dort steht dann z. B. »DE« für Deutschland oder »NL« für die Niederlande). »Die Supermärkte und Hersteller pokern, dass sie nicht entdeckt und abgemahnt werden«, sagt Annett Reinke, Lebensmittelrechtsexpertin bei der Verbraucherzentrale Brandenburg. »Für Unternehmen ist das oft eine kühle Kosten-Nutzen-Kalkulation: Sie lassen es auf eine Klage unsererseits ankommen, und bis ein Urteil sie möglicherweise zwingt, die irreführende Aussage zurückzuziehen, ist viel Ware verkauft.«

Immerhin: Der abgemahnte Discounter Lidl zeigte sich einsichtig und versprach per Unterlassungserklärung, in seinen Filialen nicht länger niederländische Eier als Erzeugnisse »unserer Landwirte« anzupreisen. Der ebenfalls abgemahnte Kwetters Eierhof im Osten Deutschlands allerdings sah keinen Grund, seine irreführende Aussage zu ändern.[2] Fragt man bei Kwetters nach, warum sie es ihren Kundinnen nicht einfacher machen, indem sie die Herkunft der Eier von »unseren Landwirten« unmissverständlich außen auf den Karton schreiben, bekommt man aufschlussreiche Antworten, die man so zusammenfassen kann: Es lohnt sich nicht für uns, es ist zu aufwendig, in jedem Fall zu erklären, wer »unsere Landwirte« sind.

Dazu muss man wissen, dass der Kwetters Eierhof in Sachsen-Anhalt kein Bauernhof ist, auf dem ein paar hundert oder ein paar tausend Hühner Eier legen: Der Kwetters Eierhof ist der deutsche Ableger eines niederländischen Unternehmens, das vor Jahrzehnten als Eierhändler startete und heute ein internationaler Eiermulti ist, mit eigenen Zuchtbetrieben, Legehennenfarmen, Eiersortiermaschinen und vollautomatischen Packstationen. Woche für Woche liefert der Konzern rund 30 Millionen eigene und fremde Eier sämtlicher Haltungsformen aus und stellt auch Flüssigei- und Eipulverprodukte her.

Es sei nun mal so, antwortet Kwetters: Es gebe rund 30 Millionen Legehennen in den Niederlanden und 45 Millionen in Deutschland, und die Farmen lägen logischerweise in ländlichen Gegenden, also dort, wo eher weniger Kundinnen lebten; dann gebe es 50 Packstellen, in denen die Eier von vielen Produzenten aus beiden Ländern gesammelt, sortiert, verpackt und dann an niederländische und deutsche Supermärkte verteilt würden, und zwar abhängig von der Nachfrage und der logistischen Effizienz. Und »weil sich die Herkunft der Eier so oft ändert, würde es für uns keinen Sinn machen, jedes Mal andere Verpackungen zu verwenden«. Das heißt: Für Kwetters stehen die Anforderungen der eigenen komplexen, grenzüberschreitenden Logistikströme über dem Interesse der Kunden nach unzweideutigen Herkunftshinweisen. Und die Supermärkte spielen willig mit.

Die Eierbarone

Aber der Fall ist kein Einzelfall, er ist systemisch bedingt in einem deutschen Eiermarkt, der – wie schon eine foodwatch-Recherche vor einigen Jahren ergab – von wenigen großen Familienunternehmen beherrscht wird, die sämtliche Haltungsformen gleichzeitig bedienen. Für Supermarktkunden bedeutet das zum einen: Sollten sie aus Überzeugung Bio- oder Freiland-Eier kaufen, landet das Geld oft in derselben Unternehmenskasse, in die auch die Erlöse aus den Bodenhaltungsfarmen fließen. Hinzu kommt: Die deutschen Firmen können die Nachfrage bei weitem nicht befriedigen, der Selbstversorgungsgrad bei Eiern beträgt knapp 72 Prozent;[3] das restliche Viertel wird vor allem aus den Niederlanden, aber auch aus Polen, Belgien, Dänemark und Spanien importiert. Wo aber wenige deutsche und einige ausländische Lieferantinnen einen hochkonzentrierten Lebensmittelhandel beliefern, kann der Kundenwunsch nach Versorgung aus der eigenen Region nicht wirklich erfüllt werden: Die zentralisierten Strukturen der Produzenten passen schlicht nicht zur Erwartung von Supermarktgängerinnen, Eier aus ihrer eigenen Gegend zu bekommen.

Der Ausweg: Die Händler und ihre Lieferantinnen behaupten einfach, dass es anders sei. Die Gesetze lassen dazu reichlich Spielraum. Denn wie erwähnt ist nur das Herkunfts*land* relativ leicht am Stempelcode auf jedem Ei zu erkennen. Das Bundesland und der Betrieb bzw. Stall hingegen verbergen sich hinter einer siebenstelligen Zahlenreihe, die nur mit einiger Internetrecherche zu entschlüsseln ist.

Entscheidend beim Eierkauf, das weiß jeder Supermarktkunde, ist aber nicht, was auf das Ei *im* Karton gestempelt ist, sondern die Botschaften *außen* auf der Schachtel. Und dort wird nicht nur die Packstelle genannt, die Kundinnen oft fälschlicherweise für den Ort der Hühnerfarm halten, während die Eier tatsächlich meist anderswo gelegt wurden.[4] Noch wichtiger ist die Produzentenprosa à la »aus der Heimat«, »aus der Region«, »von hier«, von »unseren Landwirten«. Diese Botschaften – in Farbe, in Großbuchstaben, mit Bildern garniert – sind das zentrale Mittel zur Irreführung der Kundinnen. Der kleine, manchmal kaum lesbare Stempelabdruck auf dem Ei, der eigentlich der Verbraucherinformation dienen soll, wird so zum amtlichen Alibi für die Eierbarone und Supermärkte: Sie können immer sagen, der Kunde hätte es ja besser wissen können.

Die Grenzen des Sag- und Zeigbaren werden im Eierbusiness regelmäßig ausgetestet, nicht nur was die Herkunft angeht, auch im Hinblick auf die Haltungsform. So warb der Eierhof Hennes auf Schachteln mit Eiern aus Bodenhaltung mit dem Bild zweier Hühner, die auf einer großen Fläche mit reichlich Stroh stehen. Tatsächlich spielt Stroh in der Bodenhaltung meist keine Rolle, die Tiere stehen oft auf Sand oder Torf, wobei der größere Teil des Stalls mit Gitterrosten aus Kunststoff ausgelegt ist. Neun Tiere teilen sich einen Quadratmeter Boden, ihre Volieren stapeln sich auf bis zu vier Ebenen, dann sind auch bis zu 18 Hennen pro Quadratmeter Stallfläche erlaubt. Die Verbraucherzentrale kritisierte die Abbildung als missverständlich, sie könne eine »ursprüngliche Tierhaltung« vermitteln, die »nicht den tatsächlichen Bedingungen einer Bodenhaltung entspricht«. Der Adressat reagierte nicht einmal.[5] Auch dieser Eierhof ist übrigens ein Betrieb, wie sich ihn die wenigsten aufgrund des Namens vorstellen würden: Das Familienunternehmen in Euskirchen bei Bonn verarbeitet jährlich rund eine Milliarde selbst produzierter und zugekaufter Eier aller Haltungsstufen, gilt als Europas größter Färbebetrieb, betreibt eine Packstelle (bis zu drei Millionen Eier pro Tag) und stellt Flüssigeiprodukte her. Und auch der Eierhof Hennes verkaufte schon Solidaritätseier zur Unterstützung »unserer Landwirte«, obwohl die Eier aus niederländischen Betrieben stammten. Eine Täuschung könne er darin nicht erkennen, man verhalte sich gesetzeskonform, ließ Hennes wissen.

Wie weit Herstellerinnen und Händler bereit sind zu gehen, um Kundinnen eine heile Welt vorzugaukeln, zeigte sich auf besonders krasse und deplatzierte Weise beim Thema Kükentöten. Jahrelang hatte die Geflügelwirtschaft den Ausstieg aus der katastrophalen Praxis verschleppt, männliche Eintagsküken von Legehennen nach dem Schlüpfen zu vergasen oder zu schreddern. Das war lange Zeit das Schicksal von rund 45 Millionen Tieren pro Jahr, die für die Unternehmen wert-

Die Eierbarone

lose Ausschusslebewesen waren: Denn als Hähne können sie keine Eier legen, und als Nachkommen hochgezüchteter Legehennenrassen eignen sie sich nicht für die Mast – im Vergleich zu Masthühnerrassen setzen sie zu langsam Fleisch an. Seit Anfang 2022 ist in Deutschland das Töten von Eintagsküken wegen ihres Geschlechts verboten, was manche Produzenten und Supermärkte nun zum eigenen Vorteil ausnutzen, als hätten sie schon immer an der Spitze der Bewegung gegen das Kükentöten gestanden. So rühmte sich der Discounter Aldi 2020 in einer Werbung, »als erster Lebensmittelhändler« das Kükentöten zu »beenden«. Tatsächlich veränderte Aldi nur sein Sortiment aus Schaleneiern *im Karton*. Eier hingegen, für die in ausländischen Brütereien männliche Küken als Abfall aussortiert werden[6] und die sich in Nudeln, Gebäck oder Fertiggerichten verstecken – in Deutschland immerhin die Hälfte des Verbrauchs –, tastete Aldi nicht an. Das Kükentöten war also keineswegs »beendet« oder »abgeschafft«, sondern nur ins Ausland ausgelagert, zum Beispiel in die Niederlande.[7] foodwatch klagte gegen diesen makabren Marketing-Gag, kurz vor der Gerichtsverhandlung Anfang 2022 verpflichtete sich Aldi, diese Werbung nicht mehr zu verwenden.

Was nichts daran geändert hat, dass sich die Supermärkte unter dem Stichwort »Tierwohl« weiter mit Werbeaussagen darüber überbieten, dass für die Produktion zumindest ihrer *Schalen*eier nun keine Küken mehr getötet werden. So prahlt Penny: »Penny ist Vorreiter im Kükenretten: Seit 2017 kämpfen wir für Küken.« In einem Video präsentiert der zu Rewe gehörende Discounter das Küken Konrad, das Penny, seinem »Retter«, mit rührendem Kinderstimmchen im Namen von Millionen Küken »danke« sagt. Denn bei Penny darf Konrad ein HerzBube sein, das ist der Name der Eigenmarke.[8] Die »Rettung« besteht darin, dass Küken Konrad nicht sofort nach dem Schlüpfen getötet, sondern als sogenannter Bruderhahn gemästet und nach seiner Mast geschlachtet wird, um zum Beispiel als Hühnerfrikassee bei Penny im Regal zu liegen. Und das möglichst billiger als bei Aldi, Netto oder Lidl.

Aber auch das Leben der Bruderhähne ist kurz und so bescheiden, dass es zynisch erscheint, hier von »Rettung« zu reden: Wie andere Masthühner werden sie zu Zehntausenden gehalten und müssen nach ihrer zehn- bis zwölfwöchigen Mast oft stundenlange Transporte in die Schlachthöfe erleiden. Denn die stehen jetzt oft nicht mehr in Deutschland, sondern zum Beispiel in Polen, weil es hierzulande gar nicht ausreichend Schlachtkapazitäten für diese relativ neue Art von Schlachtvieh gibt – die Apparate sind auf fette Masthähnchen ausgelegt, nicht auf magere Bruderhähne. Vielfach werden die Bruderhähne auch schon gar nicht mehr in Deutschland aufgezogen, sondern gleich nach dem Schlupf in polnische Mästereien verfrachtet. Und ob dort tatsächlich alle gemästet und nicht doch als Ausschuss vergast oder zerhackt werden (weil es dort noch erlaubt ist), kann bezweifelt werden, wie ein Bericht in der *Zeit* nahelegt.[9]

Eine andere Möglichkeit, lebendige Küken nicht mehr unmittelbar nach dem Schlüpfen zu töten, sind Verfahren zur Geschlechterbestimmung noch im Ei: Weibliche Tiere werden zu Legehennen ausgebrütet, die als männlich erkannten Embryonen werden noch im Ei zermalmt und zu Futtermittel verarbeitet. Allerdings ist wissenschaftlich umstritten, ab welchem Tag ihrer Entwicklung die Embryonen Schmerzen empfinden, weshalb die Verfahren zur Geschlechterbestimmung im Ei nur bis Anfang 2024 zulässig sind.

Weder die Mast von Bruderhähnen noch die Geschlechterbestimmung im Ei sind nachhaltige Vermeidungsstrategien: weil sie nichts ändern an der irren Hochleistungszucht von Legehennen, die auf maximale Legeleistung getrimmt sind und unter Produktionskrankheiten leiden. Als einzige nachhaltige Strategie erscheint das Zweinutzungshuhn, eine Rasse, die weniger Fleisch als Masthühner liefert und weniger Eier als Legehennen. Im Grunde ist das Zweinutzungshuhn einfach nur das, was es vor dem perversen Züchtungswettlauf der Eier- und Geflügelbranche auf Kosten der Tiere gab – ein Huhn, das Eier legt und das man auch als Brathühnchen essen kann. Die Eier der Zweinutzungstiere sind vergleichsweise teuer, ebenso ihr Fleisch. Anders kann es nicht sein, wenn der Tierschutz in der Hühnerzucht und der Eierproduktion halbwegs gewährleistet werden soll. Überlässt man es dem Verbraucher, zwischen Tierschutz und weniger Tierschutz zu entscheiden, kommt das heraus, was derzeit Stand der Dinge ist: Bio-Eier und Bio-Hühnchenfleisch sind auch 20 Jahre nach Einsetzen des angeblichen Bio-Booms nach wie vor Nischenprodukte. Was hilft, ist allein eine verpflichtende EU-Regelung, die dem Kükentöten und der perversen Hochleistungszucht ein generelles Ende setzt.

Angebot / Qualitäten[10]

Die Haltung von Legehennen ist in vier Stufen eingeteilt, die auf der Verpackung mit den Ziffern 0 bis 3 gekennzeichnet sind: 0 = Bio; 1 = Freilandhaltung; 2 = Bodenhaltung; 3 = Kleingruppenhaltung (vormals Käfighaltung), die seit 2010 in Deutschland und seit 2012 in der EU verboten ist. Die Eier werden in die Güteklassen A und B eingeteilt. B darf nur an die Industrie geliefert werden. Die Anforderungen von A beziehen sich eher auf handelstechnische Eigenschaften wie Beschaffenheit der Schale, des Dotters, Keimfreiheit u. a.

Kleingruppenhaltung: bis zu 60 Hühner befinden sich in einem Käfig; Platz pro Henne: ein DIN-A4-Blatt; die Hühner können nicht ins Freie, die Käfige sind nur mit einem Bereich zur Eiablage, einer Sitzstange und einer Art Scharrbereich ausgestattet. **Bodenhaltung:** zwischen neun und 18 Hennen pro Quadratmeter, kein Zugang zum Außenbereich. **Freilandhaltung:** neun Hühner pro Quadratmeter, Auslauf auf vier Quadratmetern. **Bio:** sechs Hühner pro Quadratmeter, Auslauf vier Quadratmeter.

Eine Henne legt heute im Jahr rund 320 Eier, 1960 waren es noch 130 Eier. Diese »Produktivitätssteigerung« ist auf Hybridhennen zurückzuführen, die auf höchste Legeleistung und geringstmöglichen Fleischansatz gezüchtet wurden. Bei den Masthähnchen ist es umgekehrt: Die Tiere sind auf maximalen Fleischansatz gezüchtet. Die meisten deutschen Eier kommen aus Bodenhaltung (62 Prozent), gefolgt von Freilandhaltung (19 Prozent) und ökologischer Erzeugung (13 Prozent). **Verarbeitete Eier:** In Deutschland werden pro Jahr durchschnittlich 239 Eier pro Kopf verzehrt – 53 Prozent als Frühstücksei und zum Backen und Kochen, 17 Prozent in der Außer-Haus-Verpflegung sowie 30 Prozent in Form eihaltiger Lebensmittel wie Kuchen, Nudeln, Mayonnaise etc.

Transparenz

Eier-Industrie: Früher gehörte eine kleine Hühnerherde zu jedem Bauernhof. Heute dominiert eine hochspezialisierte Geflügelindustrie.

1. **Basiszucht**: Zuchtunternehmen erzeugen Elterntierküken und verkaufen sie an **Vermehrungsbetriebe**.
2. Dort wachsen die Elterntierküken auf. Befruchtete Eier entstehen und werden an Brütereien verkauft.
3. In den **Brütereien** werden die befruchteten Eier ausgebrütet.
4. Die weiblichen Küken (die späteren Legehennen) werden an **Aufzuchtbetriebe** geliefert (männliche Küken: s. Abschnitt zum Tierschutz).
Herkunft: In der EU müssen Eier mit einem Erzeugercode gestempelt werden, aus dem die Art der Haltung hervorgeht, sowie die Herkunft des Eies. Der Code setzt sich zusammen aus den Ziffern 0 bis 3 für die Art der Haltung (s. o.) sowie der Betriebsnummer. Sie besteht in Deutschland aus dem Bundesland (1.-2. Stelle der Nummer), dem Betrieb (3.-6. Stelle) und dem Stall (7. Stelle). Somit lässt sich die Herkunft des Eies zurückverfolgen; der Code lässt sich im Internet entschlüsseln (z. B.: https://www.was-steht-auf-dem-ei.de/). Die Herkunftskennzeichnung ist für die schnelle Verbraucherinformation im Supermarkt untauglich. In verarbeiteten Lebensmitteln ist keine Kennzeichnung der Haltungsform und Herkunft vorgeschrieben. Und obwohl das Töten männlicher Eintagsküken in Deutschland verboten ist, schließt das nicht aus, dass für deutsche Eier Küken getötet werden. Teilweise schlüpfen die Tiere im Ausland, bevor sie in Deutschland zum Eierlegen gehalten werden.

Ökologischer Fußabdruck / Tierschutz

Der Treibhausgasausstoß der Hühnerhaltung ist mit 2 kg CO_2-Äquiv. / kg Fleisch etwas geringer als in der Schweinemast. Die Klimabilanz von Zweinutzungshühnern dürfte wegen des höheren Futterbedarfs sowie der geringeren Lege- und Fleischleistung schlechter ausfallen.
Die Geflügelindustrie hat zwei Linien geschaffen: die »Legelinie« und die »Mastlinie« (vgl. Infobox »Masthühnchen«). In der Legelinie legt das Huhn entgegen seiner natürlichen Veranlagung fast täglich ein Ei. Die angezüchtete Legeleistung lässt nach etwa 1,5 Jahren nach. Dann wird das Tier als mageres Suppenhuhn verkauft. Vor Beginn der Hybrid-

züchtungen konnte ein Huhn bis zu 15 Jahre alt werden, heute nicht älter als 20 Monate. Legehennen sind wegen der Züchtung auf maximale Legeleistung unter massivem Stress und sehr krankheitsanfällig. Das Calcium in ihrem Futter wird vorwiegend für den Aufbau der Schalen benötigt. Der Calcium-Mangel im Knochenaufbau führt zu Osteoporose und damit zu Knochenbrüchen. Da kein staatliches Gesundheitsmonitoring existiert, leiden die Tiere unter schmerzhaften Krankheiten. Der Krankheitsstand kann von Betrieb zu Betrieb stark variieren.
Männliche Küken von Legehennen (rund 45 Millionen im Jahr) wurden bisher direkt nach dem Schlupf getötet, weil sie für die Geflügelmast unwirtschaftlich sind. Seit 2022 ist das Töten männlicher Küken verboten. Das Geschlecht muss nun entweder vorab im Ei bestimmt werden, oder die männlichen »Bruderhähne« müssen aufgezogen und als Masthähnchen vermarktet werden. Die Aufzucht ist unwirtschaftlich, die Tiere werden deshalb oft nach Polen exportiert, mit ungewissem Schicksal.

Gesundheit

In einem Ei (62 g) sind ca. 7,5 g hochwertiges Eiweiß enthalten, dessen Qualität mit Milcheiweiß vergleichbar ist. Durch den Verzehr werden über zehn Prozent des durchschnittlichen Tagesbedarfes an den Vitaminen A, D, B2, B12, Biotin und Pantothensäure gedeckt, und dies bei geringer Energieaufnahme (350 kJ pro Ei). Nennenswert ist außerdem die Deckung des Tagesbedarfs etwa an den Spurenelementen Eisen (zehn Prozent), Jod (fünf Prozent) und Zink (fünf Prozent). Eier weisen einen Cholesteringehalt von ca. 200 mg / Ei aus. Neuere Untersuchungen kommen zum Schluss, dass die Cholesterinaufnahme über Eier keinen nennenswerten negativen Effekt auf den Serumcholesteringehalt beim Menschen hat.

Bio-Alternative

Nur 13 Prozent der in der Schale verkauften Eier stammen aus Bio-Haltung. Geschmack: Ein Öko-Ei schmeckt nicht besser als ein konventionelles Ei, wie zahlreiche Blindverkostungen zeigen. Das Futter für die Aufzucht von Legehennen stammt aus Öko-Produktion. Es werden jedoch dieselben Hybrid-Hennen wie in der konventionellen Haltung eingesetzt. In einem einzigen Stallabteil können auch auf Öko-Höfen bis zu 3000 Hennen leben. Da es kein staatliches Gesundheitsmonitoring gibt, treten die eklatanten gesundheitlichen Probleme von Hochleistungs-Legehennen in der Bio-Haltung so häufig auf wie in der konventionellen. Der Treibhausgasausstoß in der Bio-Haltung ist je nach Betrieb in etwa mit dem der konventionellen Haltung vergleichbar.

Wahlfreiheit
Die Wahlfreiheit ist beschränkt. Im Supermarkt können wir keine Eier kaufen, die garantiert von gesunden und nicht unter Schmerzen leidenden Legehennen stammen. Beim Verzehr verarbeiteter Lebensmittel konsumieren wir meistens Eier aus Boden- oder Kleingruppenhaltung, also Haltungsformen, die besonders quälerisch sind, ohne dies erkennen zu können. Die heute zur Verfügung stehende tiergerechteste Lösung ist die Züchtung von Zweinutzungshühnern, die sowohl Eier legen als auch zum Fleischverzehr geeignet sind. Hennen dieser Rasse legen im Jahr etwa 50 bis 70 Eier weniger als Hybridlegehennen. Nur sehr wenige Betriebe verwenden Zweinutzungshühner. Ihre Eier sind wesentlich teurer als Eier aus der Bruderhahnaufzucht. Am billigsten sind konventionelle Eier aus Kleingruppenhaltung, am teuersten Bio-Eier vom Zweinutzungshuhn.

14. Olivenöl

Was ist nur aus dem wunderbaren Lebensmittel Olivenöl geworden? An dieser Stelle erlaube ich mir ein paar wenige persönliche Zeilen, weil ich schon immer von der emotionalen Wucht alter Olivenhaine, antiker Ölmühlen und natürlich vom goldgelben Öl selbst fasziniert war. Im trockenen Nordafrika habe ich bewundert, wie die knorrigen Bäume – oft unweit gut erhaltener, römischer Ölmühlen – ideal angepasst an die Natur ihre Wurzeln weit und flach ausstrecken, um noch den letzten Wassertropfen aufsaugen zu können. Wenn man in einem tunesischen Olivenhain steht, inmitten solch uralter Bäume, die Generationen von Bauern ein Einkommen sicherten, kann man kaum anders als ehrfürchtig über dieses Lebensmittel nachzudenken, das den Menschen seit Jahrtausenden begleitet, beim Essen, als Brennstoff in Öllampen, als Massageöl, bei kultisch-religiösen Handlungen. Eigentlich müsste man jeder Olivenölflasche einen Ehrenkranz aus Olivenbaumzweigen umlegen, wie man es bei Siegern antiker Olympiaden getan hat.

Was nur ist also aus diesem wunderbaren, hochwertigen Lebensmittel geworden? Es fängt schon mit dieser hemmungslosen Qualitäts-Prahlerei an. Vor ein paar Jahren hat das Bayerische Landesamt für Gesundheit und Lebensmittelsicherheit (LGL) einen Marktanteil von 98 Prozent für Olivenöl der Kategorie »nativ extra« ermittelt.[1] Jede Supermarktkundin hat die Zahl schon gefühlt: Andere Olivenöle als solche mit dieser Bezeichnung gibt es kaum noch zu kaufen. Nur: »Nativ extra« bezeichnet die höchste Güteklasse, besser geht es gar nicht. 98 Prozent »nativ extra« bedeutet, dass in deutschen Supermärkten angeblich nur noch Top-Olivenöle verkauft werden. 98 Prozent Marktanteil für Olivenöle der höchsten Qualitätsstufe – das geht nur, wenn etwas am Qualitätsbegriff nicht stimmt.

Im Umkreis meines Wohnorts sind fußläufig ein Lidl, ein Aldi und ein Edeka zu erreichen. Bei Lidl komme ich auf neun verschiedene Olivenöle »nativ extra«, bei Aldi auf vier, bei Edeka auf überschlägig 45 – überschlägig deshalb, weil die Fülle der Marken, Bilder, Flaschenformen, versammelt auf zwei Regalmetern in fünf Etagen, jeden überfordert, der nicht Olivenöleinkäufer bei Edeka ist. In diesen drei Supermärkten in meiner Nähe habe ich also die Auswahl zwischen circa sechzig verschiedenen Olivenölen, alle »nativ extra«, deren Preise bei rund sieben Euro pro Liter beginnen und bei 35 Euro pro Liter, dem Viereinhalbfachen, enden. Und alle aus derselben obersten Liga? Ein schlechter Witz.

Auf schlechte Qualität ist Verlass

Über »nativ extra« schreiben die bayerischen Lebensmittelkontrolleure, die über ein eigenes Olivenöl-Sensorikpanel mit entsprechenden Expertinnen verfügen: »Diese Kategorie muss strenge Qualitätskriterien erfüllen.« So streng die Kriterien auch sein mögen, so routiniert werden sie bei Stichproben unterlaufen. So beanstandete das Landesamt im Jahr 2015 63 Prozent der als »nativ extra« gelabelten Olivenöle wegen leichter »Fehlnoten«, das sind geruchliche oder geschmackliche Abweichungen von den Qualitätsanforderungen, zum Beispiel wenn die Öle ranzig, modrig, wurmstichig, essigartig oder metallisch schmecken oder riechen. Die Ursachen dafür sind meist unsachgemäße Herstellung oder die Verwendung minderwertiger Oliven. Diese 63 Prozent mussten in die 2. Olivenöl-Liga, »nativ«, absteigen. Weitere zwölf Prozent der Öle wiesen so gravierende sensorische Fehler auf, dass sie gar in die Kategorie »Lampantöl« herabgestuft werden mussten und damit nicht mehr zum Verzehr geeignet waren.

Die sehr hohe Beanstandungsquote von insgesamt 76 Prozent im Jahr 2015 sei wohl auf die vorangegangene Missernte zurückzuführen, mutmaßten die Aufseher – wodurch wohl die Versuchung gewachsen sei, angesichts knapper Mengen auch alte und fehlerhafte Öle zu verwerten. Doch auch in den weiter zurückliegenden Jahren mit besserer Olivenernte waren die Ergebnisse nicht so, wie man es von einem 1-A-Produkt erwartet: Zwischen 2009 und 2015 wurden nie weniger als 40 Prozent der beprobten Öle beanstandet, mal waren es 43 Prozent, mal 55, und einmal ebenjene 76 Prozent, wobei neben den geschmacklichen und geruchlichen Fehlern auch Mängel bei der gesetzlich vorgeschriebenen Kennzeichnung moniert wurden, etwa weil die Gehalte von Fettsäuregruppen nicht korrekt deklariert waren.

Beim Chemischen und Veterinäruntersuchungsamt (CVUA) im benachbarten Baden-Württemberg waren die Ergebnisse in jenem Jahr 2015 nur wenig besser: Jede dritte Probe wurde beanstandet – wegen Mängeln in der Aufmachung und Kennzeichnung, wegen »erheblicher« Qualitätsmängel oder weil die Öle verfälscht oder unzulässig behandelt worden waren. Der verantwortliche Lebensmittelchemiker und Laborleiter schrieb damals: »Generell war es für die Verbraucher schwierig, angenehm fruchtige und frische Olivenöle im Handel zu finden.« Eine ernüchternde Aussage, wenn man dagegenstellt, dass in den Supermärkten angeblich fast nur die erste Güteklasse angeboten wird. Und selbst bei Produkten, die nicht beanstandet wurden, so der Stuttgarter Laborleiter, würden Öle aus älteren Restbeständen zugemischt, was übrigens völlig legal ist, wenn auf dem Etikett kein Erntedatum steht.

Dabei sind die Ergebnisse der beiden Überwachungsämter aus dem Südwesten (in denen auch einige Proben aus anderen Bundesländern steckten) keine »ollen Kamellen« und erntebedingte Ausreißer. Das zeigen Olivenöl-Tests regelmäßig. Ihre ernüchternden Ergebnisse gehören zum medialen Grundrauschen bei diesem Lebensmittel, das gefälscht und verschnitten, falsch ausgezeichnet und manipuliert wird. Jeder kann es wissen, es steht jeden Tag in den einschlägigen Medien:

- *Stiftung Warentest*, 2017: »Der Extra-Bluff: Von 24 Olivenölen schneidet keins gut ab. 10 Produkte sind mangelhaft – sie täuschen mehr vor, als sie sind.« Zwar sind die besten Öle im Test Eigenmarken von Discountern, aber dafür reichen schon durchschnittliche Bewertungen (»befriedigend«). Zehn Olivenöle – darunter ebenfalls Eigenmarken von Supermärkten – sind so schlecht, dass sie nach dem Urteil der Testerinnen gar nicht als »nativ extra« verkauft werden dürfen. Zudem sind manche mit Mineralölkohlenwasserstoffen (Mosh) oder Weichmachern belastet.
- *Stiftung Warentest*, 2018: »Von 27 Olivenölen der höchsten Güteklasse sind drei geschmackliche Highlights. Sie kosten 24 bis 36 Euro pro Liter.« Aber: Andere teure Öle bekommen nur die Note »ausreichend«, zwei Öle sogar »mangelhaft« und hätten deshalb gar nicht als »nativ extra« verkauft werden dürfen. Einige Eigenmarken u. a. von Aldi, Lidl und Edeka schneiden mit »gut« und »befriedigend« besser ab als manche klassischen Marken, zwei Rewe-Eigenmarken schaffen u. a. wegen Kennzeichnungsmängeln nur »ausreichend« und »mangelhaft«. Und: Sechs Olivenöle sind deutlich mit Mineralöl-Kohlenwasserstoffen (Mosh) belastet,

die sich im Körper anreichern können. Nur ein einziges Öl ist »nahezu schadstofffrei«.
- *Stiftung Warentest*, 2020: »Endlich mehr gute Ergebnisse als in früheren Tests«, verkündet die Zeitschrift, »es geht aufwärts.« Neun »gut«-Noten – davon vier für Eigenmarken von Aldi und Lidl – stehen jetzt nur zwei Bewertungen mit »mangelhaft« gegenüber.
- *Stiftung Warentest*, 2021: »So viele Olivenöle konnten wir lange nicht empfehlen: 15 von 27 schneiden gut ab. Zwei davon riechen und schmecken hervorragend. Zwei andere fallen im Test durch.« Ein teures Öl ist sehr hoch mit Weichmachern belastet, vier weitere sind hoch belastet mit den Mineralöl-Kohlenwasserstoffen Mosh und Moah, Letzteres gilt als möglicherweise krebserregend.
- *Ökotest*, 2022: »Abgeschmiert«: Von 19 Olivenölen der höchsten Güteklasse ist nur eines *nicht* mit Bestandteilen von Mineralöl verunreinigt. Drei erfüllen die Qualitätsklasse »nativ extra« nicht. Nur eines ist »sehr gut«. Von neun Bio-Ölen bekommen sieben die Noten »mangelhaft« oder »ungenügend«, ein Bio-Öl von Alnatura »gehört so nicht einmal ins Regal«, weil es nach dem Urteil der Tester ranzig schmeckt; damit fällt es in die Qualitätsklasse »lampant« und darf gar nicht mehr als Speiseöl verkauft werden. Von zehn konventionellen Olivenölen erhalten neun die beiden schlechtesten Noten, »mangelhaft« oder »ungenügend«.

»Wie ein Kochbuch für Fälscher«

Eine Antwort darauf ist die EU-Verordnung 2568/91 »über die Merkmale von Olivenölen und Oliventresterölen sowie die Verfahren zu ihrer Bestimmung«. Sie regelt zwar so viele

Details wie keine andere EU-Verordnung für ein Lebensmittel. Doch geschrieben ist sie nicht im Interesse qualitätsorientierter Verbraucherinnen, sondern im Geiste europäischer Binnenmarkt- und Geopolitik, die die Position der EU als größtem Erzeuger, Verbraucher und Exporteur von Olivenöl erhalten und ausbauen will. Dazu gehört zum einen, sich durch Zölle und andere Regularien gegen außereuropäische Wettbewerberinnen wie etwa tunesische Olivenölproduzenten abzuschotten. Zum anderen hat die Verordnung zum Ziel, den großen europäischen Verarbeiterinnen, Abfüllern und Händlerinnen das Geschäft zu erleichtern. Es geht um Masse, nicht um Qualität.

Die vielen Fremd- und Schadstoffe, die man in Olivenölen findet, dürften auch Folge der vielen Transport- und Handelsstufen sein, an deren Anfang kleine Mühlen stehen, deren Öle von großen Abfüllern aufgekauft werden. Diese Erzeugerinnen erhalten in der Regel »nur lausig niedrige Preise«, wie ein Olivenölexperte berichtet, »deshalb fehlt es ihnen an Innovationskraft und Engagement zur Modernisierung ihrer Produktionsstätten. Da tropft das Schmieröl in die Ölwannen, und zum Lagern werden billige Plastiktanks verwendet, die entweder nie oder mit fettlösenden Mitteln gereinigt werden, die eher für Werkzeugmaschinen gedacht sind.«

In einem Factsheet der EU zum kontinentalen Olivenölbusiness ist eine Olivenölflasche der höchsten Qualitätsstufe – eben »nativ extra« bzw. »extra vergine« – tatsächlich mit einem Orden und zwei Olivenölzweigen geschmückt, so als sei internationale Wirtschaft eine Olympiade. Doch diese angebliche Güteklasse ist eher als verkaufsförderndes, werbliches Mittel im internationalen Wettbewerb zu verstehen denn als Instrument zur Orientierung für Verbraucherinnen. Es ist so, wie der Laborleiter und Olivenölexperte beim Chemischen und Veterinäruntersuchungsamt in Stuttgart in seiner Erklärung für die vielen Beanstandungen bei Olivenölen schreibt: Die Label »natives Olivenöl extra« und »extra vergine« stellten »keinen Hinweis auf Premiumqualität dar. Die so bezeichneten Öle müssen lediglich Mindeststandards erfüllen«.[2]

Genau das leistet die EU-Verordnung: Sie macht es möglich, den Verbrauchern massenhaft durchschnittliches Olivenöl, das Mindeststandards erfüllt, als Lebensmittel höchster Güteklasse zu verkaufen. Das ist gut fürs Geschäft der großen Verarbeiterinnen und Abfüller, die im industriellen Maßstab möglichst billig erworbene Rohstoffe »qualitativ« zurichten und mit irreführenden Güteversprechen weiterreichen. Nicht von ungefähr gehört Olivenöl zu den Lebensmitteln mit dem höchsten Risiko, im großen Stil gefärbt, verschnitten und sonstwie manipuliert und gefälscht zu werden. Prof. Dr. Stephan Schwarzinger von der Universität Bayreuth erklärt: »Da werden billige andere Pflanzenöle grün gefärbt und als Olivenöl verkauft, ranziges Öl wird mit gutem vermischt, oder alte Öle werden mit speziellen Technologien geschönt und kommen wieder als extra natives Olivenöl in Umlauf. Diese Betrügereien beschädigen auch den guten Ruf dieses hochwertigen Produkts und können eine Abwärtsspirale auslösen, die über einen Preisverfall letztlich die Olivenölbauern trifft. Und das wiederum führt zur Brache großer Olivenhaine im Mittelmeerraum mit entsprechend negativen ökologischen Auswirkungen.«

Die Verordnung der EU sei wie »ein Kochbuch für Fälscher«, sagt der Lebensmittelchemiker und Olivenölexperte Christian Gertz. »Sie mischen, bearbeiten und panschen eben so lange, bis sie die Grenzwerte erreichen.« Und die großen Handelsketten sind ihre stillen Komplizen, indem sie Olivenöle in ihre Regale stellen, die ihre Qualitätsversprechen regelmäßig unterlaufen.

Die Eigenmarken der Handelsketten schneiden in vielen Tests gut ab, oft besser als manche etablierten Herstellermarken. Ob sie dauerhaft besser sein werden, lässt sich noch nicht sagen. Sicher ist: Auch sie haben große Qualitätsschwankungen, auch sie haben die Belastung mit Mineralölen offensichtlich nicht im Griff. Ebenso sicher ist: Anderen Anbieterinnen gelingt es, dauerhaft hochwertige und unbelastete Olivenöle zu produzieren. Warum schaffen das Giganten wie Lidl, Aldi, Rewe oder Edeka nicht? Ganz einfach: Sie wollen es nicht schaffen, weil die aktuelle Praxis billiger ist; und obendrein ist es rechtmäßig, die Öle nicht so zu prüfen, dass die ohnehin schwachen Qualitätsstandards auch wirklich ausnahmslos eingehalten werden.

Es braucht also erstens eine neue Regulierung, die präzise definierte und ehrgeizige Qualitätsziele für Olivenöl setzt. Zum Zweiten muss der Lebensmitteleinzelhandel gezwungen werden, diese Qualitätsziele bei seinen Lieferanten durchzusetzen, und zwar so radikal, wie die Supermärkte sonst mit ihren Lieferantinnen über Preise verhandeln. Das wäre zweifelsfrei im Interesse der Supermarktkunden, die weder Weichmacher noch Mineralölspuren und andere Kontaminanten in ihrem Olivenöl wollen; die nicht mehr für Öle bezahlen wollen, die als höchste Güteklasse »nativ extra« angepriesen werden, aber ihre Versprechen nicht halten; die keine 40 oder 20 oder zehn Olivenöle in den Regalen erwarten, sondern mit fünf oder sechs oder sieben Produktvarianten zufrieden wären, die transparent und ehrlich zeigten, was sie wirklich wert sind.[3]

Damit dies auch tatsächlich eintritt, muss eine dritte Bedingung erfüllt sein: Die großen Supermarktketten müssen nicht nur für ihre Eigenmarken als sogenannter »Quasi-Hersteller« haften, wenn Qualitätsziele verfehlt werden; die Supermarktketten müssen auch dann haften, wenn Produkte von Markenherstellerinnen oder anderen Erzeugern die Anforderungen nicht erfüllen. Die Haftung würde bewirken, dass die Händlerinnen ihre Prüfungspflichten endlich auch auf die Produkte ihrer Lieferanten ausweiten.

Bisher kann sich der Lebensmitteleinzelhandel relativ sicher sein, weil nur die Herstellerinnen der Marken- und sonstiger Produkte für die vorgeschriebene Qualität haften, nicht jedoch der Handel. Angesichts der immensen Marktmacht der »Big Four« und ihres Einflusses auf ihre Lieferanten ist dieses Haftungsprivileg nicht mehr zeitgemäß. Da die Händlerinnen ohnehin ihre Eigenmarken überprüfen müssen, haben sie auch das Instrumentarium, die Produkte anderer Hersteller auf die Einhaltung von Qualitätsstandards zu testen.

Dies erfordert eine Novellierung der EU-Basisverordnung 178/2002. In Artikel 19 schreibt sie nur vor, dass Lebensmittelhändlerinnen im Rahmen von Rückrufen »mitarbeiten« und Informationen liefern sollen, sie aber nicht für die Einhaltung von Qualitätsstandards mithaften. Diese Mithaftung muss eingeführt werden, zum Nutzen der Verbraucher. Es darf nicht sein, dass der Einkauf von Olivenöl zum Lotteriespiel mit Gesundheitsrisiken wird.

Olivenöl ist ein gutes Beispiel für ein Produkt, das zwar bis ins Detail reguliert ist, jedoch nicht primär im Interesse der Verbraucherinnen. Das trifft leider für den gesamten Lebensmittelmarkt der EU zu. Es fehlt also nicht an einer Regulierung – im Gegenteil. Wenn sich Hersteller und Händlerinnen über zu viel Regulierung der »freien« Märkte erregen, blenden sie nur zu gerne aus, dass sie das bei Regulierungen, die ihnen zugutekommen, ganz anders sehen. Wahrscheinlich wäre eine einfache, aber unmissverständliche Regulierung mit präzise definierten Qualitätsmerkmalen, strikten Grenzwerten (z. B. für Mineralöl) und eindeutigen Haftungsregeln viel weniger bürokratisch und umfangreich als die bestehende EU-Verordnung 2568/91. Und ist nicht weniger Bürokratie das, was sich Hersteller und Handel immer wünschen?

Qualitäten

Die Olivenöl-Verordnung der EU macht Vorgaben für bestimmte chemische Parameter (z. B. Gehalt an freien Fettsäuren oder Peroxidzahl) sowie für die Kennzeichnung auf den Etiketten. Außerdem teilt die EU-Verordnung die Öle in acht verschiedene Güteklassen ein, wofür allein sensorische Prüfungen (Geruch und Geschmack) entscheidend sind. Von den acht Qualitätsklassen dürfen allerdings nur vier im Supermarkt verkauft werden, wobei die Kategorien **raffinierte Olivenöle** sowie **Oliventresteröl** im Handel praktisch keine Rolle spielen. Auch Öl der zweitbesten Güteklasse (**»nativ«**) ist eher selten zu finden. Verkauft wird im Supermarkt fast nur Olivenöl der höchsten Qualitätskategorie **»nativ extra«** (oder »extra vergine«). »Nativ extra«-Öl soll in Geruch und Geschmack eine fruchtige Note haben, aber auch scharfe und bittere Komponenten aufweisen, was vor allem deutschen Konsumenten oft nicht bekannt ist, die milde Öle bevorzugen. »Nativ extra«-Öl darf keine sensorischen Fehler aufweisen, also z. B. stichig, schlammig, ranzig oder essigartig schmecken oder riechen. »Natives« Olivenöl hingegen darf geringfügige sensorische Mängel haben.

Transparenz

Olivenöle müssen auf dem Etikett ihre Güteklasse angeben, was allerdings nur beschränkte Aussagekraft hat: Bei rund 2300 »category checks« der EU im Jahr 2020 waren exakt ein Drittel der Olivenöle falsch einsortiert, bei den »nativ extra«-Ölen waren es sogar 40 Prozent. Auch der verpflichtende Hinweis auf die Herkunft des Öls ist für die Verbraucherin sehr oft nichtssagend, weil viele bekannte Marken – auch solche mit italienisch klingenden Namen – auf preiswerte Mischöle setzen; dann erfährt der Käufer in der Regel nur, dass sie aus mehreren Ländern der EU oder darüber hinaus kommen – eine quasi wertlose Ursprungsangabe. Steht z. B. »aus Griechenland« drauf, muss das Öl aber auch von dort kommen. Das rot-gelbe EU-Herkunftssiegel (»geschützte Ursprungsbezeichnung«, g. U.) verweist auf die komplette Produktion des Öls in einer Region, beim blau-gelben EU-Siegel zur

»geschützten geographischen Angabe« (g. g. A.) findet nur ein Produktionsschritt in der genannten Region statt. Wenig anfangen können die meisten Verbraucherinnen auch mit dem Hinweis auf die Gewinnung des Öls »ausschließlich mit mechanischen Verfahren« durch Pressen oder Zentrifugen im Gegensatz zu chemischen Verfahren. Die Angaben »kaltgepresst« und »kaltextrahiert«, die schonende Verfahren beschreiben und aromatische Öle erwarten lassen, sind nicht vorgeschrieben und dürfen nur verwendet werden, wenn das Öl unter 27 Grad gepresst bzw. extrahiert wurde (die geringe Temperatur schützt wertvolle Inhaltsstoffe der Oliven). Auch das Erntejahr ist kein Muss auf dem Etikett, wäre aber ein wichtiger Hinweis auf die Frische des Öls. Ebenfalls nur freiwillig sind Angaben zur Olivensorte, zur Art der Ernte (handgepflückt oder maschinell) und zur Filterung – allesamt Informationen, die die Qualität beeinflussen können, aber meist vorenthalten werden.

Ökologie

Im Vergleich mit Kokosöl, Margarine (Vollfett) und Palmfett liegt Olivenöl beim CO_2-Fußabdruck mit 3,2 kg CO_2-Äquivalenten pro Kilogramm Lebensmittel am oberen Ende der Skala.

Gesundheit

Unter anderem wegen seines hohen Gehalts an einfach ungesättigten Fettsäuren und Polyphenolen gilt Olivenöl als gesundheitlich wertvoll. Es gibt begründete Hinweise auf gefäßschützende und antientzündliche Wirkungen. Noch gesünder ist nur Rapsöl, das jedoch geschmacklich gegenüber »nativ extra«-Olivenöl abfällt. Stark getrübt wird das Bild durch gesundheitsgefährdende Mineralöle, die immer wieder bei Tests in Olivenölen gefunden werden und z. T. aus Schmierölen von Maschinen und Förderbändern stammen. Ein gesetzlich definierter Mineralöl-Grenzwert ist dringend geboten.

Bio-Alternative

Was die Mängel bei der Kennzeichnung und das Fälschungsrisiko angeht, sind Bio-Olivenöle nicht besser. Auch vor Verunreinigungen mit Mineralöl sind Bio-Olivenöle nicht gefeit, wie die Zeitschrift *Ökotest* 2022 eindrücklich nachwies. Ihr Vorteil gegenüber konventionellen Ölen liegt in der geringen Belastung der Umwelt durch Pestizide.

Wahlfreiheit

Wahlfreiheit ist kaum gegeben. Die Wahl eines Olivenöls, dessen Qualität dem Preis entspricht, ist ein Lotteriespiel. Und obwohl die Olivenölverordnung 128 Seiten umfasst, sind die gesetzlichen Transparenzvorschriften völlig inakzeptabel.

15. Vegan + Vegetarisch

Eines der zentralen Anliegen dieses Buchs ist es, jene inzwischen sehr beliebte Behauptung zu widerlegen, dass Verbraucher durch ihr Einkaufsverhalten einen Einfluss auf das Lebensmittelangebot im Supermarkt hätten und sie deshalb durch »ethischen Konsum« die Welt mit jedem »richtigen« Einkauf ein bisschen besser machen könnten. Wer von dieser Vorstellung nicht lassen kann, dem sei der 2019 veröffentlichte Report der EAT-Lancet-Kommission (einer Kooperation zwischen der norwegischen Nichtregierungsorganisation EAT und *The Lancet*, einer der renommiertesten medizinischen Fachzeitschriften) empfohlen. An dem Report mit dem Titel »Food Planet Health«[1] waren 37 Wissenschaftler aus 16 Ländern und verschiedenen Disziplinen beteiligt, darunter Ernährungswissenschaftlerinnen und Klimaforscher. Gemeinsam entwickelten sie die »Planetary Health Diet« – eine Ernährungsweise, die die Gesundheit der Menschen erheblich verbessert und *gleichzeitig* die Erzeugung von Lebensmitteln so verändert, dass sie nicht weiterhin planetare Grenzen ignoriert – durch die Emission von Treibhausgasen, durch Wasserverbrauch und den Einsatz von Phosphor- und Stickstoffdünger,[2] durch Landnutzung, Lebensmittelverschwendung und die Verminderung der Artenvielfalt.

Die EAT-Lancet-Kommission schlägt nicht weniger vor als eine radikale Transformation des globalen Ernährungssystems, und was das für die Teller auf den Tischen dieser Welt bedeutet, ist Wasser auf die Mühlen von Veganerinnen und Vegetariern: Denn der empfohlene Speiseplan zur Gesundung von Mensch und Planet wird zur Hälfte von Obst und Gemüse bestimmt, während die andere Hälfte überwiegend aus Vollkornprodukten, Hülsenfrüchten, Nüssen und pflanzlichen Ölen besteht; Fleisch, Fisch und Milchprodukte hingegen sind nur zu etwa zehn Prozent vertreten. Konkret errechneten die Wissenschaftlerinnen als global empfohlenen Durchschnittskonsum höchstens eine Portion rotes Fleisch pro Woche, nicht mehr als eine Portion weißes Fleisch (Geflügel) pro Woche und maximal 250 Milliliter Vollmilch oder eine Scheibe Käse pro Tag. Das ergibt zwar noch keinen vegetarischen und schon gar keinen veganen Einkaufszettel, entspricht aber immerhin dem Speiseplan eines verantwortungsvollen Flexitariers, eines Menschen also, der prinzipiell zwar alles isst, aber Fleisch nur sehr selten.

Für die Gesundheit der Menschen wäre der Effekt enorm: Nach Berechnungen der EAT-Lancet-Kommission würde die viel stärker pflanzlich ausgerichtete Ernährungsweise pro Jahr rund elf Millionen Todesfälle vermeiden, immerhin ein Fünftel bis ein Viertel aller Todesfälle bei Erwachsenen. Und für den Planeten würde der Wandel die Chancen verbessern, eine wachsende Zahl von Menschen gesund zu ernähren ohne sämtliche Nachhaltigkeitsziele zu verraten.

Die Veränderungen wären in jeder Hinsicht fundamental, insbesondere in den reichen Ländern des globalen Nordens: Während sich weltweit betrachtet der Konsum gesunder Lebensmittel wie Obst, Gemüse oder von Hülsenfrüchten verdoppeln müsste und der Verzehr von Rind- und Schweinefleisch sowie Zucker mehr als halbieren, würde sich der Speiseplan etwa für Nordamerikaner geradezu auf den Kopf stellen. Sie müssten rund sechsmal weniger Rind- und Schweinefleisch essen und etwa zweieinhalbmal weniger Eier und Geflügelfleisch. Diese radikale Transformation des weltweiten Ernährungssystems sei dringend notwendig, um für absehbar zehn Milliarden Menschen gesunde Lebensmittel bereitzustellen, ohne dadurch irreversible Schäden an der Biosphäre anzurichten, schreiben die Autorinnen. Sie sind überzeugt: »Lebensmittel sind der stärkste Hebel, um die menschliche Gesundheit und die ökologische Nachhaltigkeit optimal zu fördern.«

Angesichts solcher Dimensionen, die die herrschende Praxis der Landwirtschaft und der Lebensmittelproduktion vom Pestizid- und Düngereinsatz bis zur eingepreisten Lebensmittelverschwendung grundlegend in Frage stellt, erscheint die Erzählung vom Verbraucher, der mit seinem verantwortungsbewussten Einkauf im Discounter die Märkte in die richtige Richtung steuern könnte, geradezu naiv. Ja, an den Kassen von Aldi & Co. findet täglich eine Volksabstimmung mit den Füßen statt, wie Supermarkt-Managerinnen gerne betonen. Aber bei dieser Volksabstimmung werden vergleichsweise irrelevante Fragen entschieden: »Pepsi oder Coca-Cola?«, »Milka oder Ritter Sport?«, »Joghurt von Ehrmann oder von Müller?«, »bio oder konventionell?« Egal, wie die Antwort ausfällt – am System ändert sich deshalb nichts.

Wie die Arbeit der EAT-Lancet-Wissenschaftler nahelegt, ist es vielmehr eine genuin politische Aufgabe, für die notwendige Transformation beherzt in den Werkzeugkasten politischer Instrumente zu greifen: Steuern auf unerwünschte weil ungesunde Produkte, Anreize für erwünschte Produktionsweisen, Verbote von schädlichen Pestiziden, und die längst überfällige Anwendung des Verursacherprinzips, das den Preismechanismus des Marktes nutzt, um gemeinwohlschädliche Lebensmittel so zu verteuern, dass sie keine große Rolle mehr spielen können. Die bittere Erkenntnis für Veganerinnen, Vegetarier und Flexitarierinnen lautet: Selbst wenn ihre Zahl wächst, ist die Macht ihrer Nachfrage nach pflanzlicher Kost und ihrer Nicht-Nachfrage nach tierischen Lebensmitteln lächerlich gering im Vergleich zu den Interessen, die hinter den weltweiten Strukturen der Lebensmittelerzeugung und -verteilung stehen und diese um jeden Preis aufrechterhalten wollen. Erinnert sei an den kollektiven Aufschrei im Bundestagswahlkampf 2013, als die Grünen einen »Veggie Day« pro Woche in Kantinen vorschlugen. Die Reaktionen damals – »grüne Bundes-Verbots-Republik«, »grüne Erziehungsdiktatur« – hallen bis heute nach.[3]

Vegan – keine Gesundheitsgarantie

Was bei der wichtigen und richtigen Empfehlung für eine »Planetary Health Diet« jedoch zu kurz kommt, ist die Erkenntnis, dass Tofuwürstchen, Sojadrinks oder Käseersatz nicht automatisch gesunde Lebensmittel sind. Denn auch vegane und vegetarische Produkte sind teilweise hochverarbeitete Lebensmittel, die reichlich Zusatzstoffe, Kalorien, Speisesalz, gesättigte Fette und Zucker enthalten können, aber wenig Ballaststoffe, Vitamine und Mineralstoffe. Und bei diesem »ultra-processed food« (UPF) gibt es immer mehr Hinweise darauf, dass sein hoher Verarbeitungsgrad die Gesundheit beeinträchtigen kann. So wird ein hoher Konsum von UPFs mit zahlreichen chronischen Erkrankungen wie Magen-Darm- und Herz-Kreislauf-Erkrankungen, Demenz, Depression, Krebs und Adipositas in Verbindung gebracht.[4]

Und die »Planetary Health Diet« funktioniert auch nur dann richtig, wenn mit der systematischen Täuschung und Irreführung in den Supermärkten Schluss ist. Dies betrifft Veganer und Vegetarierinnen gleichermaßen wie durchschnittliche Alles-Esser. Denn auch vegane und vegetarische Lebensmittel verheimlichen oft ihre Herkunft, Herstellungsweise und

Nährwerte, haben versteckten Zucker oder einen zu hohen Salzgehalt, werden aus pestizidbelasteten Rohstoffen und unter ausbeuterischen Arbeitsbedingungen hergestellt. Welche speziellen Defizite es bei veganen Lebensmitteln gibt, zeigen Beispiele auf der Website »Lebensmittelklarheit.de« der Verbraucherzentralen. Da wird ein »Haferblock« mit Haferähren auf der Schauseite verkauft, der nur einen Haferanteil von etwa drei Prozent hat, weshalb die Verbraucherzentrale dem Hersteller empfiehlt, den Namen zu ändern: »Der Produktname ›Haferblock‹ vermittelt ein Produkt auf Haferbasis und passt nicht zu einer Pflanzenmargarine, die statt Wasser Haferdrink enthält.« Auch eine Joghurtalternative erweckt durch den Begriff »Hafer« und abgebildete Haferkörner den falschen Eindruck, weil sie im Wesentlichen auf Sojabasis produziert wird. Darauf verweist jedoch nur der leicht zu übersehende Hinweis »Soya & Oats« am unteren Becherrand. Eine Kundin ärgert sich darüber auch deshalb, weil sie eine Soja-Unverträglichkeit hat und »die Produkte für mich für die Tonne waren: 3 € umsonst«.

Als die Verbraucherzentrale Bremen vor wenigen Jahren 21 pflanzliche »Joghurtalternativen« unter die Lupe nahm, stieß sie nicht nur auf fragwürdige Produktnamen wie »Sojaghurt« oder »Cashewghurt«, mit denen die Herstellerinnen den rechtlich geschützten Begriff »Joghurt« knapp und verbraucherunfreundlich umschifften. Die Tester entdeckten auch, dass kaum eine der veganen »Joghurtalternativen« ohne Zusatzstoffe auskam: 17 der 21 untersuchten Produkte enthielten Verdickungsmittel, jeweils rund die Hälfte Säureregulatoren beziehungsweise Aromen, einem Drittel waren Antioxidationsmittel zugefügt. Bis zu 15 Zutaten waren in der Liste der Inhaltsstoffe aufgeführt.

Ein weiterer Marktcheck zu veganem Schokoeis durch die Verbraucherzentrale Bayern im Sommer 2022 liest sich wie ein ganz normaler Marktcheck aus der nicht veganen Welt. Nach der Untersuchung von 34 Sorten veganem Schokoeis halten die Marktcheckerinnen fest:

- »Pflanzliche Ersatzzutat oft schwer zu erkennen«: Bei fast einem Viertel der Eise erhalten die Käufer entgegen der Vorschriften keinerlei Information dazu, welche Fette oder Proteine anstelle von Kuhmilch verwendet wurden.
- »Kakaoanteil nicht immer angegeben«.
- »Viele Zusatzstoffe in veganem Eis«: Kaum ein veganes Eis kommt ohne Zusatzstoffe aus, einige enthalten bis zu sieben Zusatzstoffe, unter anderem Verdickungsmittel und Emulgatoren.
- »Werbung mit Klimaneutralität nicht nachvollziehbar«: Manche Herstellerinnen versprechen die Klimaneutralität ihrer Lebensmittel oder sogar, dass diese eine negative CO_2-Bilanz aufweisen. Diese Angaben, monieren die Verbraucherschützer, ließen sich selbst auf den Internetseiten der Produzentinnen nicht nachprüfen.
- »Nur sehr wenige Eissorten tragen den Nutri-Score«: So hätten Verbraucherinnen und Verbraucher keine Möglichkeit, die Nährwerte der unterschiedlichen veganen Eissorten auf den ersten Blick zu vergleichen.

Ein Déjà-vu, das zeigt: Mit einem Bekenntnis zu veganer/vegetarischer Ernährung als der besseren Alternative ist es nicht getan. Denn auch hier gilt, wie bei allen in diesem Buch beschriebenen Defiziten der Lebensmittel im Hinblick auf Transparenz, Gesundheit, Ökologie und Wahlfreiheit: Notwendig ist die Intervention der Politik. Und sollte diese Intervention je kommen, wird sie auf den Lobby-Widerstand einer mächtigen Agrar- und Lebensmittelindustrie stoßen, den es zu überwinden gilt.

Der Sektor

Im Jahr 2019 betrug der Umsatz für vegetarische und vegane Lebensmittel in Deutschland rund 1,2 Mrd. Euro (2017: 736 Mio). Allein der Umsatz mit pflanzlichen Fleischalternativen stieg 2021 um gut 30 Prozent auf mehr als 600 Mio. Trotz des starken Wachstums handelt es sich, gemessen am Gesamtumsatz des Lebensmittelmarktes (ca. 150 Mrd.), immer noch um einen Nischenmarkt. Unterschieden werden: Ovo-Lacto-Vegetarier (keine Fleisch- und Wurstwaren), Lacto-Vegetarierinnen (keine Eier) und Ovo-Vegetarier (keine Milch) sowie Veganerinnen. Veganer ernähren sich ausschließlich pflanzenbasiert. In der Praxis gibt es nicht »die« Vegetarierin oder »den« Fleischesser. Ein Beispiel ist die sogenannte Flexitarierin, welche gelegentlich Fleisch(-produkte) isst.

Transparenz

Für die Begriffe »vegetarisch«, »vegan« oder »rein pflanzlich« gibt es keine rechtlich verbindlichen Kennzeichnungsregeln. Zusatzstoffe (z. B. L-Cystein aus Schweineborsten und Federn in Brot, Vitamin D aus Wollfett von Schafen in Margarine) können somit in Produkten nicht tierischer Herkunft stecken, ohne dass dies deklariert werden muss. Die Europäische Vegetarier Union (EVU) hat das freiwillig verwendbare V-Label entwickelt. Damit dürfen europaweit Lebensmittel gekennzeichnet werden, die ohne Rohstoffe, Zusatzstoffe und Verarbeitungshilfsstoffe aus Tierkörpern hergestellt sind, insbesondere ohne Fleisch, Gelatine, Knochen und Schlachtfette. Die mit dem V-Label ausgezeichneten Produkte werden entsprechend ihrer Zutaten entweder als »vegetarisch« oder als »vegan« klassifiziert (vgl. Infobox »Gütesiegel«). Generell bestehen vergleichbare Transparenzdefizite wie bei nicht veganen/vegetarischen Lebensmitteln.

Ökologie / Tierhaltung

Die CO_2-Emissionen einer veganen Ernährung sind im Durchschnitt um 40 Prozent geringer als bei einer omnivoren Ernährung. Bei Ovo-Lacto-

Vegetariern ist der Unterschied wegen der hohen Treibhausgasemissionen von Milch- und Milchprodukten nicht eindeutig. Eine Allesesserin, die auf Rindfleisch und Milchprodukte weitgehend verzichtet und vorwiegend Hühner- und Schweinefleisch konsumiert, kann eine bessere Treibhausgasbilanz aufweisen als ein Ovo-Lacto-Vegetarier. Negative ökologische Effekte durch Pestizide / Mineraldünger schließt das V-Label nicht aus. Auch wenn das V-Label Eier aus Käfighaltung verbietet, können Ovo-Lacto-Vegetarierinnen tierquälerische Haltungsformen nicht vermeiden (vgl. Infoboxen »Milch« und »Käse«).

Gesundheit

Eine abwechslungsreiche (ovo-)lacto-vegetarische Ernährungsweise kann das Risiko für Diabetes Typ 2, Adipositas und Herzerkrankungen reduzieren. Vegane Ernährung kann mit Nährstoffmangel von Vitamin B12, Eisen, Calcium sowie langkettigen Omega-3-Fettsäuren einhergehen, weshalb die Einnahme von angereicherten Lebensmitteln / Supplementen empfohlen wird. Auch verarbeitete vegane / vegetarische Lebensmittel werden mit Zusatzstoffen, Aromen, Verarbeitungshilfsstoffen hergestellt, mit den beschriebenen Nachteilen (vgl. Infoboxen »Zusatzstoffe« und »Aromen«). Die Nährstoffzusammensetzung von veganen / vegetarischen Lebensmitteln ist nicht per se ernährungsphysiologisch wertvoller als die nicht vegetarischer / veganer Lebensmittel.

Bio-Alternative

Vegan ist nicht automatisch Bio. Die Rohstoffproduktion von veganen Bio-Produkten verzichtet auf den Einsatz von Pestiziden und Mineraldünger. In den verarbeiteten Lebensmitteln sind deutlich weniger Zusatzstoffe zugelassen, das gilt auch für vegane / vegetarische Lebensmittel (vgl. Infoboxen »Zusatzstoffe« und »Aromen«). Verarbeitete vegetarische oder vegane Bio-Lebensmittel sind aber nicht per se ausgewogen und gesund.

Wahlfreiheit

Das V-Label gibt eine gute Orientierung für Verbraucher, die sich vegetarisch / vegan ernähren wollen. Da rechtlich verbindliche Definitionen bzw. Kennzeichnungspflichten fehlen, ist es bei den nicht mit dem V-Label gekennzeichneten Produkten häufig nicht ersichtlich, ob Lebensmittel wirklich vegetarisch, vegan oder rein pflanzlich sind.

FLEISCHALTERNATIVEN

Angebot / Qualitäten

Einem sinkenden Fleischkonsum in Deutschland (seit 2011 minus zwölf Prozent) steht eine wachsende Nachfrage nach Fleischersatzprodukten gegenüber, die auf Basis von Getreide / Soja in Form von Burgern oder Grillgut hergestellt werden. Das beliebteste Produkt ist der aus Sojabohnen gewonnene Tofu. Andere Grundzutaten sind Seitan, Bohnen, Erbsen, Lupine und Jackfrucht. Der Marktanteil am gesamten Fleischmarkt ist allerdings noch winzig.

Transparenz

Fleischersatzprodukte sind üblicherweise mit dem europaweit verwendbaren V-Label gekennzeichnet (vgl. Infobox »Gütesiegel«). Ansonsten weisen Fleischersatzprodukte vergleichbare Transparenz-Defizite wie andere verarbeitete Lebensmittel auf.

Ökologie

Die CO_2-Emissionen einer veganen Ernährung sind im Durchschnitt um 40 Prozent geringer als bei einer omnivoren Ernährung. Es bestehen die beim Pflanzenanbau auftretenden negativen ökologischen Effekte (Pestizide, Mineraldünger etc.).

Gesundheit

Im Gegensatz zu tierischen Proteinquellen sind pflanzliche Proteinlieferanten nahezu Cholesterin- und purinfrei und weisen sekundäre Pflanzenstoffe / Ballaststoffe auf. Stark verarbeitete Fleischalternativen enthalten allerdings neben zahlreichen Zusatzstoffen häufig viel Fett und Salz, um Geschmack und Konsistenz besser imitieren zu können. Sie sind deshalb nicht grundsätzlich gesünder.

Bio-Alternative
Die Rohstoffproduktion verzichtet auf den Einsatz von Pestiziden und Mineraldünger. In verarbeiteten Fleischersatzprodukten sind deutlich weniger Zusatzstoffe zugelassen (vgl. Infoboxen »Zusatzstoffe« und »Aromen«). Verarbeitete vegane Bio-Lebensmittel sind aber nicht per se ausgewogen und gesund.

Wahlfreiheit
Fleischersatzprodukte sind verarbeitete Lebensmittel mit vergleichbaren Beschränkungen der Wahlfreiheit wie bei allen verarbeiteten Lebensmitteln ohne Fleisch.

MILCHALTERNATIVEN

Angebot / Qualitäten

Milch von Tieren wird durch pflanzliche Produkte ersetzt. Dabei spielen neben ethischen und ökologischen Gründen auch die Laktose-Intoleranz vieler Menschen eine Rolle. Sojamilch ist in Asien schon lange bekannt und wird durch das Aufkochen gemahlener Sojabohnen hergestellt. Weitere Milchalternativen können aus Reis, Hafer, Erbsen oder Mandeln gewonnen werden.

Transparenz

»Milch« aus pflanzlichen Produkten darf in der EU nicht Milch genannt werden. Der Begriff ist Erzeugnissen vorbehalten, die durch das Melken gewonnen werden. Deshalb werden Ersatzbegriffe wie »Drink« verwendet. Es bestehen vergleichbare Transparenzdefizite wie generell bei verarbeiteten Lebensmitteln.

Ökologie

Der Treibhausgasausstoß bei der Produktion von Milchalternativen liegt um 70 bis 80 Prozent unter dem durch Kuhmilch verursachten Ausstoß, weil bei den Milchalternativen kein Methan anfällt. Ein Liter Kuhmilch verursacht (ab Regal) etwa 1,3 kg CO_2-Äquiv., ein Liter Hafermilch rund 0,3 kg CO_2-Äquiv. Es bestehen die beim Pflanzenanbau auftretenden negativen ökologischen Effekte (Pestizide, Mineraldünger etc.). Alle negativen Auswirkungen der Tierhaltung werden durch Milch aus pflanzlichen Rohstoffen vermieden.

Gesundheit

Milchalternativen sind im Vergleich zu Kuhmilch nährstoffarm. Manchen Milchalternativen sind deshalb Vitamin B12 und Calcium zugesetzt, wodurch sie dem Nährstoffprofil von Milch angepasst werden.

Bio-Alternative
Die Rohstoffproduktion verzichtet auf den Einsatz von Pestiziden und Mineraldünger. In verarbeiteten Lebensmitteln, also auch in Milchersatzprodukten, sind deutlich weniger Zusatzstoffe zugelassen (vgl. Infoboxen »Zusatzstoffe« und »Aromen«).

Wahlfreiheit
Milchersatzprodukte sind verarbeitete Lebensmittel mit vergleichbaren Beschränkungen der Wahlfreiheit wie bei allen verarbeiteten Lebensmitteln.

KÄSEALTERNATIVEN

Angebot / Qualitäten

Pflanzliche Käsealternativen bestehen hauptsächlich aus Wasser, pflanzlichen Ölen bzw. Fetten und Stärke. Der Umsatz mit veganem Hart- und Schnittkäse beträgt weniger als ein Prozent des Käsemarktes und ist ein Nischenmarkt. Die wesentlichen Käsetypen sind auch als pflanzliche Alternativen im Angebot: Hartkäse, Schnittkäse, Weichkäse und Frischkäse.[5]

Transparenz

Der Begriff »Käse« ist geschützt, weshalb Käsealternativen nicht als Käse bezeichnet werden dürfen. Um Konsistenz, Geschmack und Farbe zu erzielen, werden Aromen, Farbstoffe und Verdickungsmittel benötigt. Pflanzliche Käsealternativen weisen vergleichbare Transparenz-Defizite wie andere verarbeitete Lebensmittel auf.

Ökologischer Fußabdruck

Pflanzliche Käsealternativen, vor allem Hartkäse, erzeugen 70 bis 80 Prozent weniger Treibhausgase als Käse aus Kuhmilch. Problematisch ist vor allem der Einsatz von Palm- und Kokosöl als Basiszutat. Es bestehen die beim Pflanzenanbau auftretenden negativen ökologischen Effekte (u. a. Pestizide, Mineraldünger). Negative Effekte durch die Tierhaltung entfallen.

Gesundheit

Der Nährwert ist weniger ausgewogen als der von Käse aus Kuhmilch. Der Anteil an gesättigten Fettsäuren ist höher, der Eiweißgehalt niedriger. Anders als bei Kuhmilch enthalten Alternativen natürlicherweise kein Calcium und kein Vitamin B12, weshalb eine Anreicherung empfehlenswert sein kann. Kohlenhydrate machen rund 20 Prozent der Zutaten aus, während Käse aus Kuhmilch praktisch keine Kohlenhydrate enthält.

Bio-Alternative
Die Rohstoffproduktion verzichtet auf den Einsatz von Pestiziden und Mineraldünger. Es sind deutlich weniger Zusatzstoffe und Aromen zugelassen.

Wahlfreiheit
Käsealternativen sind verarbeitete Lebensmittel mit vergleichbaren Beschränkungen der Wahlfreiheit wie bei allen verarbeiteten Lebensmitteln.

16. Snacks, salzig + süß

Kennen Sie den Lidl-Löffel? Den mit dem Hügelchen in der Laffe, wie man die Löffelmulde nennt? Vor wenigen Jahren verschenkte die Discounter-Kette diesen eigenartig geformten Löffel an Kunden, die für mehr als 25 Euro einkauften, und die Idee dahinter war folgende: Weil durch das Hügelchen in der Laffe weniger Flüssiges oder Festes auf den Löffel passt, würde zum Beispiel eine Kaffeetrinkerin, die sich üblicherweise einen gehäuften Teelöffel Zucker ins Getränk schüttet, statt acht Gramm nur noch 6,4 Gramm pro Tasse konsumieren, rund 20 Prozent weniger. Mit dem Löffel mit der Beule wollte Lidl seine Kunden für ihren Zuckerkonsum sensibilisieren und gleichzeitig auf die eigenen Bemühungen hinweisen: Bis zum Jahr 2025 will der Discounter sowohl den Anteil an zugesetztem Zucker als auch den Salzgehalt in seinen Eigenmarken durch Reformulierungen um 20 Prozent reduzieren.[1]

Das Echo auf den Lidl-Löffel war gemischt. Während die einen darin einen billigen Werbegag sahen und Lidl vorwarfen, seine Kundinnen für dumm verkaufen zu wollen, weil die ihren Zuckerkonsum nicht durch eine »plumpe Selbsttäuschung« verringern würden, fanden andere die Idee gar nicht so schlecht. So wiesen Ernährungspsychologen darauf hin, dass es durchaus sinnvoll sein könne, Portionsgrößen – und das ist das Fassungsvermögen eines Löffels – zu reduzieren und sich so das eigene Essverhalten bewusster zu machen.[2]

Die deutschen Handelsgiganten lieben das Wort Verantwortung. In ihren Publikationen verantwortet es mehr, als es vor Weihnachten weihnachtet: Rewe bringt es in seinem Nachhaltigkeitsbericht (2021) auf 154 Variationen des Wortes von der »Gesamtverantwortung« bis zum »Verantwortungsbewusstsein«; im Nachhaltigkeitsbericht von Edeka Südwest (*Heimat leben*, 2020) landet man 44 Treffer, in Lidls Nachhaltigkeitsbericht für die Jahre 2018 bis 2019 sind es doppelt so viele: 88-mal übernimmt Lidl an irgendeiner Stelle Verantwortung.

Man liest in solchen Berichten vom Artensterben und von der Klimakrise, die »keinerlei Aufschub verzeihen«. Man liest von der finanziellen Unterstützung für die Restaurierung von Mooren als CO_2-Speicher. Von Partnerschaften mit Umweltverbänden und vom »massiven Ausbau« von E-Schnellladestationen mit grünem Strom aus Offshore-Windparks. Man liest von einem »Bananenfonds« zur Verbesserung ökologischer und sozialer Bedingungen im Bananenanbau in Mittelamerika.

Daran ist zunächst mal nichts Falsches, aber man wird den Eindruck nicht los, dass die Handelskonzerne am liebsten dort Verantwortung übernehmen, wo es das Geschäftsmodell nicht wirklich berührt und – vor allem – wo es nur um selbstgesteckte Ziele ohne jede Verbindlichkeit geht. Dort jedoch, wo es um verbindliche Pflichten geht, wie sie das europäische Lebensmittelrecht einfordert – speziell der präventive Gesundheitsschutz und das Täuschungsverbot –, werden die Supermarktketten ihrer Verantwortung nicht gerecht.

Bleiben wir also bei Lidls Absicht zur Salz- und Zuckerreduktion von minus 20 Prozent bis zum Jahr 2025. Der erste Einwand lautet: Lidl formuliert sein Ziel ausdrücklich nur für seine Eigenmarken, also für jene Lebensmittel, die in den konzerneigenen Fabriken hergestellt werden oder von Lebensmittelfirmen im Auftrag Lidls produziert werden. Wenig Substanzielles ist jedoch davon zu hören, dass Lidl von den Herstellerinnen der Fremdmarken, die immerhin ein Viertel des Sortiments ausmachen, dieselben Reformulierungen verlangt.

Man sei im Austausch zu diesem Thema und setze sich für die Zielvorgaben ein, heißt es nur. Die Macht, die die Supermarktketten bei den jährlichen Preisverhandlungen mit den Herstellern teilweise brutal zum Einsatz bringen, scheint im Fall der Zucker-, Salz- und Fettbomben schwach dosiert.

Noch wichtiger ist jedoch der zweite Einwand: Verfehlt Lidl sein Ziel, bis 2025 in seinen Eigenmarken ein Fünftel weniger Salz und Zucker zu verwenden, passiert praktisch nichts. Denn es handelt sich um eine reine Selbstverpflichtung. Nichts und niemand hindert Lidl daran, seine Reduktionsstrategie wieder zu begraben, wenn es aus irgendwelchen Gründen opportun erscheint.

Supermärkte verantworten Fehlernährung

Wie ambivalent Nachhaltigkeitsberichte mit ihrem Verantwortungsoverkill mitunter sind, zeigt just der 2020 erschienene Lidl-Bericht für die Geschäftsjahre 2018 und 2019. Dort darf der Leiter der Abteilung Prävention beim AOK-Bundesverband, Kai Kolpatzik, in einem Interview ausführlich vor zu hohem Zucker- und Salzkonsum warnen: »Das Problem ist enorm«, sagt Kolpatzik und erklärt: »Der Pro-Kopf-Konsum in Deutschland liegt deutlich über den WHO-Empfehlungen – und das hat gravierende Folgen. Zu viel Zucker führt zu Übergewicht und zu Krankheiten wie Diabetes Typ 2 und Karies. Adipositas, also starkes Übergewicht, kostet die Gesellschaft rund 63 Milliarden Euro im Jahr. Und die jährlichen Behandlungskosten von Karies betragen über acht Milliarden Euro. Diese Kosten tragen wir alle unter anderem über die Krankenkassenbeiträge.«

So weit, so richtig und wichtig. Der Arzt und Gesundheitswissenschaftler darf sich sogar politisch positionieren. Auf die Frage, wer den größten Hebel in der Hand halte, um den Überkonsum von Salz und Zucker zu reduzieren, sagt Kolpatzik: »Das ist eindeutig der Gesetzgeber – und zwar mit verbindlichen Vorgaben. Denn die freiwilligen Selbstverpflichtungen, wie sie hierzulande existieren, werden die Gesundheit der Menschen nicht wirklich verbessern. Bei Limonaden etwa hat sich der durchschnittliche Zuckergehalt von über acht Gramm pro 100 Milliliter von 2018 auf 2019 um nicht einmal 0,1 Gramm je 100 Milliliter reduziert. Verbindliche Vorgaben wären besser, da kein Wettbewerbsnachteil entsteht, wenn alle Hersteller den Zucker- oder Salzgehalt (…) senken müssen.«

Wettbewerbstheoretisch ist dieser Sachverhalt unbestreitbar: Ist eine Vorgabe nicht für alle bindend, sondern dem Goodwill der einzelnen Akteure überlassen, kann mancher dem Reiz nicht widerstehen, sich durch Nichtbeachtung der Vorgabe einen Vorteil gegenüber Konkurrentinnen zu verschaffen; in diesem Fall wäre es das Verkaufsargument: »Unsere Lebensmittel sind süßer, deftiger, geschmackvoller« – ein Angebot für Leute mit Sinn für »Genuss«.

Kein Wunder also, dass der AOK-Arzt und Präventionsexperte Kai Kolpatzik zur Einschätzung kommt, freiwillige Selbstverpflichtungen würden die Gesundheit der Menschen nicht verbessern. Ebenso Francesco Branca, Direktor für Ernährung und Lebensmittelsicherheit bei der WHO, der sagt, er kenne keinen einzigen Fall, in dem freiwillige Vereinbarungen mit der Lebensmittelwirtschaft Wirkung gezeigt hätten, wenn die Regierung keine Druckmittel in der Hand habe.

Dass Lidl solchen Positionen Raum in seinem Nachhaltigkeitsbericht einräumt, kann man als fortschrittlich anerkennen. Man kann es aber auch als Feigenblatt für Lidl sehen: Denn während sich der Discounter als irgendwie aufgeschlossen für gesetzliche Maßnahmen zur Eindämmung des krankmachenden Salz- und Zuckerkonsums zeigt, bekämpft der mächtige Lebensmittelverband Deutschland – dessen Mitglied auch Lidl ist – reflexartig jegliche Art von gesetzlicher Regulierung, egal, ob es um eine Steuer auf zuckerhaltige Produkte geht (wie es sie u. a. in Großbritannien, Norwegen, Frankreich und Mexiko gibt) oder um die Beschränkung von Werbung für ungesunde Lebensmittel, die sich an Kinder richtet.

Wenig überraschend behauptet der Lobbyverband auch bezüglich der 2018 geschlossenen Vereinbarung zwischen der Lebensmittelwirtschaft und der Bundesregierung zur freiwilligen Reduktion von Zucker, Fetten und Salz in Fertigprodukten, man habe »das Versprechen gegenüber der Politik« gehalten: »Freiwillige Reduktionsstrategie für Zucker, Fett und Salz wirkt.« Ganz anders das staatliche Max Rubner-Institut, das im Auftrag des Bundesernährungsministeriums die Analyse der Lebensmittel durchführt: In ihrem jüngsten Produktmonitoring von 2022 verfallen die Wissenschaftler keinesfalls in einen »Es wirkt«-Jubel wie die Lebensmittellobby. Stattdessen berichten sie von Licht und Schatten und fassen ihre Ergebnisse in äußerst vorsichtige, gedrechselte Formulierungen: Der Vergleich der Energie- und Nährstoffgehalte der untersuchten Fertigprodukte mit einer früheren Erhebung lasse »eine kontinuierliche Entwicklung erkennen: Das Marktangebot dehnt sich teilweise zu Produkten mit niedrigeren Gehalten hin aus, und es konnten zum Teil signifikante Verringerungen gegenüber der Basiserhebung festgestellt werden. Dennoch sind weiterhin Produkte in den oberen Bereichen der Energie- und Nährstoffgehalte auf dem Markt. Die Tatsache, dass in einigen Produktgruppen die Energie- und Nährstoffgehalte im Vergleich zur Basiserhebung erhöht sind, weist darauf hin, dass es weiteres Reduktionspotenzial gibt.« So gewunden drückt sich eine Bundesoberbehörde im Geschäftsbereich des Bundesministeriums für Ernährung und Landwirtschaft aus,[3] die gegenüber den Lebensmittelherstellerinnen und -händlern nicht mehr in der Hand hält als ein »Versprechen«.

Selbst die *Lebensmittelzeitung* war klarer in ihrer Kommentierung des aktuellen Produktmonitorings: Zum Gesamtbild gehöre, »dass etwa beim Zucker kein allgemeiner Reduktionstrend zu beobachten ist. Vielmehr dominiert das ›Sowohl als auch‹. (...) Beim Salzgehalt konnte weder eine signifikante Erhöhung noch eine Verringerung festgestellt werden.«

Welch schwache Wirkung Selbstverpflichtungen – oder »Versprechen« – der privaten Lebensmittelwirtschaft gegenüber dem Staat und auch gegenüber Kunden entfalten, zeigte eine Studie von foodwatch. 2021 verglich die NGO fast 300 an Kindern beworbene Produkte von 16 Lebensmittelkonzernen, die eine Selbstverpflichtung zu verantwortungsvollerem Kindermarketing (»EU Pledge«) unterschrieben hatten, mit den Nährwert-Empfehlungen der Weltgesundheitsorganisation (WHO). Das Ergebnis: 85,5 Prozent der Produkte enthielten zu viel Zucker, Fett und/oder Salz und waren nach WHO-Kriterien unausgewogen. Im Vergleich zu einer Untersuchung sechs Jahre zuvor ergab sich eine nur marginale Verbesserung, damals hatte der Anteil ungesunder Produkte knapp 90 Prozent betragen. Weshalb foodwatch resümierte: »Die in den vergangenen Jahren (...) erfolgte freiwillige Zuckerreduktion in einigen Kinderprodukten ist nachweislich unzureichend, um sicherzustellen, dass nur ausgewogene Lebensmittel an Kinder beworben werden.« Ergo: Die freiwillige Selbstregulierung der Lebensmittelindustrie bei Kindermarketing sei gescheitert.

Ganz einfach ausgedrückt geht es darum, dass die Dosis und vor allem Wirksamkeit freiwilliger Selbstverpflichtungen und »Versprechen« lächerlich gering ist angesichts einer gewaltigen Problematik: Jede und jeder Vierte in Deutschland ist stark übergewichtig, schätzungsweise zehn Millionen

Menschen haben Typ-2-Diabetes, und jeder fünfte Todesfall in Deutschland ist auf eine ungesunde Ernährung zurückzuführen. Zu meinen, all das seien die Folgen falscher individueller Entscheidungen ist unterkomplex. Die Lebensmittelindustrie und ebenso die Supermarktketten haben einen immensen Einfluss auf unsere Ernährung. Durch an Kinder gerichtetes Marketing prägen sie schon früh die Essgewohnheiten, durch irreführende Werbung lassen sie Lebensmittel gesünder erscheinen, als sie es in Wahrheit sind. Und durch geschickte Lobby-Kampagnen verhindern sie wirksame politische Maßnahmen, die eine gesunde Ernährung fördern könnten. Die Weltgesundheitsorganisation und zahlreiche medizinische Fachgesellschaften fordern, dass Regierungen die Branche endlich wirksam in die Pflicht nehmen. Reformulierungsversprechen und freiwillige Selbstverpflichtungen derer, die damit sehr viel Geld verdienen, sind so wenig hilfreich wie Löffel mit einer kleinen Erhebung in der Laffe.

SÜSSE SNACKS

Angebot

Zu den süßen Snacks zählen Süßwaren, Kekse, Frühstücksflocken und Schokoriegel, aber auch Fruchtschnitten, die nicht als süße Snacks erkennbar sind. Bei der Beurteilung von süßen Snacks ist vor allem der Zuckergehalt relevant. Der zugesetzte Zucker in Snacks besteht aus Rüben- oder Rohrzucker, deren chemische Zusammensetzung nahezu identisch ist. Süße Snacks sind vorwiegend im Kassenbereich der Supermärkte zu finden, wo sie wegen quengelnder Kinder einen besonderen Kaufanreiz ausüben (»Quengel-Kassen-Phänomen«).

Transparenz

Es wird der gesamte Zuckergehalt etikettiert, sowohl der natürlich enthaltene Zucker (z. B. in Honig oder Obst) als auch der zugesetzte Zucker, z. B. Haushaltszucker. Dies liest sich in der Zutatenliste beispielsweise so: »Kohlehydrate 12 g, davon Zucker 6 g«. Man kann also nicht erkennen, welcher Anteil des Zuckers zugesetzt und welcher von Natur aus enthalten ist.

Die gesundheitlich relevante Menge des Zuckergehaltes lässt sich aus der Zutatenliste nicht abschätzen. Dazu wäre eine Nährwertkennzeichnung wie der Nutri-Score erforderlich. Allerdings schaltet der Nutri-Score erst bei einem Zuckergehalt von umgerechnet 80 g / Tag auf Rot, während die Weltgesundheitsorganisation 50 g empfiehlt. Zudem ist der Nutri-Score freiwillig anwendbar und deshalb auf süßen Snacks kaum zu finden.

Die Aufschrift »ohne Zuckerzusatz« ist täuschend, sie bedeutet nicht, dass kein Zucker enthalten ist, sondern dass kein Zucker zugesetzt wurde. Eine Fruchtschnitte, die keinen zugesetzten Zucker, aber mit 40 Prozent natürlichem Zucker einen hohen Zuckergehalt aufweist (z. B. aus Datteln, Rosinen u. a.), darf mit »ohne Zuckerzusatz« beworben werden.

Ökologischer Fußabdruck

Abhängig von den jeweiligen Grundstoffen (Schokolade, Getreide, Früchte) entsteht ein unterschiedlicher ökologischer Fußabdruck. Zucker: Wie bei allen Pflanzen werden bei der konventionellen Zuckerproduktion Pestizide und Mineraldünger mit den entsprechenden negativen ökologischen Auswirkungen eingesetzt. Der ökologische Fußabdruck von Rübenzucker und Zucker aus Rohr hängt von den jeweiligen Anbaubedingungen ab.

Gesundheit

Der Konsum von Zucker stellt eine Gefahr für die Gesundheit dar. Er liefert dem Körper nichts außer überflüssige Kalorien. In Deutschland betrug der Pro-Kopf-Verbrauch von Zucker im Jahr 2020 / 21 32,5 Kilogramm, dies entspricht einer täglichen Menge von rund 89 Gramm. Die Weltgesundheitsorganisation empfiehlt eine Ernährung, die nicht mehr als zehn Prozent Zucker enthält. Für einen durchschnittlichen Erwachsenen (bei einer Kalorienzufuhr von 2000 kcal) entsprechen zehn Energieprozent nicht mehr als 50 Gramm Zucker pro Tag (ca. zehn Teelöffel bzw. 14 Stück Würfelzucker). Den höchsten Anteil am Verbrauch haben Jugendliche und junge Erwachsene zwischen 15 und 24 Jahren mit 16 bis 18 Prozent. 73 Prozent der Müslis, Cornflakes etc. überschreiten die Empfehlung der Weltgesundheitsorganisation von 15 Gramm Zucker pro 100 Gramm Müsli etc. Bei Kinder-Frühstücksflocken liegen 99 Prozent über dem Richtwert.
Zucker in Verbindung mit einer hochkalorischen Ernährung führt zu Übergewicht bzw. Adipositas und einem erhöhten Risiko, an Diabetes mellitus Typ 2 oder Herz-Kreislauf-Störungen zu erkranken. Es gibt keinen »gesunden« Zucker. Süßungsalternativen wie Honig enthalten keine gesunden Nährstoffe, so dass sie keinen gesundheitlichen Vorteil bringen.

Bio-Produkte

Der Anbau von Rüben- oder Rohrzucker findet ohne synthetische Pestizide und Mineraldünger statt. Bio-Produkte sind bezüglich des Zuckergehaltes nicht gesünder. Eine Bio-»Fruchtschnitte« mit »natürlichem« Zucker in Form von Honig, Sultaninen, Feigen bringt es ohne Schwierigkeiten auf einen Gesamtzuckergehalt von über 50 Prozent.

Wahlfreiheit

Angesichts der unklaren Zutatenliste und der Abwesenheit einer aussagefähigen Nährstoffkennzeichnung ist die Wahlfreiheit erheblich eingeschränkt.

SALZIGE SNACKS

Angebot / Qualitäten

Zu den salzigen Snacks werden – angelehnt an die Nationale Verzehrsstudie II – »Knabberartikel auf Kartoffelbasis, salziges Kleingebäck, gesalzene und geröstete Nüsse und Samen sowie Erdnussflips« gezählt. Diese Lebensmittel enthalten oft viel Fett und Salz. Unter Salz – auch bekannt als Speise-, Koch- oder Tafelsalz – versteht man Natriumchlorid (NaCl).

Transparenz

Seit Dezember 2016 muss der Speisesalzgehalt im Rahmen der Lebensmittelkennzeichnung auf verpackten Lebensmitteln angegeben werden. Die auf der Vorderseite der Verpackungen angegebenen Portionsgrößen z. B. für Kartoffelchips sind oft unrealistisch, weil nur 30 Gramm als Portion angegeben sind. Auf diese kleinere Menge heruntergerechnet, wirken die Kalorien-, Fett- und Salzgehalte nicht mehr so groß. Eine Studie aus 2017 ergab, dass im Durchschnitt eine Portion auf ca. 60 Gramm Chips geschätzt wird, doppelt so viel wie von den Herstellern angegeben.

Ökologischer Fußabdruck

Er hängt von den jeweiligen Grundstoffen der Snacks (z. B. Nüsse, Kartoffeln) ab und weist deshalb große Unterschiede auf.

Gesundheit

Der Orientierungswert für Speisesalz liegt laut der Deutschen Gesellschaft für Ernährung (DGE) bei 6 Gramm pro Tag und laut WHO bei 5 Gramm. Dies entspricht ungefähr einem Teelöffel. Die DGE empfiehlt, dass Speisesalz mit Jod und / oder Fluorid angereichert sein sollte, da die Bevölkerung in Deutschland im Durchschnitt eine Unterversorgung mit Jod aufweist. Die gängigen Salzgehalte klassischer salziger Snacks sind hoch. 100 g Kartoffelchips: 1,2 Gramm Salz; 100 g Erdnüsse, geröstet und gesalzen: 1,3 Gramm Salz; 100 g Salzstangen: 4,3 Gramm Salz. Die Verbraucherzentrale kritisiert, dass vor allem die scheinbar »gesunden« Chips aus Hülsenfrüchten durch sehr hohe Salzgehalte negativ auffallen. Auch Chips-Alternativen aus Gemüse und Getreide sind nicht gesünder. Der Kaloriengehalt ist nahezu identisch und auch der Salzgehalt ist hoch.

Die tägliche Zufuhr von Salz liegt bei ca. 70 Prozent der Frauen und ca. 80 Prozent der Männer über den Empfehlungen. Laut der Nationalen Verzehrsstudie II zeigt sich, dass der Konsum salziger Snacks bei 14- bis 18-Jährigen am höchsten ist und mit dem Alter weiter abnimmt. Ein hoher Salzkonsum ist mit einem erhöhten Risiko für Bluthochdruck und koronare Herzerkrankungen verbunden. Die Reaktion des Blutdrucks auf Salzkonsum ist jedoch nicht bei allen gleich: »Salzsensitive« Menschen reagieren auf eine veränderte Speisesalzzufuhr mit einer stärkeren Blutdruckveränderung.

Bio-Alternative

Die pflanzliche Basis von salzigen Bio-Snacks wird ohne Pestizide und Mineraldünger hergestellt, ist also ökologischer. Die Snacks sind aber ernährungsphysiologisch nicht wertvoller.

Als bessere Alternative zum herkömmlichen Salz wird oft »Himalaya-Salz« oder »Meersalz« angepriesen. Einen gesundheitlichen Mehrwert haben diese Salze jedoch nicht. Argumentiert wird gern mit dem Mineralstoffgehalt dieser Sorten. Dieser ist jedoch so gering, dass kein Mehrwert besteht.

Wahlfreiheit

Die Wahlfreiheit ist wegen der fehlenden gesundheitlichen Bewertung der auf der Packung angegebenen Salzmenge / 100 g beschränkt. Dieses Defizit könnte der Nutri-Score beheben, der allerdings auf salzigen Snacks selten zu finden ist, weil er nicht verpflichtend angewendet werden muss.

17. Nahrungsergänzungsmittel + »Superfoods«

»Migros-Filialen bleiben schweizweit alkoholfrei.« So verkündete es im Juni 2022 das Schweizer Supermarktunternehmen Migros. Der Grund: In einer Urabstimmung hatten 630 000 Genossenschaftsmitglieder mit satter Zwei-Drittel-Mehrheit dafür votiert, den seit fast hundert Jahren praktizierten Verzicht auf den Verkauf alkoholischer Getränke aufrechtzuerhalten (anders als die Mehrheit der anderen Führungsgremien, die die Abstinenz abschaffen wollten). Dazu muss man wissen: Migros ist nicht irgendein Schweizer Lebensmittelhändler, sondern ein Gigant mit bald 30 Mrd. Franken Gruppenumsatz und 630 Supermärkten, in denen die Schweizerinnen etwa 40 Prozent ihrer Ausgaben für Lebensmitteleinkäufe liegen lassen. Der Verzicht auf den Verkauf von Wein, Bier und Schnaps nicht nur in sämtlichen Supermärkten, sondern auch in den Restaurants und sogenannten Take-Aways von Migros dürfte den Marktführer im Nachbarland geschätzte 1,5 bis zwei Milliarden Franken Umsatz pro Jahr kosten.[1]

Man kann das für eine respektable Entscheidung halten und als prinzipientreu loben, weil die Supermarkt-Genossinnen das Vermächtnis ihres Gründers Gottlieb Duttweiler hochhalten. Denn der Zürcher Kaufmann verstand die 1928 selbst verordnete Abstinenz als einen Beitrag zur Volksgesundheit und als notwendiges Zeichen im Kampf gegen das »allmächtige Alkoholkapital«.

Man kann aus dieser Geschichte aber noch etwas anderes ableiten: dass nämlich die Moral- und Wertvorstellungen privater Unternehmen – so überzeugend sie im Einzelfall sein mögen – niemals ein Ersatz für verbindliche Regeln *für alle* sein können. Steht für Migros die »Volksgesundheit« beim Alkoholverkauf im Vordergrund, mag ein anderer Händler der Meinung sein, dass es besser sei, Alkohol schon an Zwölfjährige zu verkaufen, um sie so zu einem »verantwortungsvollen Konsum« von Bier und Wein zu erziehen; ein dritter Lebensmittelkonzern könnte alkoholische Getränke ohne jegliche Altersbeschränkung verkaufen, weil in seinem Weltbild die Eltern für ihre Kinder verantwortlich sind – und nicht Supermarktkassiererinnen, die sich Personalausweise zeigen lassen müssen. Klar ist: Ohne gesetzliche Grundlage folgte jeder Supermarkt seiner subjektiven Moral zum Thema Alkohol, Jugendliche und Kinder.

Und das gilt für alle Sortimentsbereiche in den Supermärkten, also auch für Nahrungsergänzungsmittel und angrenzende Sortimente: Wo es keine oder schlechte Regeln gibt, blüht der Dschungel, in dem sich Verbraucher zwangsläufig verlaufen und Waren kaufen, die sie nie wollten, die sie nicht brauchen und die im Zweifel ihrer Gesundheit schaden.

Wir stehen in einer Berliner Kaufland-Filiale, im Rücken Regale voller Wein und Spirituosen, vor uns ein Regal mit Nahrungsergänzungsmitteln und verwandten Produkten: Molkenproteinpulver für das Anrühren von Eiweißshakes »direkt nach dem Training«, Geschmacksrichtung Coconut White Chocolate, es soll zum Aufbau und Erhalt von Muskeln beitragen, 1000 Gramm für 19,99 Euro; außerdem Designer-Protein-Komplex: »Überzeugt bereits beim Öffnen mit einem intensiven Aroma. Sofort wird dein Geruchssinn dich mit leckeren Geschmacksassoziationen überhäufen, bevor du das Proteinpulver überhaupt probiert hast. Sehr leicht verdaulich, biologisch intakt und schonend hergestellt. Zum Kochen und Backen geeignet«; Protein-Riegel; Power-Müsli; und auf Augenhöhe viele pastellfarbene Drinks in Plastikflaschen in den Geschmacksrichtungen »Smooth Vanilla« und »Fresh Berry«, laut Hersteller liefern sie »deinem Körper essenzielle Nährstoffe wie Proteine, Ballaststoffe, pflanzliche Öle sowie 26 Vitamine und Mineralstoffe«. Um Zweifel auszuräumen, was man da kauft, schreibt die Firma (ein von zwei jungen ehemaligen Investmentbankern gegründetes Start-up in München) auf ihre Trinkmahlzeit: »This is food.«

Der Supermarkt als Apotheke

»Wir lieben Lebensmittel«, lautet Edekas Claim. Wenn man aber durch deutsche Supermärkte geht, drängt sich der Eindruck auf, dass ihnen besonders Lebensmittel, die gar nicht mehr wie welche aussehen, immer lieber werden: Nahrungsergänzungsmittel als Pulver, Kapseln, Pastillen, Tabletten, Pillen oder Ampullen; »Superfoods« in Form getrockneter Beeren, Samen und Gräser; pflanzliche Arzneimittel aus Blüten, Wurzeln oder ätherischen Ölen; »Botanicals« aus Pflanzen, Algen, Pilzen oder Flechten. Schaut man sich die Ware in den Regalen näher an, wird man unweigerlich zum Mängelwesen, das Hilfe braucht für Augen, Haut und Haare, bei der Verdauung und Gewichtskontrolle (in beide Richtungen), für schöne Nägel, ausgeglichenen Stoffwechsel, perfekte Knochendichte, gute Stimmung, erholsamen Schlaf oder starke Immunabwehr.

Unsere Supermärkte als Apotheke light? Trauen die ihren eigenen Waren nicht mehr über den Weg? Ist die Qualität von Obst und Gemüse, die Qualität des Fleischs, der Milchprodukte, der Nudeln, des Brots, der Eier inzwischen so minderwertig, dass sie ohne ergänzende Kost, ohne zugesetzte Vitamine nichts mehr taugen?

Was vor einigen Jahren noch weitgehend zwielichtigen Fitnessstudios und dubiosen Online-Anbieterinnen vorbehalten war, steht heute bei Kaufland & Co., nicht zu reden von Drogeriemärkten wie dm, in denen Nahrungsergänzungsmittel und verwandte Produkte viele Regalmeter füllen: kalorienarmes Süßungspulver in verschiedenen Geschmacksrichtungen zum Unterrühren in Milch, Joghurt oder Quark; Protein-Balls als »Proteinquelle für die Hosentasche«; Diät-Vitalkost-Pulver zur Gewichtsreduktion »mit wichtigen Vitaminen, Mineralstoffen und hochwertigen Proteinen«; Protein-Fruchtgummis – zuckerfrei, fettfrei, lactosefrei; Magnesium-Brausetabletten; »Direktsticks« für Kinder, die voller Vitamine und Folsäure sind und »zur Verringerung von Müdigkeit und Ermüdung« beitragen, außerdem »zur Erhaltung normaler Knochen« und »zu einer normalen geistigen Leistung«; Lutschgummis, mit denen der Lutschende »body und mind wieder ins absolute Gleichgewicht« bringt, »um verlorengegangene Energie zu aktivieren, die Haut ins Reine zu bringen, sich zu entspannen oder sich vor schädlichen Umwelteinflüssen zu schützen. Klein, lecker und gesund – die ersten Nahrungsergänzungsmittel, die Spaß machen.« Weitere Gummis als »energy kick«, die angeblich »immer 100 % worry-free« machen, was schon deshalb nicht stimmen kann, weil die Herstellerin auf ihrer Website warnt, dass das Produkt nicht von Jugendlichen unter 18 gegessen werden sollte.

Was in Ausnahmefällen sinnvoll sein mag – für Schwangere, für echte Leistungssportler, für Menschen, die sich bei Sonnenschein gar nicht oder wenig im Freien aufhalten können – ist für die durchschnittliche Supermarktkundin in aller Regel völlig überflüssig.[2] Und keineswegs ungefährlich. Wer es nicht glaubt, sollte sich unter www.klartext-nahrungsergaenzung.de, eine Website der Verbraucherzentralen, die nicht enden wollende Liste von Verbraucherwarnungen anschauen. Und diese Warnungen beziehen sich nicht nur auf Ware aus dem Internet, sondern auch auf Produkte aus dem stationären Handel, wie die Verbraucherzentrale betont. Gewarnt wird vor zu viel Jod und dem krebserregenden Pflanzenschutz- und Begasungsmittel Ethylenoxid in getrocknetem Seetang. Vor Blausäure in Aprikosenkernen. Vor Salmonellen in einem Produkt namens »WurzelKraft – Pflanzliches Feingranulat zum Verzehr mit Früchten, Blütenpollen, Kräutern und Gemüsen«. Vor möglichen oder tatsächlichen Belastungen mit krebserregendem Ethylenoxid in »Naturweisheit. Meine Vitalquelle« und »Naturweisheit. Meine Immunformel«. Vor Multivitamintabletten mit gesundheitsschädlichem Gehalt an Alpha-Liponsäure. Vor dem krebserregenden Ethylenoxid im Proteinpulver »Body&Fit Vegan Protein Banana Shake«, aber auch in Calciumcarbonat Kautabletten. Vor zu viel Curcumin und Piperin in Ingwer-Kapseln. Und so weiter und so fort.

Gefährlich können die vermeintlichen Gesundmacher aber nicht nur durch Substanzen werden, die dort gar nicht hineingehören. Auch die eigentlichen Nährstoffe können problematisch sein, wenn der Körper durch zu viele Pulver, Kapseln und Tabletten überversorgt wird. Zu viel Vitamin D kann zu Muskelschwäche, Müdigkeit und Herzrhythmusstörungen führen, zu viel Vitamin A zu Kopfschmerzen, Übelkeit oder Sehstörungen.[3] Schaden droht außerdem durch Wechselwirkungen mit Medikamenten.

Die Chance, dass es junge Konsumentinnen auf warnende Webseiten wie jene der Verbraucherzentralen verschlägt, dürfte verschwindend gering sein im Vergleich zur Wahrscheinlichkeit, dass ihnen die Nahrungsergänzungsmittel in den sozialen Medien von bauchfreien Frauen und muskulösen Männern unter die Nase gehalten werden, nach dem Motto: Morgens einen Joghurt mit drei Löffeln Süßungspulver, mittags eine mit Proteinpulver selbstgebackene Pizza, zwischendurch fünf Kapseln Mineral- und Multivitaminkomplex oder einen Proteinriegel, abends einen Salat mit Proteindressing und zum Nachtisch ein Proteinbrownie mit Light Dessert Sauce. Die Präsenz dieser Influencer mit ihren Millionen von Followerinnen ist so stark, dass die Supermärkte ohne großen eigenen Werbeaufwand in deren Kielwasser mitschwimmen können.

Dabei sind die Gesundheitsversprechen für Nahrungsergänzungsmittel auf Instagram »häufig abseits der Legalität«, wie die Lebensmittelüberwachung in Baden-Württemberg jüngst feststellte.[4] Auf der Grundlage der europäischen Health-Claims-Verordnung, die nur wissenschaftlich geprüfte und zugelassene Werbeaussagen erlaubt, mithin keine übertriebenen Versprechen zur Heilung, Linderung oder Verhütung von Krankheiten,[5] analysierten die Kontrolleure 965 Posts mit gesundheitsbezogenen Werbeaussagen von 38 Lebensmittelunternehmen. Ergebnis: 39 Prozent der Posts wurden als nicht zulässig eingestuft. Noch bedenklicher war das Resultat bei den »Stories« von 68 Influencern, die mit gesundheitsbezogenen Aussagen für Nahrungsergänzungsmittel warben: Hier stuften die Lebensmittelkontrolleurinnen fast 90 Prozent als nicht zulässig ein. Ihr Fazit: »Insbesondere das Werben über Influencer/-innen, aber auch die direkte Werbung eines Unternehmens auf dem eigenen Instagramprofil hat sich (...) als sehr kritisch bezüglich der Einhaltung der Health-Claims-Verordnung herausgestellt«; wegen der teilweise enormen Reichweite der Influencerinnen sei der hohe Anteil unzulässiger gesundheitsbezogener Werbeaussagen von »erheblicher Problematik«.

Nimmt man alles zusammen – die windigen Versprechen, die unbelegten gesundheitlichen Nutzen, die potenziellen Gefahren, die am Rande der Seriosität operierenden Influencer –, könnte man von einem Sortiment sprechen, das in Teilen nichts anderes ist als moderne Quacksalberei. Nahrungsergänzungsmittel, Superfoods und angrenzende Sortimente werden in Online-Shops, per Telefon und auf Kaffeefahrten verkauft, in Arztpraxen, Drogerien, (Internet-)Apotheken und Sportstudios. Warum mischen jetzt auch immer mehr Supermärkte mit? Warum setzen sie auf Produkte, deren Qualität und Preiswürdigkeit die Verbraucherinnen noch weniger beurteilen können, bei denen die Kunden noch mehr darauf vertrauen müssen, was ihnen erzählt wird?

Die Antwort: Die Supermärkte wollen den neuen, wachsenden Kuchen nicht den anderen Vertriebskanälen überlassen.[6] Sie wollen mit margenstarken Produkten[7] zusätzliche Umsätze generieren – auch wenn die oft aus billigen Rohstoffen bestehen und der Verbraucherin minimale Transparenz zugestehen. Die Supermärkte wollen den Trend in Profit ummünzen – auch wenn dieser Trend durch die Corona-Pandemie angeheizt wurde, die viele Menschen ängstlich und besorgt um ihre Gesundheit machte. Laut einer Umfrage der Verbraucherzentralen Ende 2021 konsumieren immer mehr Bürger Nahrungsergänzungsmittel: Fast die Hälfte der Befragten hatte innerhalb der letzten sechs Monate ein oder mehrere Nahrungsergänzungsmittel gekauft, 2016 war es erst ein gutes Drittel.[8] Das Bundesinstitut für Risikobewertung (BfR) vermeldet: Ein Drittel der Bevölkerung nimmt mindestens einmal pro Woche Vitamine über Nahrungsergänzungsmittel zu sich, jede sechste Person sogar täglich. »Ob als Shake, Pulver oder Kapsel – Nahrungsergänzungsmittel boomen. Viele Menschen erhoffen sich nicht nur während der Corona-Pandemie durch die Einnahme eine Extra-Portion Gesundheit«, teilt das Statistische Bundesamt mit, 2020 seien in Deutschland knapp elf Prozent mehr Nahrungsergänzungsmittel produziert worden als im Vorjahr. Kein Wunder, dass auch Nestlé, der weltgrößte Nahrungsmittelkonzern, dabei ist und sich 2021 mit der Übernahme einer US-Firma zum Preis von 5,75 Milliarden Dollar Nahrungsergänzungsmittel-Marken ins Sortiment holte. Weil, wie Nestlé begründete, diese Produkte »zur Beschleunigung unseres Wachstums beitragen«.

Der Boom ist auch deshalb möglich, weil es nur eine schwache Regulierung gibt, die Herstellerinnen und Händlern viel Spielraum lässt fürs Geschäftemachen mit den fragwürdigen Produkten, die freilich als Lebensmittel gelten. Und als solche werden sie – anders als Arzneimittel – vor ihrer Markteinführung von Behörden weder auf Wirksamkeit noch auf Sicherheit oder Qualität geprüft. Sie unterliegen weder einer Zulassungspflicht noch gibt es Höchstmengenregelungen für Vitamine und Mineralstoffe.[9] Die gesundheitsfördernden Eigenschaften bestimmter Superfoods seien meist nicht wissenschaftlich belegt, sie seien aber häufig mit Schadstoffen belastet, stellen die Verbraucherzentralen fest.[10]

Im krassen Gegensatz dazu steht eine Untersuchung des Bundesinstituts für Risikobewertung (BfR), in der 40 Prozent der Befragten angaben, sie hielten die gesundheitsfördernden Eigenschaften von Superfoods für wissenschaftlich nachgewiesen. Und ebenso viele gingen davon aus, dass Superfood-Produkte auf gesundheitliche Unbedenklichkeit getestet würden, bevor sie in Deutschland erhältlich sind.[11]

Man mag es nicht für möglich halten: Sehr viele Verbraucherinnen und Verbraucher kaufen solche Produkte im Vertrauen darauf, dass der Gesetzgeber, die Handelskonzerne und die Überwachungsbehörden derlei Lebensmittel auf ihre Sicherheit überprüft haben. Doch der Staat und die Unternehmen erfüllen diese Erwartungen der Menschen nicht, und auch nicht ihre Pflicht, niedergelegt in der europäischen Basisverordnung, die Bürgerinnen vorbeugend zu schützen.

Zwar gibt es seit gut zwanzig Jahren eine Richtlinie der Europäischen Union über Nahrungsergänzungsmittel

(2002/46/EG1). Doch die habe ihr Ziel eines hohen Verbraucherschutzniveaus verfehlt, sie sei »kaum mehr als ein Torso«, weil ihr wichtige Regelungen fehlten. So sieht es der Bundesverband der Verbraucherzentralen (vzbv) und forderte die Bundesregierung im Frühjahr 2022 auf, endlich tätig zu werden. In Deutschland würden viele Menschen zu Nahrungsergänzungsmitteln greifen, ohne dass in der Bevölkerung eine allgemeine Unterversorgung mit Nährstoffen vorliege, so der vzbv. Schlimmer noch: Die Selbstmedikation mit Nahrungsergänzungsmitteln bei Krankheiten habe in den vergangenen Jahren signifikant zugenommen.

Jährlich werden mehr als zwei Milliarden Euro mit Pulvern und Pillen umgesetzt, die schlicht wirkungslos sind für die meisten gesunden Menschen, die sich normal ernähren. Mit Tabletten, Kapseln und zugesetzten Substanzen, die im schlimmsten Fall sogar der Gesundheit schaden können und die oft keinen anderen Nutzen haben, als die Kassen ihrer Hersteller und Händlerinnen zu füllen. Dass sich der eine oder andere Supermarkt möglicherweise fernhält von dem Pseudo-Essen wie Migros vom Alkoholverkauf ist keine Lösung für die Irreführung, Täuschung und Gefährdung von Millionen Verbrauchern. Die Politik ist aufgerufen, zu handeln.

Das Pseudo-Apotheken-Milliardengeschäft der Supermärkte, das Kundinnen und Kunden zu potenziellen Patientinnen und Patienten macht, belegt, worum es den Supermärkten vorrangig geht: Um ihren Profit, nicht um gesunde Ernährung, nicht um Transparenz, nicht um Nachhaltigkeit, nicht um Verantwortung. Aldi, Lidl, Edeka und Rewe missbrauchen mit dem Verkauf dieser Produkte das Vertrauen der Verbraucherinnen und Verbraucher in besonders schändlicher Weise. Sie ziehen ihnen das Geld für maßlos übertuerte Produkte aus der Tasche, das ihnen dann fehlt, um sich gesund zu ernähren. Es zeugte von echter Verantwortung der Einzelhandelskonzerne, dies einzugestehen, verbunden mit der Aufforderung an den Staat, dieses unredliche Geschäft endlich so zu regulieren, dass sie sich unter dem Druck der Konkurrenz nicht länger daran beteiligen müssen.

Angebot

Im Supermarkt findet man mittlerweile eine unübersehbare Vielfalt von Lebensmitteln, die positive Gesundheitswirkungen versprechen, sogenannte Nahrungsergänzungsmittel (NEMs). NEMs sind Lebensmittel, die stark konzentrierte Nährstoffe enthalten, neben Vitaminen wie z. B. Vitamin A und B u. a. Mineralien wie Magnesium oder Calcium oder auch Fettsäuren wie Omega-3. NEMs sind im Lebensmittelhandel sowie in Apotheken und Drogeriemärkten erhältlich. Der Markt für NEMs ist höchst profitabel: Im Jahr 2020 wurden deutschlandweit rund 2,3 Milliarden Euro umgesetzt. Darüber hinaus bieten die Supermärkte noch weitere Arten von Nahrungsergänzungen an, die nicht als »Nahrungsergänzungsmittel« auf der Verpackung gekennzeichnet sind, aber mit gesundheitsbezogener Werbung verkauft werden. Dazu gehören sogenannte »Superfood«-Produkte, wobei es für den Begriff »Superfood« keine rechtlich verbindliche Definition gibt. Als »Superfood« werden Lebensmittel bezeichnet, die einen besonders hohen Gehalt an Vitaminen, Mineralstoffen und / oder sekundären Pflanzenstoffen aufweisen. Superfoods werben mit besonders gesundheitsfördernden Eigenschaften, ohne dass es dafür ausreichend wissenschaftliche Beweise gibt. Die Angebotspalette reicht von der Frucht beziehungsweise Pflanze selbst über getrocknete Produkte und Säfte bis hin zu Extrakten und Pulvern.

Protein-Getränkepulver zur »Erhaltung und Zunahme von Muskelmasse«, die auch in Fitnessstudios angeboten werden, gibt es mittlerweile in unübersehbarer Anzahl in Supermärkten.

Schließlich kann man im Supermarkt auch noch »traditionelle Arzneimittel« wie z. B. »Naturreiner Heilpflanzensaft Johanniskraut« (bei »vorübergehender geistiger Erschöpfung«) kaufen.

Die rechtliche Regulierung von NEMs und Superfoods ist völlig unzureichend. Denn sie müssen nicht wie Arzneimittel geprüft und zugelassen werden. Nahrungsergänzungen sollten nur in Apotheken und aufgrund von ärztlich bestätigten Mangelerscheinungen verkauft werden.

Transparenz

Anders als Arzneimittel durchlaufen NEMs kein behördliches Prüfungs- und Zulassungsverfahren, in dem ihre Wirksamkeit und tatsächliche gesundheitliche Unbedenklichkeit nachgewiesen werden müssten. Sie können ohne spezielle behördliche bzw. medizinische Zulassung vertrieben werden. Die gesetzlichen Vorgaben für Lebensmittel gelten auch für NEMs, die als solche auf der Packung ausgewiesen sein müssen. Laut Nahrungsergänzungsmittelverordnung dürfen NEMs nicht damit beworben werden, Krankheiten zu heilen oder zu verhüten. Die Verordnung enthält eine Liste, welche Vitamine und Mineralien zugelassen sind. Die behördliche Prüfung und Zulassung derartiger gesundheitsbezogener Werbeaussagen findet im Rahmen der »Health-Claims-Verordnung« statt. Mit dieser Verordnung, die generell für alle Lebensmittel gilt, will der Gesetzgeber die Verbraucherin vor unlauterer Werbung mit wissenschaftlich nicht gesicherten Wirkversprechen schützen. Erlaubt sind demnach nur solche »gesundheitsbezogenen Angaben« (Claims), die wissenschaftlich geprüft und zugelassen worden sind.

Superfood-Produkte dürfen angeboten werden, obwohl sie noch weniger reguliert sind als NEMs. Für sie gibt es bisher sehr wenige geprüfte und zugelassene Health Claims. Somit müssen verwendete Wirkaussagen weiterhin von den Sachverständigen der Lebensmittelüberwachung daraufhin geprüft werden, dass sie »wissenschaftlich hinreichend gesichert« und nicht irreführend sind. Das ist angesichts der personellen Engpässe der Lebensmittelkontrollbehörden nicht annähernd zu leisten.

Es herrschen vergleichbare Transparenzdefizite wie bei verarbeiteten Lebensmitteln (keine Angaben über Herkunft, Herstellungsweise, Auswirkungen auf natürliche Ressourcen wie Wasserverbrauch). Die Intransparenz ist gerade bei Superfoods, die häufig exotische Früchte als Basis haben, besonders groß (z. B. Goji Beeren, Chia Samen, Mortinga, Acai Beeren).

Für NEMs sind Aussagen wie die folgende zu einem Produkt wie Vitamin A mit dem Spurenelement Zink typisch: »Trägt zum Erhalt der normalen Sehkraft bei.« Die Aussage ist täuschend, denn sie suggeriert, dass bei Nicht-Einnahme dieses Produktes die normale Sehkraft nicht erhalten werden könnte.

Laut einer Umfrage des Bundesinstituts für Risikobewertung glauben zwei von fünf Befragten, dass Superfood-Produkte auf ihre gesundheitliche Unbedenklichkeit getestet werden, bevor sie in Deutschland erhältlich sind. Das ist falsch.

Ökologischer Fußabdruck

Zur Ökologie der Produktion von Vitaminen, die hauptsächlich in China und teilweise in Indien erfolgt, liegen keine Angaben vor. Pflanzliche Produkte werden im konventionellen Bereich mit den damit verbundenen ökologischen negativen Effekten hergestellt, z. B. durch Pestizid- und Mineraldüngereinsatz.

Gesundheit

Eine ausgewogene Ernährung versorgt den gesunden Körper mit allen lebensnotwendigen Stoffen. Somit ist die Einnahme von NEMs in den meisten Fällen nicht notwendig. Ausnahmen bilden vulnerable Gruppen wie Schwangere, ältere Menschen, Veganer, chronisch Kranke oder Menschen mit Vitamin-D-Mangel. Eine Mangelversorgung sollte jedoch durch den Arzt festgestellt werden. Die tatsächliche Menge an Vitaminen und Mineralstoffen darf bis zu 50 Prozent nach oben bzw. bis zu 20 Prozent nach unten von der Verpackungsangabe abweichen. Über gefährliche Wechselwirkungen und Überdosierungen wird nicht ausreichend aufgeklärt. Ein freier Verkauf ist somit problematisch, denn Überdosierungen sowie Neben- und Wechselwirkungen mit anderen pflanzlichen NEMs und Superfoods – insbesondere bei pflanzlichen Extrakten – können gesundheitsschädlich sein. NEMs können auch dann angeboten werden, wenn ihr ernährungsphysiologischer Wert z. B. wegen eines hohen Zuckergehaltes fraglich ist.

Aus Sicht des gesundheitlichen Verbraucherschutzes sind die Prüfungsvorgaben der gesundheitlichen Wirkungen von NEMs völlig unzureichend.

Bio-Alternative

In Bio-NEMs dürfen keine isolierten Stoffe (z. B. reines Vitamin C) verwendet werden. Stattdessen werden Acerola-Extrakt, Algenpulver (als Calcium-Quelle) oder Ähnliches eingesetzt. Zudem dürfen Bio-NEMs keine gentechnisch hergestellten Vitamine enthalten. Pflanzliche Produkte werden ohne den Einsatz von Pestiziden und Mineraldünger hergestellt. Transparenz, die unzureichende wissenschaftliche Überprüfung der Wirkung sowie die Gesundheitsrisiken sind identisch mit denen der konventionellen Produkte.

Wahlfreiheit

Die Wahlfreiheit besteht darin, nutzlose oder sogar gesundheitsgefährdende Produkte zu erwerben. Die teuren NEMs und Superfood-Produkte schränken das Lebensmittelbudget der Verbraucherinnen und Verbraucher für ausgewogene und gute Lebensmittel ein. Ein natürlicher Mangel an Mineralstoffen, Vitaminen oder pflanzlichen Nährstoffen wird bei der Bewerbung stillschweigend unterstellt und übt damit einen bedenklichen Kaufanreiz aus. Die unzureichende Regulierung von NEMs und Superfoods dient den Profiten der Supermärkte und bringt Verbrauchern nur bei ärztlich festgestellten Mangelerscheinungen einen Vorteil.

18. Illusion Verbrauchermacht

Unser Rundgang durch den Supermarkt bestätigt auf ganzer Linie jene Verbraucherumfragen, denen zufolge die Mehrheit der Menschen bemängelt, die Qualität von Lebensmitteln beim Einkauf nicht erkennen zu können: Gemäß der eingangs erwähnten Untersuchung der Marketingberatung Zühlsdorf + Partner und des Lehrstuhls »Marketing für Lebensmittel und Agrarprodukte« der Universität Göttingen räumten 86 Prozent der Befragten ein, bei vielen Angaben auf Lebensmitteln nicht mehr oder nur noch teilweise durchzublicken; gut 70 Prozent bejahten, dass auf Lebensmittelverpackungen »viel getrickst« wird, weitere 25 Prozent stimmten teilweise zu. Das bedeutet, dass keine fünf Prozent (!) der Menschen im Supermarkt den Eindruck haben, dass sie offen und ehrlich informiert werden. Welch schallende Ohrfeige für die Handelskonzerne.[1]

Profunde Kenntnis über Lebensmittel, das ist die zentrale Erkenntnis dieses Buchs, kann unsere Einkäufe gar nicht leiten. Denn wir wissen nicht wirklich, was drin ist in den Lebensmitteln. Wie sie hergestellt wurden. Ob sie Pestizide enthalten. Wo die Ware genau herkommt. Wie ihre Klima- und ihre »soziale Bilanz« aussehen. Was die Zusatzstoffe bewirken. Und weil wir all diese qualitätsbildenden Parameter nicht oder nur schemenhaft erkennen können, wissen wir auch nicht, ob das Produkt im Vergleich zu einem anderen seinen Preis wert ist. Wir wissen so wenig und sind gezwungen, einfach zu vertrauen. Wir sind nicht die souveränen Marktteilnehmer auf Augenhöhe, die über eine wirkliche »Wahlfreiheit« verfügen, und auch nicht diejenigen, die durch ihre Nachfrage eine Art

»Volksabstimmung an der Kasse« (O-Ton Rewe-Sprecher) abhalten. Wir können nur kaufen, was uns die Supermärkte in die Regale stellen.

Bio-Produkte sind eine teurere Alternative und verbessern die Wahlfreiheit. Die ökologischen Vorteile durch den (weitgehenden) Verzicht auf Pestizide, Mineraldünger und Gentechnik liegen auf der Hand, auch wenn der Ausstoß von Treibhausgasen insbesondere bei der Fleisch- und Milcherzeugung mit der konventionellen Herstellung vergleichbar ist. Auch Wasserverschmutzung, Waldzerstörung oder klimaschädliche Transportwege sind für den gesetzlichen Öko-Standard keine Kriterien. Bei verarbeiteten Bio-Lebensmitteln werden – je nach Anbauverband – weniger Zusatzstoffe eingesetzt, das ist unbestreitbar ein Vorteil. Doch bezüglich der Transparenz, etwa über die Herkunft oder unerwünschte Substanzen wie Mineralöl, sind Bio-Lebensmittel kaum besser. Dies ist nicht verwunderlich, denn für sie gelten im Prinzip die gleichen Kennzeichnungs- und Transparenzvorschriften wie für konventionelle Produkte.

Auch vegetarische und vegane Lebensmittel sind kein Ausweg aus der Transparenzfalle in den Supermärkten. Für die vegane Kost spricht zwar, dass keine Tiere leiden müssen. Doch auch diese alternativen Ernährungsweisen sind mit negativen Umweltauswirkungen (Treibhausgase, Pestizide, Mineraldünger) verbunden. Auch Täuschungspraktiken sind bei veganen und vegetarischen Lebensmitteln an der Tagesordnung. Und vor unausgewogenen, ungesunden Produkten schützt diese Ernährungsweise ebenfalls nicht.

Der rationale Griff zur Billigware

Wenn Verbraucherinnen und Verbraucher die Qualität von Lebensmitteln nicht erkennen können, ist es nur rational, dass sie zu den billigeren Produkten greifen. Zwar ist der Preis kein Indikator für Qualität, aber er ist der letzte verbliebene Parameter, der das Bedürfnis nach Orientierung bedient: Man weiß wenigstens, dass man günstig einkauft, der Rest ist so oder so Lotterie. Jeder hat die Erfahrung schon oft gemacht: Billig ist nicht automatisch schlecht, und teuer längst nicht immer gut. Die Produkte bei Discountern wie Aldi oder Penny sind qualitativ nicht minderwertiger als die Lebensmittel bei Vollsortimentern wie Edeka oder Rewe, in manchen Bereichen sind die Discounter sogar besser, weil sie mit ihrem hohen Anteil an Eigenmarken aus Angst vor Reputationsverlust strenge interne Sicherheitssysteme installiert haben. Was nichts daran ändert, dass man auch im Discounter in Sachen Qualität meist blind zu den Waren greifen muss – nur eben günstiger.

Angesichts hoher Inflationsraten ist das unbestreitbar ein großer Vorteil. Erschwingliche Lebensmittel für jeden sind eine große soziale Errungenschaft. Jeder wird hierzulande satt; ein Schnitzel oder eine Papaya aus Thailand sind keine Luxusprodukte mehr. Gemüse und Obst sind zwar im Vergleich zu Fleisch relativ teuer, aber noch können sich die meisten Menschen bei uns eine ausgewogene Ernährung leisten (auch wenn erste Anzeichen einer »Ernährungsarmut« schon zu beobachten sind – mehr als zwei Millionen Kunden bei den Tafeln sprechen Bände).

Inakzeptabel ist allerdings, das niedrige Preisniveau als Rechtfertigung für Täuschung und Gesundheitsrisiken zu instrumentalisieren, nach dem Motto: Wer so wenig fürs Essen auszugeben bereit ist, darf sich nicht wundern und schon gar nicht beklagen, wenn die Lasagne eben mal Pferdefleisch statt

Rindfleisch enthält oder dass Pestizide in Obst und Gemüse allgegenwärtig sind. Wer so argumentiert, verhöhnt fundamentale Verbraucherrechte.

Ähnlich schräg ist die gerne von der Lebensmittelwirtschaft vorgebrachte Erklärung, die Verbraucherinnen wollten es nun mal gerne billig, ihre Schnäppchenmentalität bei Lebensmitteln ließe den Produzenten ja gar keine andere Wahl, als billige Produkte auf den Markt zu bringen. Als Beleg für die besonders ausgeprägte Sparsamkeit gerade deutscher Haushalte hört man oft, dass hierzulande im Vergleich mit anderen europäischen Ländern weniger für Lebensmittel ausgegeben würde.[2] Doch diese Statistik ist keineswegs so eindeutig wie sie erscheint, weil sie zum Beispiel nicht die sehr hohe Supermarktdichte in Deutschland berücksichtigt, die das Preisniveau automatisch drückt; auch variieren die Steuersätze auf Lebensmittel europaweit sehr stark. Auffällig an der Statistik ist jedenfalls, dass die Menschen in Ländern wie Rumänien, Litauen, Estland oder Bulgarien mit 20 und mehr Prozent ihrer gesamten Konsumausgaben am meisten für Lebensmittel berappen, während Haushalte in Deutschland, den Niederlanden oder Dänemark im Bereich von zehn bis zwölf Prozent relativ nah beieinanderliegen. Und niemand würde daraus den Schluss ziehen, dass Rumänen, Bulgarinnen und Esten wegen ihrer viel größeren Wertschätzung für hochwertiges Essen anteilig doppelt so viel für Lebensmittel ausgeben wie Deutsche, Österreicherinnen oder Niederländer.

Ganz abgesehen davon: Die Forderung nach Transparenz und Gesundheitsschutz im Lebensmittelmarkt darf nicht gegen die Forderung nach bezahlbaren Lebensmitteln ausgespielt werden. Niemand soll niedrige Preise gegen das Recht eintauschen müssen, einwandfreie Lebensmittel und transparente Informationen über deren Qualität, Herkunft und sonstige Eigenschaften erwarten zu können. Grundrechte wie Gesundheitsschutz sind keine Verhandlungsmasse. Vielmehr muss gelten: Gerade im reichen Europa müssen sich alle Menschen gesunde Lebensmittel leisten können, die nicht auf Kosten von anderen Menschen, der Natur und Tieren hergestellt worden sind. Das ist bedauerlicherweise nicht der Fall, weder in der Welt noch in Europa.

Regeln steuern den Markt, nicht Verbraucher

Aber wie konnte es bei uns überhaupt so weit kommen? Die Entwicklung ist kein Zufall, und ich bestreite vehement die These, die Verhältnisse im Supermarkt seien die Folge unseres Einkaufsverhaltens. So als wären wir Verbraucher die Köche und die Supermärkte unsere Kellnerinnen. Nichts ist falscher als diese Idee. Es sind die Regeln, die den (Super-) Markt formen, nicht der Inhalt unserer Einkaufswagen. Dass wir heute ein Oligopol aus vier Lebensmittel-Giganten haben, die 85 Prozent des Marktes beherrschen, liegt nicht an unserer Ablehnung von »Tante Emma«, sondern ist vor allem das Resultat wettbewerbsrechtlicher Regeln, die diese Konzentration nicht verhindert, sondern begünstigt haben. Dass wir heute sehr viele Angaben auf Lebensmittelverpackungen nicht verstehen und andere dort überhaupt nicht finden oder dass wir Gesundheitsgefährdungen in Kauf nehmen müssen, ist keine Folge übertriebener deutscher Sparsamkeit, sondern europäischer und deutscher Gesetzgebung.

Hierzulande gibt es auf Zehntausenden Seiten derzeit mehr als 700 lebensmittelrechtlich relevante Gesetze, Verordnungen nebst Anlagen und Ausführungsbestimmungen der EU, des Bundes und der Länder, und die Frage ist, wem sie nützen. Fasst man die Ergebnisse unserer Erkundungen in deutschen Discountern und Vollsortimentern zusammen, bleibt nur die Antwort: Diese Regeln sind nicht für uns Verbraucher gemacht, sondern dienen den Interessen der Herstellerinnen und Händler. Wer das bezweifelt, sollte – pars pro toto – die 128 Seiten starke Olivenölverordnung lesen und sich dann die Frage stellen, warum selbst derart detaillierte Vorgaben nicht dazu führen, dass Olivenöle der nominell höchsten Güteklasse (»nativ extra«) auch wirklich exzellente Öle sind. Die Antwort: Weil es so gewollt ist. Am Beispiel Olivenöl kann man auch gut nachvollziehen, warum es irrig ist, zu glauben, wir könnten mit unserem Einkaufsverhalten den Markt in Richtung besserer Qualität beeinflussen: Solange die Regeln so sind, wie sie sind, ist es völlig irrelevant, ob ein paar qualitätsaffine Verbraucherinnen öfter Olivenöl x oder y nachfragen in der Erwartung, dadurch ein Signal an die Hersteller und Händlerinnen zu senden; solange die Regeln sind, wie sie sind, wird die Lebensmittelwirtschaft die Spielräume der Olivenölverordnung zu ihren Gunsten nutzen, und das heißt: ein Produkt anbieten, das der Verbraucher nicht durchschauen kann.

Das Prinzip der ohnmächtigen Verbraucherin lässt sich fast beliebig durchs Lebensmittelsortiment deklinieren: Wenn Sie sich Ihre Brötchen nicht mehr aus den Selbstbedienungsfächern der Discounter fischen, sondern beim »kleinen« Regionalbäcker holen, bekommen Sie mit größter Wahrscheinlichkeit unverändert Backwaren mit undeklarierten Zutaten – weil es das europäische Lebensmittelrecht hergibt. Wenn Sie nur noch Bio-Milch und Bio-Fleisch kaufen, ist das ein ehrenwertes Ansinnen, ändert aber nichts an der Tatsache, dass Tiere auch bei Bio-Bauern unnötig leiden können, weil die Regeln an Parametern wie der Stallgröße ansetzen und nicht danach ausgerichtet werden, ob die Tiere tatsächlich seltener krank sind. Nein, Gesundheitsdaten werden erst gar nicht systematisch erhoben.

Sinnlos sind moralische Appelle oder Schuldzuweisungen an Verbraucher und Konzerne. Beide sind weder »schlecht« noch »gut«, sondern verhalten sich so, wie es die staatlich gesetzten Rahmenbedingungen vorgeben. Weder können sich Verbraucherinnen eine andere Landwirtschaft oder andere Lebensmittelsortimente »herbeikaufen«, noch können Supermärkte aus dem System ausbrechen oder es von innen heraus reformieren, indem sie plötzlich entgegen der Regeln völlig transparent informieren, etwa über den Pestizidgehalt ihrer Äpfel, über die Arbeitsbedingungen von Erntehelfern, über die systembedingten »Produktionskrankheiten« bei Milchkühen und Masthühnern, über die gesundheitlichen Risiken für Kinder durch unausgewogene Lebensmittel, über die Treibhausgasemissionen von Tierfutter für die Rindermast. Ein Supermarkt, der all diese Informationen preisgäbe, während die Konkurrenz weitermachte wie bisher, wäre bald vom Markt verschwunden.

Wie wenig marktverändernd moralische Appelle, durch unseren Einkauf doch einen nachhaltigeren Lebensmittelmarkt zu schaffen, bewirken, kann man am Produkt »Hühnereier« sehr deutlich aufzeigen. Für Hühnereier gibt es zwar eine transparente Kennzeichnung (mit den Ziffern 0 bis 3), die die Eierproduktion nachhaltiger und tierfreundlicher machen soll. Tatsächlich kommen in Deutschland heute aber gerade mal 13 Prozent der im Einzelhandel abgesetzten Schaleneier aus Bio-Betrieben (und da sind die Eier in verarbeiteten Lebensmitteln noch gar nicht mitgezählt). Der Schluss, den man daraus ziehen muss, lautet: Obwohl diese Kennzeichnungspflicht seit fast zwanzig Jahren europaweit gilt und eigentlich transparent über Qualität informiert, ist sie nicht in der Lage, Verbraucherinnen und Produzenten in nennenswerter Zahl in Richtung einer ökologischeren Erzeugung zu lenken. Ergo müssen die Regeln andere sein, wenn man das Ziel nicht aufgeben will.

Es müssen Regeln sein, die *alle* Verbraucherinnen und *alle* Erzeuger auf das Ziel verpflichten. Appelle, die Landwirtschaft freiwillig zu ökologisieren, sind so effektiv wie der Aufruf an alle Bürgerinnen, doch bitte freiwillig Steuern zu zahlen.

Verantwortung ohne Haftung

Und während sich die realen Verhältnisse der Lebensmittelerzeugung in den Ställen und auf den Feldern nicht verbessern oder sogar verschlechtern, kann man seit Jahren einen regelrechten Überbietungswettbewerb der Handelsriesen in Sachen Nachhaltigkeit beobachten. Gelegentlich kann man sogar den Eindruck gewinnen, die Rettung der Meere, der Artenvielfalt, des Klimas, der Regenwälder, der Böden oder der regionalen Versorgungsstrukturen wäre der eigentliche Geschäftszweck der Konzerne. Doch es gibt allen Grund, diesen Nachhaltigkeitsorgien zu misstrauen. Sie sind durchsichtige Manöver, die davon ablenken sollen, dass die Konzerne ihre eigentliche Aufgabe nicht erfüllen, nämlich uns Kunden ein in Qualität und Preis vielfältiges Lebensmittelangebot zu machen, aus dem wir gut informiert unsere eigene Wahl treffen können.

Tatsächlich kostet die Verantwortungsübernahme die Handelsunternehmen nichts oder nicht sehr viel, siehe Rewes angeblich klimaneutrales Hähnchenbrustfilet oder die Ankündigung von Lidl, bis 2025 bei den Eigenmarken nur noch solche Produkte in Kinderoptik (d. h. mit Comic-, Tierfiguren und anderen Anreizen) anbieten zu wollen, die nach dem Nährwertprofil der Weltgesundheitsorganisation für Kinder geeignet sind. Die Maßnahme klingt viel größer als sie ist: Denn erstens können die Produkte im Sortiment bleiben, nur eben ohne spezifische Kinderoptik; und zweitens behält sich Lidl

Ausnahmen von der Regel vor, und zwar bei Aktionsartikeln zu Weihnachten, Ostern und Halloween, also immer dann, wenn diese Produkte besonders nachgefragt werden.

Einer der renommiertesten Ökonomen Deutschlands, Martin Hellwig, hat derlei freiwillige Selbstregulierung scharfsinnig auf den Punkt gebracht: »Aus der Perspektive dessen, der ›Verantwortung‹ trägt, dient die Einführung einer zusätzlichen ›Verantwortung‹ ohne Legitimationsinstanz und ohne Legitimationsverfahren zur Schwächung derjenigen Instanzen, mit denen man ansonsten zu tun hat, und zum Ausbau der eigenen Machtvollkommenheit.«[3] Anders ausgedrückt: Man definiert sich selbst ein einfaches Ziel und kann, wenn es erreicht ist, verkünden, man habe besonders verantwortlich gehandelt, wobei allerdings niemand die Zielerfüllung nachprüfen, einklagen oder gar sanktionieren könnte. Lidl & Co. suggerieren auf diese Weise, Nachhaltigkeit könne man im Supermarkt quasi nebenbei für ein minimales Aufgeld einkaufen.

So alltäglich Nachhaltigkeitsinitiativen im Wettbewerb der »Big Four« inzwischen sind, so wenig prägen sie tatsächlich ihr Geschäftsmodell. Dieses basiert darauf, Produkte mit der höchstmöglichen Rendite möglichst schnell auf möglichst geringem Raum umzuschlagen. Dafür müssen möglichst viele Waren durch entsprechende Phantasiebezeichnungen eine sehr gute Qualität suggerieren. Ihre Preise repräsentieren folglich weniger die Qualitätsunterschiede als die für die Rendite-Maximierung notwendige Mischkalkulation. Echte Qualitätsdifferenzierung hieße hingegen: mehr Platzbedarf, langsamerer Umschlag, höhere Transport-, Lager- und Verwaltungskosten. Und all das drückt auf die Rendite.

Im Kern wird dieses Geschäftsmodell durch den gesetzlichen Rahmen des europäischen Lebensmittelrechts determiniert, in dem Nachhaltigkeit kaum eine Rolle spielt. Und jeder

Konzern und jeder kleine Einzelhändler schöpft diesen Rahmen aus, so weit es eben geht. Der naheliegende Schluss lautet deshalb: Wer den Lebensmittelmarkt wirklich verändern will, muss die Spielregeln ändern. Wer qualitativ bessere Produkte in den Supermärkten sehen will – gesündere, weniger klimaschädliche, weniger Tierleid erzeugende, sozialverträglichere Lebensmittel –, braucht dafür schlicht andere, bessere Gesetze. Gesetze, die im Interesse von uns Konsumentinnen, der Umwelt, anderer Menschen und der Tiere sind.

Wissenschaftlich und empirisch ist es längst vielfach belegt: Beim Schutz von Allgemeingütern wie einer intakten Umwelt oder hohen Tierschutzstandards agiert die große Mehrheit der Verbraucher ebenso wie jeder Handelskonzern oder jede Landwirtin als »Trittbrettfahrer« nach dem rationalen Grundsatz: »Wenn ich als Einziger oder mit nur wenigen anderen Mitstreiterinnen teures Fleisch oder teure Eier von gut behandelten Tieren produziere/verkaufe/kaufe, während viele andere das nicht tun, bin ich der Dumme und im Nachteil.«

Dass sich Aldi, Rewe, Lidl oder Edeka inmitten eines erbitterten Preiswettbewerbs nicht als einzelne Unternehmen zum Systemreformator aufschwingen und damit gegen eigene wirtschaftliche Interessen agieren, ist ihnen nicht vorzuwerfen. Sehr wohl vorzuwerfen ist ihnen aber, dass sie hinter den Kulissen so gut wie jeden Reformansatz für das Gesamtsystem torpedieren. Das tun sie fast nie namentlich, sondern meist versteckt hinter der Macht einschlägiger Verbände auf deutscher und europäischer Ebene. So rühmt sich der »Handelsverband Deutschland« (HDE) seiner Bürokooperation in Brüssel unter anderem mit Aldi Süd, Edeka, Rewe, Lidl und Metro. Diese Kooperation sei »zur größten nationalen Interessenvertretung der Branche in Brüssel geworden. Kein anderer Wirtschaftszweig hat seine Kräfte derart gebündelt.« Für »zusätzliche Schlagkraft« sorge eine sehr enge Kooperation mit EuroCommerce, dem europäischen Dachverband des Handels. Es wäre naiv zu glauben, die geballte deutsche und europäische Handelsmacht würde sich in Brüssel dafür einsetzen, das Geschäftsmodell der Supermärkte zu schwächen. Das aber wäre die zwingende Konsequenz, wenn es für Supermarktkunden weniger Täuschung und mehr Gesundheitsschutz, Transparenz und Wahlfreiheit geben soll.

Missbrauchtes Vertrauen

Das Lobbying der Handelsverbände in Berlin und Brüssel ist nur ein Teil der Erklärung dafür, warum die Regeln so verbraucherfeindlich sind. Hinzu kommt eine besondere Eigenschaft von Lebensmitteln – die Tatsache, dass sie sogenannte Vertrauensgüter sind. Das habe ich schon an anderer Stelle in diesem Buch beschrieben, möchte es hier aber noch einmal wiederholen, weil es von zentraler Bedeutung ist. Vertrauensgüter sind solche Waren und Dienstleistungen, bei denen Kundinnen die Qualität weder im Voraus noch im Nachhinein wirklich einschätzen können. Dazu gehören zum Beispiel Medikamente, aber eben auch Lebensmittel. Denn einem Apfel im plastikumwickelten Sechser-Pack sieht man nicht an, ob und welche Pestizide er möglicherweise enthält. Und selbst wenn man hineinbeißt, schmeckt man nicht, ob er nie oder 20-mal gespritzt wurde. Genauso wenig verrät der Geschmack eines Schweineschnitzels, ob das Tier während seines kurzen Lebens Schmerzen litt und krank war. Ob ein Liter Milch oder ein Stück Käse vergleichsweise nachhaltiger produziert wurden als das danebenliegende Konkurrenzprodukt – der Supermarktkunde kann es nicht wissen und folglich auch kein Urteil über die Qualität fällen.

Bei Gütern, deren Qualität die Käufer leichter selbst ermitteln können – die Rechenleistung eines Laptops, die Energieeffizienz einer Heizungsanlage –, führt der Wettbewerb zu einer Qualitäts*steigerung*, weil sich Anbieterinnen mit nachprüfbar besseren Produkten von ihren Konkurrenten abheben können. Hingegen ist in einem intransparenten Markt wie dem der Lebensmittel die zwangsläufige Folge, dass konkurrierende Anbieterinnen sich mit nicht nachprüfbaren Qualitätsversprechen gegenseitig überbieten oder mit nicht erkennbaren Qualitätsverschlechterungen unterbieten und so dem »Downgrading« auf breiter Front Vorschub leisten. Mit anderen Worten: Der Markt sorgt nicht für Verbraucherschutz! Nach der Krise um die Rinderseuche BSE vor gut zwanzig Jahren hat sogar der bekannte Ökonom und Markt-Hardliner Hans-Werner Sinn eingeräumt, dass ein effektiver Verbraucherschutz staatlicher Interventionen bedarf, um Transparenz, Qualitätsauswahl und Gesundheitsschutz im Lebensmittelmarkt sicherzustellen. Sinns lesenswerter Aufsatz trägt den Titel »Verbraucherschutz als Staatsaufgabe«.[4]

Ihren Regulierungspflichten bei den Vertrauensgütern des Lebensmittelmarkts indes sind die staatlichen Stellen weder auf EU-Ebene noch auf nationaler Ebene der Mitgliedstaaten nachgekommen. Sie sind verantwortlich für das eklatante Transparenzdefizit und damit den Qualitätsverfall des Lebensmittelangebots. Damit haben Politik und Staat das Vertrauen der Verbraucherinnen missbraucht und den einfachen Weg gewählt, sich nicht mit der Lebensmittelindustrie anzulegen, sondern sich hinter dem Rücken der Verbraucher und auf deren Kosten mit ihr arrangiert. Dieser Vertrauensbruch steht für ein eklatantes Politikversagen, weil der Staat seiner Schutzpflicht für das Grundrecht seiner Bürgerinnen auf Leben, das sich auch in einer ausgewogenen und gesunden Ernährung manifestiert, nicht ausreichend nachkommt.

Die EU und ihre Mitgliedstaaten verstoßen mit dieser Vernachlässigung ihrer Schutzpflicht sogar gegen bestehendes Recht, nämlich gegen die sogenannte Basisverordnung 178/2002, die das übergeordnete EU-Lebensmittelrecht bezeichnet und in den Mitgliedstaaten geltendes Recht ist (vgl. Kapitel 10). Die Verordnung wurde unter dem Schock der BSE-Krise Anfang des Jahrtausends aufgesetzt, was erklärt, warum sie in großer Klarheit einen *vorsorgenden* Gesundheitsschutz postuliert, der sowohl potenzielle Gefährdungen als auch langfristig wirkende Gefahren berücksichtigt. Vergleichbar umfassend ist der Täuschungsschutz in der Verordnung geregelt: Sie verbietet nämlich nicht nur Täuschung und Irreführung, sondern bereits die *Möglichkeit*, dass Verbraucher in die Irre geführt werden könnten. Das Gebot der Rückverfolgbarkeit von Lebensmitteln entlang der Lieferketten sowie Transparenz- und Informationspflichten für Unternehmen und Behörden sind ebenfalls Bestandteil der Verordnung. Der epochale Fortschritt dieser Verordnung für das Lebensmittelrecht ist ihr durchgehend präventiver Ansatz. Dass Prävention im Lebensmittelmarkt besonders sinnvoll ist, kann man an einem einfachen Beispiel festmachen: Einen defekten Computer kann man zurückgeben, nicht jedoch ein dioxinbelastetes Ei, das man unwissentlich gegessen hat.

Für die Lebensmittelwirtschaft bedeutet Prävention jedoch höhere Kosten. Es ist vorteilhafter, einen möglicherweise gesundheitsschädlichen, aber billigeren Zusatzstoff so lange einzusetzen, bis er verboten wird, als aus Präventionsgründen von vorneherein eine unschädliche, aber teurere Alternative zu verwenden. Denn für nachträgliche Schäden, z.B. in Form von Kosten des Gesundheitswesens, muss die Allgemeinheit aufkommen, also die Versicherten und Steuerzahlerinnen. Die Kosten der präventiven Maßnahme, hier ein ungefährlicher Zusatzstoff, muss hingegen das Unternehmen bezahlen.

Der Widerstand der Lebensmittelwirtschaft gegen Prävention ist auch ein wesentlicher Grund dafür, dass zwanzig Jahre nach Verabschiedung der Verordnung diese in weiten Teilen nicht umgesetzt worden ist. Diese Tatsache spiegelt sich in den vielen nachgeordneten gesetzlichen Vorschriften wider, die die Vorgaben der Basisverordnung unterlaufen, seien es die Kennzeichnungsvorschriften, die Produktverordnungen oder die Zusatzstoffzulassungsverordnung. Die in diesem Buch geschilderten Defizite der untersuchten Produktgruppen im Hinblick auf Transparenz, Qualität, Umweltwirkungen, Gesundheit und Wahlfreiheit sind allesamt die Konsequenz von Rechtsvorschriften, die den Vorgaben der Basisverordnung zuwiderlaufen.

Hätte Deutschland die Vorgaben der Basisverordnung ernst genommen, wäre auch die Deutsche Lebensmittelbuch-Kommission (DLMBK) in ihrer heutigen Form schon längst abgeschafft. Wir haben die DLMBK schon im zweiten Kapitel über Backwaren vorgestellt: Sie ist ein gesetzlich verankertes Gremium, das beim Bundesministerium für Ernährung und Landwirtschaft (BMEL) angesiedelt ist und in Fachausschüssen sogenannte Leitsätze erarbeitet. Diese beschreiben die Zusammensetzung und Beschaffenheit von Lebensmitteln sowie ihre Verkehrsbezeichnungen. Die Leitsätze der Kommission haben zwar keine Gesetzeskraft, wirken aber de facto wie Gesetze, weil Gerichte sie zur Orientierung heranziehen. Beschlüsse der Kommission, an deren Verfassungsmäßigkeit erhebliche Zweifel bestehen und in der auch der Lebensmitteleinzelhandel mit Sitz und Stimme vertreten ist, können nicht gegen die Stimmen der Lebensmittelindustrie gefällt werden. Die Abstimmungen und Beratungsprotokolle sind geheim. Die Kommission erfüllt nicht ihre Aufgabe, das Täuschungsverbot umzusetzen, den Gesundheitsschutz zu stärken und die Qualität der Lebensmittel zu verbessern. Im Gegenteil, sie bedient primär die Interessen der Lebensmittelindustrie, auch indem ihre Leitsätze die Verbraucher häufig täuschen.

Ein weiterer Grund für die verbraucherfeindliche Entwicklung des Lebensmittelmarktes ist die Tatsache, dass sich Verbraucherinnen bzw. ihre Verbände nicht gerichtlich gegen Regierungen und Behörden wehren können. Sei es, wenn eine wärmebehandelte, länger haltbare Milch in täuschender Weise als »frische Milch« bezeichnet werden darf, sei es, wenn Behörden das Gebot der Rückverfolgbarkeit von Separatorenfleisch nicht durchsetzen oder im Sinne des Vorsorgeprinzips Zusatzstoffe nicht verbieten, die gesundheitsgefährdend sein könnten. Es ist ein Ausweis der Machtverhältnisse auf dem Lebensmittelmarkt: Wir Verbraucher bzw. unsere Interessenverbände können uns juristisch nicht zur Wehr setzen.

Und nicht zuletzt sieht sich der EU-Verbraucherschutz mit der grundlegenden Schwierigkeit konfrontiert, dass ein zentrales Element der EU-Verträge die vier Grundfreiheiten des Binnenmarktes sind – der freie Verkehr von Waren, Dienstleistungen, Kapital und Personen. An diesen vier Grundfreiheiten orientiert sich auch die Rechtsprechung des Europäischen Gerichtshofes, mit der Konsequenz, dass der freie Verkehr von Waren im Binnenmarkt prinzipiell einen höheren Rang genießt als der Verbraucherschutz. Ein praktisches Beispiel dafür liefert einmal mehr die Nährwertkennzeichnung Nutri-Score, die nach überwiegender Meinung der Wissenschaft ein sehr wirksames Instrument ist, Verbraucherinnen und Verbraucher durch Ampelfarben zu einer ausgewogeneren Ernährung zu bewegen. Ohnehin ist es den Mitgliedstaaten wegen des Primats des EU-Binnenmarktes untersagt, den bisher nur freiwillig anwendbaren Nutri-Score isoliert in ihren Territorien als verbindliche Kennzeichnung einzuführen. Aber auch die Einführung des verbindlichen Nutri-Scores auf EU-Ebene ist keineswegs sicher. Die EU will im ersten Quartal 2023 einen

Vorschlag für eine verbindliche Nährwertkennzeichnung, wie sie der Nutri-Score darstellt, unterbreiten. Ob dieser Vorschlag dem Schutzniveau des bisher freiwillig anwendbaren Nutri-Scores entspricht, muss sich erst noch herausstellen. Zu bedenken ist, dass die auf einer Mehrheitsentscheidung basierende Einführung eines für alle EU-Unternehmen verbindlichen Nutri-Scores zur Folge haben kann, dass ein Mitgliedstaat vor dem Europäischen Gerichtshof mit dem Argument klagt, der Export wesentlicher Produkte des Landes würde behindert. Eine Klage Italiens wegen Benachteiligung seiner Exporte von Parmesan und Spaghetti, beides keine Lebensmittel mit einem ausgewogenen Nährwertprofil, könnte durchaus Erfolg haben. Keine guten Aussichten für einen effektiven lebensmittelrechtlichen Verbraucherschutz in Europa.[5]

19. Ampel auf Grün schalten!

Hat der Supermarkt-Kunde also überhaupt keine Hebel in der Hand, weil seine Einkaufsmacht eine Fata Morgana ist und auch die rechtlichen Bedingungen in Deutschland und der EU alles andere als gut sind? Natürlich hat bewusster Einkauf einen Nutzen, aber einen anderen als den, den sich viele Verbraucherinnen und Verbraucher wünschen: Wer ein nachhaltiges Produkt kauft, hat zuvorderst einen persönlichen Vorteil, weil er mit einem guten Gewissen ein gutes Produkt konsumieren und Freude daran haben kann. Bewusstes Einkaufsverhalten kann auch Vorbild für Kinder sein und vermag die Veränderungsbereitschaft von Erwachsenen anzuregen. All das ist sehr viel und eine Voraussetzung dafür, dass die notwendigen Maßnahmen von der Politik durchgesetzt werden können. Wer aber die Losung ausgibt, individuelles Einkaufsverhalten könne Märkte verändern, trägt dazu bei, dass sich nichts ändert.

Im Prinzip geht es darum, dass sich Supermarktkundinnen ihrer zweiten Rolle wieder stärker bewusst werden – der Rolle als Staatsbürger, der über zivilgesellschaftliches und politisches Engagement in Parteien und Verbänden Einfluss darauf nimmt, wie unsere Lebensmittel erzeugt und vermarktet werden. Denn die Impulse dafür müssen aus der Politik kommen, nur dort kann der Anstoß für den überfälligen, radikalen Systemwechsel erfolgen. Denn der Markt wird dies nicht tun, er wird es weder wollen noch können. Der Markt wird in Gestalt vieler Unternehmen einfach so weiterwursteln, jeder wird seinen Vorteil suchen, während Gemeinwohlinteressen auf der Strecke bleiben.

Im letzten Kapitel habe ich dargelegt, dass es mit der europäischen Basisverordnung bereits ein geltendes Recht gibt, das – würde man es konsequent anwenden und in einigen Bereichen weiterentwickeln – die existierenden Defizite des Lebensmittelmarktes beseitigen könnte. Die EU hat jedoch keinerlei Absichten in dieser Hinsicht. Vielmehr hat sie sich im Jahr 2020 eine übergreifende Strategie für den Agrar- und Lebensmittelsektor verordnet, die »Farm-to-Fork-Strategie« oder kurz F2F (»Vom Hof auf den Teller«). Wer erwartet, diese Strategie würde auf einer gründlichen, kritischen Analyse der Ausgangslage beruhen, wird enttäuscht werden. Eine solche Analyse gibt es nicht und deshalb fehlt natürlich auch die sich daraus ergebende logische Forderung, geltendes Recht endlich umzusetzen und effektive gesetzliche Regeln zu beschließen. Die Strategie hebt vorwiegend auf Information, Bildung und Appelle an Verbraucher ab und geht schlichtweg davon aus, dass der Lebensmittelmarkt zur Zufriedenheit aller funktioniert. Unter anderem wird dies damit begründet, dass die Nahrungsmittelexporte der EU in der jüngeren Vergangenheit angestiegen sind. Dies sei ein Indiz für die herausragende Qualität der EU-Lebensmittel. Wie in diesem Buch gezeigt, ist das Gegenteil der Fall.

In der europäischen bzw. deutschen Lebensmittelpolitik muss deshalb dringend Folgendes passieren:

- Die der Basisverordnung nachgeordneten Gesetze, z. B. die Kennzeichnungsvorschriften, die Produktverordnungen, die Regeln über Zusatzstoffe und Aromen, müssen neu gefasst werden, damit sie dem Täuschungsverbot und den Gesundheitsschutz voll Genüge leisten.
- Eine verständliche, effektive, farblich kodierte und gesetzlich verpflichtende Nährwertkennzeichnung auf der Vorderseite der Verpackungen muss eingeführt werden.

- Die Zahl der Zusatzstoffe, gegenwärtig rund 380, und die Zahl der zugelassenen Aromen müssen drastisch verringert werden. Alle im Verdacht der Gesundheitsschädigung stehenden Zusatzstoffe sind zu verbieten. Vorbild sollten die Bio-Lebensmittel sein, die nur 20 bis 30 Zusatzstoffe verwenden und ihren Einsatz strikter regulieren.
- Die deutsche Lebensmittelbuch-Kommission muss durch eine demokratisch legitimierte Institution ersetzt werden, deren Aufgabe es primär ist, den Gesundheitsschutz und das Täuschungsverbot umzusetzen und transparente Qualitätsstandards bei der Herstellung von Produkten festzulegen.
- Verbraucher benötigen effektive Informationsrechte, nicht nur gegenüber Behörden, sondern auch gegenüber Unternehmen. Behörden müssen über Gesundheitsgefahren im Lebensmittelmarkt proaktiv (und nicht anonymisiert wie bisher) im EU-Schnellwarnsystem informieren. Die Ergebnisse der Lebensmittelkontrollen von Lebensmittelbetrieben müssen im Internet veröffentlicht werden.
- Die Lebensmittelkontrollbehörden müssen personell und finanziell so ausgestattet werden, dass sie die rechtlichen Vorgaben in der Praxis (z. B. das Gebot der Rückverfolgbarkeit der Lebensmittel entlang der Lieferketten) durchsetzen können.
- Verbraucherverbände brauchen Klagerechte, etwa um gegen Behörden vorgehen zu können, wenn diese bestehende Gesetze missachten; des Weiteren benötigen Verbraucherverbände das Recht, Lebensmittelgesetze auf ihre Vereinbarkeit mit höherrangigem Recht überprüfen zu lassen; und schließlich brauchen sie das Recht, Unternehmen auf Unterlassung verbraucherfeindlicher Praktiken zu verklagen.
- Notwendig sind verschärfte Transparenz- und Kontrollpflichten nicht nur für Lebensmittelherstellerinnen, son-

dern auch für die Einzelhandelsunternehmen im Hinblick auf Umweltschäden- und Menschenrechtsverletzungen entlang ihrer Lieferketten. (Diese Pflichten werden zurzeit im Rahmen des Entwurfes eines EU-Lieferkettengesetzes diskutiert.)
- Das Kartell der vier Lebensmittel-Einzelhandelskonzerne muss zerschlagen werden, um den Preisdruck auf die Lieferanten abzumildern und faire Marktchancen für mittelständische Qualitätsanbieterinnen herzustellen.

Verursacherprinzip statt Subventionswahnsinn[1]

Aber die Aufgabe ist noch viel größer. Denn der Systemwandel des Lebensmittelmarktes kann nur in Einheit mit der Reform des Agrarmarktes funktionieren: Was auf den Feldern und in den Ställen geschieht, ist die Vorstufe der Lebensmittelproduktion und hat logischerweise einen enormen Einfluss auf die Qualität unserer Lebensmittel. Deshalb muss es einen Systemwechsel auch in der Europäischen Agrarpolitik, auch »Gemeinsame Agrarpolitik« (GAP) genannt, geben.[2] Zwar führt die EU alle vier Jahre darüber eine Grundsatzdebatte, nach der aber regelmäßig alles beim Alten bleibt. Das trifft auch auf den Inhalt der »neuen« gemeinsamen Agrarpolitik zu, die am 1. Januar 2023 in Kraft getreten ist. Die EU-Kommission könnte die immergleichen Texte verschicken und müsste nur die Jahreszahlen anpassen. Denn nichts ändert sich, und das obwohl in den vergangenen zwanzig Jahren Subventionen an europäische Landwirte in Höhe von einer Billion Euro geflossen sind. Eine Billion – das sind unvorstellbare 1000 Milliarden, die allein durch die »Gemeinsame Agrarpolitik« verschleudert wurden. »Verschleudert« deshalb, weil die zentralen Ziele der

Agrarpolitik schlicht und einfach verfehlt werden: Das Höfesterben geht ungebrochen weiter, die Einkommen der Landwirtinnen sind nicht stabil, die Artenvielfalt schwindet, die Böden werden ausgelaugt, das Grundwasser verschmutzt, die Tiere leiden und tragen durch ihren Futterbedarf und ihre Verdauungsprozesse zur Klimaerwärmung bei, in etwa so viel wie der gesamte Verkehrssektor.[3]

Die EU formuliert Nachhaltigkeitsziele für ihre Landwirtschaft, die auch in der erwähnten Strategie »Vom Hof auf den Teller« ihren Eingang gefunden haben. Doch über allem steht der Erfolg der Union als Agrarexporteur, den sie festigen und sogar ausbauen will. Unter dieser Prämisse jedoch ist eine nachhaltige Landwirtschaft schlicht unmöglich. Denn wer auf den globalen Agrarmärkten reüssieren will, muss billiger produzieren als die Konkurrenz. Nachhaltigkeit ist aber teurer, weil sie die Kosten jener Schäden einpreist, die durch die Ausbeutung von Natur, Mensch und Tieren entstehen.

Was passieren müsste, ist deshalb klar zu benennen. Die folgende Aufzählung umreißt ein Programm zu einer wirklichen Reform der EU-Landwirtschaft:

- Schwerpunkt muss die Ökologisierung der konventionellen Landwirtschaft sein, nicht den Nischen-Bio-Sektor mit Milliardensubventionen zu päppeln. Die seit Jahrzehnten gezahlten Subventionen entfalten keine ausreichende Lenkungswirkung, sie verändern den Markt nicht nachhaltig. Grundlegende Veränderung in Form einer effektiven Ökologisierung erzielt man nur, indem man die externen Umweltschäden der Landwirtschaft in Form von Steuern und Umweltabgaben einpreist, die auf der Betriebsebene erhoben werden und somit eine Umstellung der Produktionsweise erzwingen. Vorrangig gilt es, eine Pestizid- und Düngemittelabgabe zu erheben mit dem Ziel, den Einsatz dieser

Mittel kontinuierlich zu senken. Über einen längeren Zeitraum würde das bedeuten, dass die gesamte EU-Landwirtschaft »bio« wird.
- Die Klimaziele in der Landwirtschaft müssen durch eine Abgabe bzw. Steuer auf Treibhausgase aus der Tierhaltung erreicht werden. Dies wird zu wesentlich kleineren Tierbeständen führen. Damit Deutschland seine Klimaziele bis 2045 schafft, muss die Fleischproduktion um rund 50 Prozent sinken, was in etwa zu einer Verdoppelung des Fleischpreises innerhalb der nächsten zwanzig Jahre führen würde.
- Zum Schutz europäischer Landwirte vor Billigimporten aus Drittstaaten müssen auf diese Importe ebenfalls entsprechende Abgaben bzw. Steuern erhoben werden. Da sowohl Pestizid-, Düngemittel- und Klimaabgaben kollektive Umweltgüter schützen, sind sie mit den Vorgaben der Welthandelsorganisation (WTO) kompatibel.
- Es muss ein EU-Tierschutzgesetz geben, um das Leiden von 76 Millionen Rindern, 142 Millionen Schweinen, 70 Millionen Schafen und Ziegen sowie vielen hundert Millionen Masthühnern und Legehennen zu beenden. Dieses Gesetz muss ein gesetzlich vorgeschriebenes Gesundheitsmonitoring in den Ställen beinhalten. Das entspräche im Übrigen der bereits existierenden Gesetzeslage, Artikel 13 der EU-Verträge konstatiert unmissverständlich: Die Union und die Mitgliedstaaten »tragen (...) den Erfordernissen des Wohlergehens der Tiere als fühlende Wesen in vollem Umfang Rechnung«. Die EU muss bei der Welthandelsorganisation durchsetzen, dass auch Importe aus Drittstaaten diese Bedingungen respektieren. Natürlich muss das Gesetz auch für Ausfuhren in Drittstaaten gelten.
- Die Milliardensummen an Subventionen, die jährlich weitgehend wirkungslos versickern, müssen umgewidmet und umverteilt werden, um die Anpassung kleiner und mittlerer

Betriebe zu ermöglichen sowie einkommensschwache Verbraucherinnen finanziell zu unterstützen. Nachhaltige Lebensmittel werden teurer sein, aber alle Bürger in Europa müssen sich diese Lebensmittel leisten können.

Eine derartige Neuausrichtung der EU-Landwirtschaft kann nur innerhalb eines längeren Zeitraumes von etwa 20 bis 25 Jahren umgesetzt werden. Betriebe und Verbraucherinnen benötigen Zeit, um sich anzupassen. Das heißt aber auch: Wir müssen jetzt anfangen!

Ampel-Koalition: Rückschritt statt Fortschritt

Die Lage ist vertrackt: Denn zum einen ist es sehr unrealistisch, dass die EU *von sich aus* die Agrar- und Lebensmittelpolitik grundlegend reformiert – das zeigen die vergangenen Jahrzehnte, die verlorene Jahrzehnte waren. Hinzukommt, dass die EU bis auf wenige Ausnahmen die Hoheit in der Lebensmittel- und Agrarpolitik hat. Die Mitgliedstaaten haben deshalb kaum Chancen, eine konkrete Vorreiterrolle zu übernehmen. So könnte Deutschland beispielsweise nicht verordnen, dass die unleserlich kleine Schrift auf Verpackungen größer sein muss; ebenso wenig könnte es die Nährwertkennzeichnung Nutri-Score als verpflichtende Kennzeichnung für alle Unternehmen einführen. Denn die EU hat den Nutri-Score nur als »freiwillig verwendbare Kennzeichnung« zugelassen. Das klingt auf den ersten Blick harmlos, zeigt aber, wie rigide das EU-Recht ist. Denn die Vorgabe »freiwillig verwendbar« impliziert, dass ein verpflichtend anzuwendender Nutri-Score in einem Mitgliedstaat der EU verboten ist.

Dennoch sehe ich zwei Wege, Veränderungen in Gang zu

setzen: Erstens kann ein großer und starker Mitgliedstaat wie Deutschland, wenn er denn will, erheblichen Einfluss auf die Lebensmittel- und Agrarpolitik der EU nehmen, so wie alle deutschen Regierungen dies auch bei ihrem Einsatz für die deutsche Automobilindustrie bewiesen haben. Und zweitens müssen die wenigen nationalen Spielräume, die verbleiben, umso konsequenter genutzt werden.

Als Ende 2021 die Grünen in die neue Regierungskoalition eintraten, waren die Erwartungen hoch, sie würden diese zwei Hebel betätigen: Druck in Brüssel entfalten und gleichzeitig die restlichen nationalen Spielräume maximal ausnutzen. Doch der Koalitionsvertrag enttäuscht diese Erwartungen gründlich. Er ist ein Vertrag des »Weiter so«, nicht des Aufbruchs. Die Vorlage dazu liefern die Berichte der beiden noch von der Regierung Merkel eingesetzten Kommissionen zum Thema Landwirtschaft, die »Borchert Kommission« und die »Zukunftskommission Landwirtschaft«.

Erstere schlägt eine freiwillige »Tierwohl-Kennzeichnung« vor; Käufer dieser so gekennzeichneten Produkte müssen dafür einen Preisaufschlag bezahlen, mit dem größere Ställe für die Tierhaltung finanziert werden sollen. Größere Ställe sind allerdings keine Garantie dafür, dass die Tiere weniger leiden (vgl. Kap. 11). Dafür braucht es ein staatlich verpflichtendes Gesundheitsmonitoring, das anhand nachprüfbarer Daten schmerzhafte Krankheiten der Tiere identifiziert und kuriert. Das geplante Tierschutz-Siegel der rot-grün-gelben Regierung ist auch deshalb grundsätzlich der falsche Weg, weil es nicht das Leiden *aller* Tiere in der Landwirtschaft beendet, sondern nur das Schicksal einer kleinen Kaste privilegierter Tiere verbessert, die von Käufers Gnaden abhängen. Auch wenn es aufgrund des EU-Binnenmarktes sehr schwierig ist, effektiven Schutz für alle Nutztiere zu gewährleisten, vermisst man das eindeutige Signal einer deutschen Regierung mit Grünen-Ministerinnen an die EU: Wir fordern ein europäisches Tierschutzgesetz!

Das große Defizit des Berichtes der Zukunftskommission Landwirtschaft besteht darin, dass er darauf verzichtet, Umweltschäden aus der Agrarproduktion endlich über Abgaben für Pestizide, Düngemittel und Treibhausgasemissionen zu verringern und damit konsequent das Verursacherprinzip anzuwenden. Um den Konflikt mit der konventionellen und der ökologischen Landwirtschaftslobby nicht austragen zu müssen, drückt sich auch der Koalitionsvertrag vor einer derartigen Anwendung des Verursacherprinzips und überträgt die Verantwortung für eine nachhaltigere Landwirtschaft auf die Supermarktkundinnen und -kunden, indem für Lebensmittel ein Siegel des ökologischen Fußabdrucks entwickelt werden soll, das die Verbraucherinnen anspornt, nachhaltige Produkte zu kaufen. Doch man kann die Landwirtschaft, wie in diesem Buch verschiedentlich gezeigt wurde, mit der Einführung eines Siegels nicht effektiv ökologisieren. Der Beleg: Trotz der Einführung des Bio-Siegels vor mehr als zwanzig Jahren und trotz der Eierkennzeichnung ist die ökologische Landwirtschaft bis heute nicht mehr als eine Nische; und die Umweltschäden durch die Landwirtschaft haben nicht abgenommen.

Durch einen Verzicht auf die Forderung nach einer Abgabe auf Treibhausgase aus der Fleisch- und Milchproduktion unterlaufen die Grünen zudem auch ihre eigenen klimapolitischen Ambitionen und verhindern damit, dass Deutschland seine klimapolitischen Ziele erreichen kann, wozu es eines substanziellen Beitrags der Landwirtschaft bedarf. In der Landwirtschaft müssten die Treibhausgase, die überwiegend in der Tierhaltung anfallen, reduziert werden und damit auch die Tierbestände. Davon wären aber nicht nur die konventionellen, sondern auch Bio-Betriebe betroffen. Zwar verspricht der Koalitionsvertrag, die Fläche des ökologischen Landbaus in Deutschland von gegenwärtig zehn auf 30 Prozent bis zum Jahr 2030 zu erhöhen, also einen Zuwachs der Ökoanbaufläche um 20 Prozentpunkte bzw. eine Verdreifachung innerhalb weniger Jahre. Der Vertrag nennt aber nur die Zielgröße und verschweigt, mit welchen Maßnahmen das Ziel erreicht werden soll. Klar ist allerdings: Wenn der Ausbau der ökologischen Landwirtschaft im bisherigen Schneckentempo vorangeht, ist das 30-Prozent-Ziel erst nach knapp 60 Jahren erreicht.

Im Bereich Lebensmittel gibt es noch nationale Spielräume, zum Beispiel bei den Klage- und Informationsrechten. Zudem könnten die Lebensmittelüberwachungsbehörden endlich personell und finanziell besser ausgestattet werden. Nichts davon adressiert die Koalition. Zwar plant sie ein Verbot von Werbung für ungesunde Lebensmittel, die sich an Kinder richtet, aber den größten und einzigen nationalen Hebel, um vor allem das Täuschungsverbot der EU-Verordnung zumindest teilweise umzusetzen und die Qualitätsauswahl für Verbraucher zu verbessern, fasst die Koalition gar nicht erst an: Die grundlegende Reform der wahrscheinlich verfassungswidrigen Deutschen Lebensmittelbuch-Kommission (DLMBK), von deren verbraucherfeindlichen Praktiken in diesem Buch schon an mehreren Stellen die Rede war. Die von der DLMBK beschlossenen Verkehrsbezeichnungen täuschen in weiten Teilen die Verbraucherinnen und unterlaufen damit das Täuschungsverbot des Lebensmittelrechts. Die DLMBK wurde zwar zwischen 2016 und 2020 »reformiert«, dies änderte jedoch an den schwerwiegenden verbraucherpolitischen und verfassungsrechtlichen Defiziten substanziell nichts.

Der Rechtswissenschaftler Stephan Rixen an der Universität zu Köln kommt zu der Schlussfolgerung: »Die Aufgabe, Leib und Leben der Bürgerinnen und Bürger als Lebensmittelkonsumenten zu schützen, darf unter dem Grundgesetz nicht länger an ein Gremium delegiert werden, das ohne demokratische Legitimation darüber mitentscheidet, ob fundamentale Grundrechte bei der Ernährung real wirksame oder nur rhetorische Größen sind. Die bisherige Konstruktion der Deutschen Lebensmittelbuch-Kommission ist verfassungsrechtlich unhaltbar geworden.«[4] Die Kommission gehört in dieser Form abgeschafft bzw. grundlegend reformiert, und diese Maßnahme läge allein in der Entscheidungsmacht der deutschen Regierung.

Bleibt die Frage: Warum ist der Koalitionsvertrag für Landwirtschaft und Lebensmittel, also zwei Sektoren, für die die Grünen verantwortlich zeichnen, so dürftig? Die Antwort lautet: Klientelinteressen und opportunistische Konfliktvermeidung. Mit der Forderung nach der Anwendung des Verursacherprinzips würden es sich die Grünen mit ihrer Klientel, der Öko-Landwirtschaft, verderben. Denn die besonders profitable, aber treibhausgasintensive Öko-Milch- und Fleischwirtschaft würde durch eine Klimaabgabe besonders leiden. Und die Lebensmittelbuch-Kommission wird verschont, um sich nicht mit der Industrie anzulegen, sicher auch in der Erwartung, dass die Kommission ohnehin niemand kennt. Das ist ein fatales Versäumnis, weil die Kommission vorwiegend die Interessen der Industrie vertritt und nicht die der Verbraucherinnen.

So bleibt ein Koalitionsvertrag, der die Chance, »mehr Fortschritt (zu) wagen« – so sein Titel –, nicht ergreift. Stattdessen ist der Vertrag ein Rückschritt!

Dank

Dieses Buch spiegelt ein sehr breites Spektrum an unverzichtbarem Fachwissen. Den Personen, die mit ihrer Expertise zu diesem Projekt entscheidend beigetragen haben, möchte ich hiermit besonders danken: Marcus Brian (Zusatzstoffe), Oliver Huizinga (Ernährungspolitik), Carsten Kortum (Geschäftsmodelle Supermarkt), Manuel Künstner (Kartellrecht im Lebensmittelmarkt), Rainer P. Lademann (Wettbewerb und Kartellrecht im Lebensmittel-Einzelhandel), Lars Neumeister (Pestizide), Anne Markwardt, Clara Mertel (Recherche und Fact-Checking), Matthias Wolfschmidt (Landwirtschaft und Tierschutz), Luise Molling (Separatorenfleisch), Stephan Rüschen (Geschäftsmodelle Supermarkt), Miriam Saage-Maaß (Lieferkettengesetz), Suzy Sumner (EU-Lebensmittelpolitik und Nutri-Score), Sabine Schlacke (Lebensmittelrecht und öffentliches Recht), Armin Valet (Qualitätsentwicklung verarbeiteter Lebensmittel).

Mein Dank geht auch an foodwatch e. V. für die Möglichkeit, auf Archiv-Material und generell auf das umfängliche Fachwissen der Organisation zurückzugreifen. Ferner danke ich Yelenah Frahm, die mit ihrem konstruktiven und akribischen Lektorat dem Buch den letzten Schliff gegeben hat. Barbara Wenner hat auch bei diesem Buch sehr viel Zeit aufgewendet und für Struktur, Stringenz und inhaltliche Konsistenz gesorgt. Dafür bin ich ihr sehr dankbar.

Mein besonderer Dank geht an Stefan Scheytt, der zusammen mit mir dieses Buch geschrieben hat und es unnachahmlich versteht, aus einem trockenen politischen Stoff eine mitreißende Geschichte zu komponieren. Vor allem aber schulde ich großen Dank Karin Kiehn. Ohne sie wäre dieses Buch nicht geschrieben worden, denn sie hatte die Idee dazu.

Anmerkungen

1. Die allmächtigen Vier: Aldi, Lidl, Rewe, Edeka

1 »Consumers' Choice 11, Lebensmittelqualität im Verbraucherfokus: Chancen für Ernährungsindustrie und Handel«.
2 Anke Zühlsdorf, Kristin Jürkenbeck, Achim Spiller: »Lebensmittelmarkt und Ernährungspolitik 2018. Verbrauchereinstellungen zu zentralen lebensmittel- und ernährungspolitischen Themen«.
3 https://www.lademann-associates.de/images/docs/LZ_Ausgabe_4_28_Jan_2022.pdf (Abruf am 12.10.22).
4 https://www.bundesregierung.de/breg-de/suche/unlautere-handelspraktiken-kuenftig-verboten-1812006 (Abruf am 12.10.22).
5 Ebd.
6 https://www.bmel.de/DE/themen/internationales/aussenwirtschaftspolitik/handel-und-export/utp-richtlinie.html (Abruf am 25.10.22).
7 Lidl: »Human Rights Impact Assessment Huelva Beeren-Lieferkette«, Dezember 2020, online unter: https://unternehmen.lidl.de/pdf/show/49204 (Abruf am 12.10.22).
8 https://www.oxfam.de/blog/unveroeffentlichtes-rechtsgutachten-faire-erzeugerpreise-erreicht (Abruf am 12.10.22).

2. Brot + Brötchen

1 Udo Pollmer: *Zusatzstoffe von A bis Z. Was Etiketten verschweigen*, Hamburg 2017.
2 https://wissensforum-backwaren.de/hilfe-mein-brot-hat-enzyme/ (Abruf am 12.10.22).
3 https://www.transgen.de/lebensmittel/521.anwendung-enzyme-lebensmittel.html und https://www.brotexperte.de/brotzutaten/zusatzstoffe-im-brot/ (Abruf jeweils am 13.10.22).
4 https://www.oekolandbau.de/verarbeitung/produktion/verfahren/backwaren/enzyme-in-bio-backwaren/ (Abruf am 12.10.22).
5 Stephan Rixen: »Legitimationsdefizite des Lebensmittelrechts – Zur demokratischen Legitimation der Deutschen Lebensmittelbuch-Kommission«, in: *Deutsches Verwaltungsblatt*, Heft 15, 1. August 2014, S. 949 ff.

6   https://www.die-freien-baecker.de/blog/detail/mogelpackung-mit-tradition/ (Abruf am 12.10.22).
7   Christoph Then: *Biologische Intelligenz. Über Evolution, Artenschutz und die Gentechnik*, München 2021 und https://www.testbiotech.org/testbiotech (Abruf am 12.10.22).

3. Tomaten

1   https://www.lebensmittelklarheit.de/informationen/lebensmittelkennzeichnung-grundsaetzliche-regelungen und https://www.lebensmittelklarheit.de/fragen-antworten/tomaten-aus-china-herstellungsland-nicht-gleich-ursprungsland (Abruf jeweils am 12.10.22).
2   https://www.lebensmittelklarheit.de/produktmeldungen/leverno-getrocknete-tomaten (Abruf am 25.10.22).
3   https://www.verbraucherzentrale-niedersachsen.de/themen/ernaehrung-lebensmittel/schadstoffe/welche-lebensmittel-sind-pestiziden-belastet (Abruf am 12.10.22).
4   https://www.bzfe.de/lebensmittel/vom-acker-bis-zum-teller/tomaten/tomaten-erzeugung/ (Abruf am 12.10.22).
5   https://www.verbraucherzentrale.de/wissen/lebensmittel/lebensmittelproduktion/tipps-so-vermeiden-sie-eine-zu-hohe-pestizidbelastung-12544 (Abruf am 12.10.22).
6   foodwatch: »Locked-in Pesticides. The European Union's dependency on harmful pesticides and how to overcome it«, Report 2022; online unter: https://www.foodwatch.org/fileadmin/-INT/pesticides/2022-06-30_Pesticides_Report_foodwatch.pdf (Abruf am 12.10.22).
7   https://www.laves.niedersachsen.de/startseite/lebensmittel/ruckstande_verunreinigungen/pflanzenschutzmittel-162544.html (Abruf am 12.10.22).
8   http://www.untersuchungsaemter-bw.de/pdf/oekomonitoring2020.pdf (Abruf am 12.10.22).

4. Gemüse

1   https://www.lanuv.nrw.de/fileadmin/lanuvpubl/3_fachberichte/fabe85_Lebensmittelverluste_gesichert.pdf und »Obst und Gemüse im Einzelhandel. Qualitätsanforderungen und Lebensmittelverschwendung, Marktcheck der Verbraucherzentralen«, Jan. 2022; online unter: https://www.verbraucherzentrale.de/sites/default/files/2022-01/verbraucherzentrale-marktcheck-obst-und-gemuese-2022.pdf (Abruf am 12.10.22).
2   Dr. Anne Biewald und Frederike Balzer: »Mehr Natürlichkeit im Obst- und Gemüseregal – gut für Umwelt und Klima. Empfehlungen

des Umweltbundesamtes zur Senkung handelsspezifischer Vorgaben«, Feb. 2022.

3   https://www.ble.de/DE/Themen/Ernaehrung-Lebensmittel/Vermarktungsnormen/Obst-Gemuese/Vermarktungsnormen-Hilfen-zur-Anwendung/vermarktungsnormen-hilfen_node.html;jsessionid=DD2EC6351C6AC65C8C7DE11E6BA78A03.1_cid325#doc8981720bodyText2 (Abruf am 12.10.22).

4   »Deutschland, wie es isst. Der BMEL-Ernährungsreport 2020«; online unter: https://www.bmel.de/SharedDocs/Downloads/DE/Broschueren/ernaehrungsreport-2020.pdf?__blob=publicationFile&v=27 (Abruf am 25.10.22).

5   Hyewon Seo: »Nachhaltiger Handel(n)?! Aktivitäten des Lebensmitteleinzelhandels zum nachhaltigen Konsum im Ernährungsbereich aus Umweltsicht«, Umweltbundesamt, Texte 28/2020 und https://www.bund.net/themen/aktuelles/detail-aktuelles/news/essen-fuer-die-tonne-die-grosse-verschwendung/ (Abruf am 25.10.22).

6   https://www.umweltbundesamt.de/presse/pressemitteilungen/optisch-perfektes-obst-gemuese-belastet-umwelt (Abruf am 12.10.22).

7   NABU: *Vorverpackungen bei Obst und Gemüse. Zahlen und Fakten 2019*, Aktualisierte 4. Auflage 10/2021, online unter: https://www.nabu.de/imperia/md/content/nabude/konsumressourcenmuell/vorverpackungen_2021_final.pdf (Abruf am 12.10.22).

8   https://www.duh.de/verpackungscheck/ (Abruf am 12.10.22).

9   https://www.bmuv.de/pressemitteilung/bundesregierung-minimiert-plastikanteil-im-bioabfall (Abruf am 12.10.22).

10 https://www.laga-online.de/documents/laga_konzept_verpackte-lebensmittelabfaelle_20190618_umk-uml35-2019_vollzugshilfe-bioabfall_1574075804.pdf (Abruf am 12.10.22).

11 https://www.proplanta.de/agrar-nachrichten/unternehmen/muellbranche-fordert-supermaerkte-zur-vorsortierung-auf_article1613804649.html (Abruf am 12.10.22).

12 Handelsverband Deutschland, Stellungnahme zum Entwurf einer Verordnung zur Änderung abfallrechtlicher Verordnungen, Berlin, 17.11.2021.

5. Erdbeeren

1   https://www.bzfe.de/lebensmittel/vom-acker-bis-zum-teller/zitrusfruechte/zitrusfruechte-einkauf-und-kennzeichnung/ (Abruf am 12.10.22).

2   https://www.researchgate.net/publication/301287191_Verlieren_wir_die_naturliche_Vielfalt_des_Geschmacks_Das_Beispiel_Erdbeere und https://pubs.acs.org/doi/10.1021/acs.jafc.8b01115 (Abruf jeweils am 12.10.22).

3   https://www.faz.net/aktuell/politik/ausland/spanien-wie-erdbeeren-den-klimawandel-verschaerfen-17682722.html (Abruf am 12.10.22).
4   https://www.faz.net/aktuell/politik/ausland/andalusien-will-illegale-erdbeer-farmen-legalisieren-17730242.html (Abruf am 12.10.22).
5   https://www.umweltbundesamt.de/themen/abfall-ressourcen/oekonomische-rechtliche-aspekte-der/rebound-effekte (Abruf am 12.10.22).
6   Lidl Deutschland: »Positionspapier. Wasserpolitik für den Einkauf von Handelsware«, online unter: https://www.lidl.de/de/asset/other/16201-FLY-Positionspapier-Wasserpolitik-A4-DE-2020-online.pdf (Abruf am 12.10.22).
7   Lidl: »Human Rights Impact Assessment Huelva Beeren-Lieferkette«, Dezember 2020, online unter: https://unternehmen.lidl.de/pdf/show/49204 (Abruf am 12.10.22).
8   https://www.oxfam.de/supermarkt-check (Abruf am 12.10.22).

6. Äpfel

1   https://www.bzfe.de/lebensmittel/vom-acker-bis-zum-teller/aepfel/aepfel-einkauf-und-kennzeichnung/; https://www.bzfe.de/lebensmittel/vom-acker-bis-zum-teller/aepfel/aepfel-verbraucherschutz/ (Abruf am 12.10.22) und https://www.lfl.bayern.de/iem/obst-gemuese/144147/index.php (Abruf jeweils am 12.10.22).
2   https://www.landwirtschaft.de/landwirtschaftliche-produkte/worauf-kann-ich-beim-einkauf-achten/regional-und-saisonal/kulturpflanzen-vielfalt-erhalten/ (Abruf am 12.10.22).
3   https://www.bund-lemgo.de/apfelallergie.html (Abruf am 12.10.22).
4   https://www.bzfe.de/lebensmittel/vom-acker-bis-zum-teller/aepfel/aepfel-gesund-essen/ (Abruf am 12.10.22).
5   https://www.forschung-und-lehre.de/forschung/berliner-forscher-sind-apfel-allergie-auf-der-spur-1183/ und https://www.ecarf.org/presse/studie-alte-apfelsorten-lindern-allergie/ (Abruf jeweils am 12.10.22).
6   https://link.springer.com/article/10.1007/s10341-020-00492-z (Abruf am 12.10.22).
7   https://www.laves.niedersachsen.de/startseite/lebensmittel/ruckstande_verunreinigungen/pflanzenschutzmittelruckstande-in-apfeln-198113.html (Abruf am 12.10.22).
8   https://www.umweltinstitut.org/mitmach-aktionen/pestizidrebellen-vor-gericht.html (Abruf am 12.10.22).

7. Fruchtsäfte + Limonaden

1 https://www.bzfe.de/lebensmittel/einkauf-und-kennzeichnung/die-nationale-reduktions-und-innovationsstrategie-der-bundesregierung/ (Abruf am 12.10.22).
2 https://www.lebensmittelklarheit.de/news/fruchtsaefte-kaltgepresst-ist-nicht-gleich-frisch (Abruf am 12.10.22).
3 https://www.foodwatch.org/de/newsletter/2017/diese-saefte-sind-keine-saefte/ und https://www.lebensmittelklarheit.de/informationen/aerger-am-fruchtsaft-regal-fruchtsaftgetraenke-nicht-auf-den-ersten-blick-zu-erkennen (Abruf jeweils am 12.10.22).
4 https://www.fruchtsaft.de/saftwissen/was-ist-was/ (Abruf am 12.10.22).
5 https://www.lebensmittelklarheit.de/informationen/fruchtsaftgetraenke-hauptsache-zuckerwasser (Abruf am 25.10.22).
6 https://www.fruchtsaft.de/branche/daten-und-fakten (Abruf am 12.10.22).
7 https://www.ugb.de/near-water/near-water-getraenke/ und https://www.verbraucherzentrale.de/wissen/lebensmittel/gesund-ernaehren/erfrischungsgetraenk-near-water-teuer-und-nicht-immer-kalorienarm-10481 (Abruf jeweils am 12.10.22).
8 https://www.bzfe.de/lebensmittelgruppen-der-ernaehrungspyramide/ (Abruf am 12.10.22).
9 https://www.foodwatch.org/de/aktuelle-nachrichten/2021/protestaktion-industrielobby-muss-farbe-bekennen/ (Abruf am 12.10.22).
10 https://www.bzfe.de/lebensmittel/lebensmittelkunde/fruchtsaefte/ und https://www.bzfe.de/lebensmittel/lebensmittelkunde/erfrischungsgetraenke/ (Abruf jeweils am 25.10.22).

9. Honig

1 https://www.bzfe.de/lebensmittel/vom-acker-bis-zum-teller/honig/honig-einkauf-und-kennzeichnung/ (Abruf am 12.10.22).
2 »Deutschland, wie es isst. Der BMEL-Ernährungsreport 2020«; online unter: https://www.bmel.de/SharedDocs/Downloads/DE/Broschueren/ernaehrungsreport-2020.pdf?__blob=publicationFile&v=27 (Abruf am 25.10.22).
3 https://ec.europa.eu/food/safety/agri-food-fraud/eu-coordinated-actions/coordinated-control-plans/honey-2015-17_en und https://ec.europa.eu/food/system/files/2017-03/oc_control-progs_honey_jrc-tech-report_2016.pdf (Abruf jeweils am 12.10.22).
4 https://www.europol.europa.eu/media-press/newsroom/news/15-000-tonnes-of-illegal-food-and-beverages-market (Abruf am 12.10.22).
5 https://www.bvl.bund.de/DE/Arbeitsbereiche/01_Lebensmittel/03_

Verbraucher/16_Food_Fraud/06_OPSON_Operationen/OPSON_Operationen_node.html (Abruf am 12.10.22).

6 https://www.bvl.bund.de/DE/Arbeitsbereiche/01_Lebensmittel/03_Verbraucher/16_Food_Fraud/06_OPSON_Operationen/OPSON-X/OPSON_Operationen_node.html (Abruf am 12.10.22).

7 https://casetext.com/case/united-states-v-alfred-l-wolff-gmbh und https://www.capital.de/wirtschaft-politik/lebensmittelskandal-usa-handelshaus-wolff-die-honigfalle-9213 (Abruf jeweils am 12.10.22).

8 https://www.ice.gov/news/releases/ice-and-cbp-announce-charges-linked-major-commercial-fraud-enterprise; https://www.insider.com/fake-honey-problems-how-it-works-2020-9; https://www.forbes.com/sites/larryolmsted/2016/07/15/exclusive-book-excerpt-honey-is-worlds-third-most-faked-food/?sh=6116c85c4f09; https://www.bloomberg.com/news/articles/2013-09-19/how-germany-s-alw-got-busted-for-the-largest-food-fraud-in-u-dot-s-dot-history und https://www.reuters.com/article/usa-china-honey/u-s-charges-five-in-honeygate-anti-dumping-probe-idUSL1N0BKCRX20130220 (Abruf jeweils am 12.10.22).

9 https://www.die-honigmacher.de/kurs3/seite_43000.html und https://www.quechoisir.org/comparatif-miel-les-fraudes-perdurent-n95488/ (Abruf jeweils am 12.10.22).

10 https://www.test.de/Honig-im-Test-1750427-0/ (Abruf am 12.10.22).

11 https://www.verbraucherzentrale.de/wissen/lebensmittel/kennzeichnung-und-inhaltsstoffe/angaben-auf-lebensmitteln-oft-mehr-schein-als-sein-10678 und https://www.verbraucherzentrale.de/wissen/lebensmittel/ernaehrung-fuer-senioren/wenn-der-produktname-zu-viel-verspricht-48895 (Abruf jeweils am 12.10.22).

10. Verarbeitete Lebensmittel

1 https://www.planet-wissen.de/gesellschaft/wirtschaft/konsum/geschichte-des-supermarkts-100.html (Abruf am 12.10.22).

2 https://www.vzhh.de/themen/lebensmittel-ernaehrung/produktchecks/downgrading-billiger-als-besser-verkauft (Abruf am 12.10.22).

3 https://www.bvl.bund.de/SharedDocs/Pressemitteilungen/01_lebensmittel/2022/2022_PM_Titandioxid.html (Abruf am 12.10.22).

4 https://eur-lex.europa.eu/legal-content/DE/TXT/PDF/?uri=CELEX:02008R1333-20201223&from=EN (Abruf am 12.10.22).

5 https://www.aerztezeitung.de/Medizin/Gesunde-Ernaehrung-Welchen-Einfluss-haben-hochverarbeitete-Lebensmittel-427109.html (Abruf am 12.10.22).

6 https://dge.de/blog/2022/05/12/hochverarbeitete-lebensmittel/ (Abruf am 12.10.22).

7 https://www.naturland.de/images/01_naturland/documents/ki_

zusatzstoffe.pdf; https://www.oekolandbau.de/bio-im-alltag/bio-wissen/bio-lebensmittel/welche-zusatzstoffe-sind-in-bio-lebensmitteln-erlaubt/ und https://bvlk.de/news/bio-lebensmittel-welche-zusatzstoffe-sind-erlaubt.html (Abruf am 25.10.22).

11. Fleisch + Wurst

1 https://www.bundeskartellamt.de/DE/Wirtschaftsbereiche/LEH/LEH_node.html (Abruf am 12.10.22).
2 https://www.bmel.de/SharedDocs/Downloads/DE/_Tiere/Tierschutz/austausch-fleischbranche.pdf?__blob=publicationFile&v=2 (Abruf am 12.10.22).
3 https://www.allgaeuer-zeitung.de/welt/panorama/lidl-aldi-und-co-in-welchen-marken-steckt-das-fleisch-von-toennies_arid-220986 (Abruf am 12.10.22).
4 https://www.verbraucherzentrale.de/wissen/lebensmittel/kennzeichnung-und-inhaltsstoffe/regionale-lebensmittel-11403 (Abruf am 12.10.22).
5 https://www.verbraucherzentrale.de/wissen/lebensmittel/lebensmittelproduktion/neue-haltungsformkennzeichnung-von-milch-und-milchprodukten-71530; https://www.haltungsform.de und https://www.verbraucherzentrale.de/wissen/lebensmittel/lebensmittelproduktion/haltungsformkennzeichnung-im-handel-die-auswahl-bleibt-mangelhaft-25484 (Abruf jeweils am 12.10.22).
6 https://verbraucherschutz.sachsen-anhalt.de/fileadmin/Bibliothek/Politik_und_Verwaltung/MS/LAV_Verbraucherschutz/veterinaermedizin/veranstaltungen/symposium_fb4/zehntes/29_Produktionskrankheiten_unbewaeltigte_Herausforderung_fuer_die_Tieraerzteschaft.pdf (Abruf am 12.10.22).
7 Anna Kunze und Albert Sundrum: »Ist Bio wirklich besser?«, *Die Zeit*, 21.4.22; online unter: https://www.zeit.de/2022/17/tierwohl-bio-haltung-oekologische-landwirtschaft (Abruf am 25.10.22).
8 Jesko Hirschfeld, Julika Weiß, Marcin Preidl, Thomas Korbun: »Klimawirkungen der Landwirtschaft in Deutschland«, Schriftenreihe des INSTITUT FÜR ÖKOLOGISCHE LANDWIRTSCHAFT (IÖW 186/08); Guido Reinhardt, Sven Gärtner, Tobias Wagner: »Ökologische Fußabdrücke von Lebensmitteln und Gerichten in Deutschland«, INSTITUT FÜR ENERGIE- UND UMWELTFORSCHUNG HEIDELBERG, 2020; https://www.thuenen.de/media/ti-themenfelder/Nutztierhaltung_und_Aquakultur/Haltungsverfahren_in_Deutschland/Schweinehaltung/Steckbrief_Schweine.pdf; https://www.ioew.de/uploads/tx_ukioewdb/IOEW-SR_186_Klimawirkungen_Landwirtschaft_01.pdf und https://www.foodwatch.org/fileadmin/Download-Bereich/Tierhaltung/

legehennen_tierhaltung_eier_foodwatch-report_2015-05-21.pdf (Abruf jeweils am 25.10.22).

9 Matthias Wolfschmidt und Stefan Scheytt: *Das Schweinesystem. Wie Tiere gequält, Bauern in den Ruin getrieben und Verbraucher getäuscht werden*, Frankfurt am Main 2016.

12. Milch

1 https://www.milch-marker-index.de (Abruf am 25.10.22).
2 »Faire Erzeuger*innenpreise in der Landwirtschaft«, Bund für Umwelt und Naturschutz Deutschland e.V. (BUND), November 2021.
3 https://www.milch-board.de/presse/details.html?txnewspi1%5Bnews%5D=135&cHash=93bb42f89ee67388e693253d45bd9b82 (Abruf am 12.10.22).
4 https://www.oxfam.de/blog/unveroeffentlichtes-rechtsgutachten-faire-erzeugerpreise-erreicht (Abruf am 12.10.22).
5 https://www.bzfe.de/nachhaltiger-konsum/grundlagen/true-cost-wahre-kosten/ (Abruf am 12.10.22).
6 https://www.foodwatch.org/fileadmin/-DE/Themen/Klimaluegen/Aldi/foodwatch_Kritik_Aldi_Gropper.pdf und https://www.foodwatch.org/de/aktuelle-nachrichten/2022/aldi-greenwashing-mit-klima-label/ (Abruf jeweils am 12.10.22).

13. Eier

1 https://www.lebensmittelklarheit.de/produktmeldungen/kwetters-eierhof-aus-solidaritaet-10-frische-eier (Abruf am 12.10.22).
2 https://www.verbraucherzentrale-brandenburg.de/pressemeldungen/presse-bb/von-eiern-und-ihrer-unklaren-herkunft-62599 (Abruf am 12.10.22).
3 »Steckbriefe zur Tierhaltung in Deutschland: Legehennen«, Thünen-Institut 2021; online unter: https://www.thuenen.de/media/ti-themenfelder/Nutztierhaltung_und_Aquakultur/Haltungsverfahren_in_Deutschland/Legehennen/Steckbrief_Legehennen.pdf (Abruf am 25.10.22).
4 https://www.verbraucherzentrale.de/wissen/lebensmittel/gesund-ernaehren/eier-kennzeichnung-herkunft-faerbung-10592 und https://www.lebensmittelklarheit.de/informationen/eierkennzeichnung-was-packung-und-stempelcode-verraten (Abruf jeweils am 12.10.22).
5 https://www.lebensmittelklarheit.de/produktmeldungen/eierhof-hennes-10-frische-eier-aus-bodenhaltung (Abruf am 12.10.22).
6 https://www.verbraucherzentrale.de/wissen/lebensmittel/lebensmittelproduktion/toetung-von-eintagskueken-vorbei-aber-nur-in-bruetereien-in-deutschland-11924 (Abruf am 12.10.22).

7 https://www.foodwatch.org/de/newsletter/2022/schluss-mit-dem-tierschutz-betrug/ (Abruf am 12.10.22).
8 https://penny-gruener-weg.de/tierwohl (Abruf am 12.10.22).
9 Merlind Theile: »Piep?«, *Die Zeit*, 21.7.2022; online unter: https://www.zeit.de/2022/30/kuekentoeten-verbot-deutschland-tierschutz (Abruf am 25.10.22).
10 foodwatch: »Ich wollt', ich wär' kein Huhn. Von Käfig bis Bio: über die Zustände in der Legehennenhaltung«, Report 2015, online unter: https://www.foodwatch.org/fileadmin/Themen/Tierhaltung/Final_Legehennen-Report_11.6.15.pdf (Abruf am 12.10.22).

14. Olivenöl

1 https://www.lgl.bayern.de/lebensmittel/warengruppen/wc_13_fette_oele/ue_2015_olivenoel.htm (Abruf am 12.10.22).
2 https://www.ua-bw.de/pub/beitrag.asp?subid=1&Thema_ID=2&ID=2217(Abruf am 12.10.22).
3 http://www.spiegel.de/wirtschaft/service/lebensmittelskandal-die-schmierigen-geschaefte-der-olivenoel-mafia-a-805678.html und http://ec.europa.eu/agriculture/olive-oil_de (Abruf jeweils am 12.10.22).

15. Vegan + Vegetarisch

1 https://eatforum.org/content/uploads/2019/01/EAT-Lancet_Commission_Summary_Report.pdf; https://www.thelancet.com/commissions/EAT; https://www.thelancet.com/journals/lancet/article/PIIS0140-6736(18)31788-4/fulltext und https://www.bzfe.de/nachhaltiger-konsum/lagern-kochen-essen-teilen/planetary-health-diet/ (Abruf jeweils am 12.10.22).
2 https://www.umweltbundesamt.de/themen/boden-landwirtschaft/umweltbelastungen-der-landwirtschaft/duengemittel#dungemittel-was-ist-das (Abruf am 12.10.22).
3 z.B.: https://www.swr.de/swraktuell/baden-wuerttemberg/suedbaden/artikel-vegetarisches-schulessen-freiburg-100.html (Abruf am 12.10.22).
4 https://www.bzfe.de/lebensmittel/trendlebensmittel/vegane-lebensmittel/ (Abruf am 12.10.22).
5 https://www.verbraucherzentrale-bremen.de/wissen/lebensmittel/gesund-ernaehren/alles-kaese-veganer-aufschnitt-unter-der-lupe-64865 (Abruf am 12.10.22).

16. Snacks, salzig + süß

1 https://unternehmen.lidl.de/verantwortung/gut-fuer-die-menschen/gesundheit-foerdern/handlungsfelder/bewusste-ernaehrung/lidl-reduktionsstrategie und https://unternehmen.lidl.de/pressreleases/2020/200221_salz-und-zuckerreduktion_lidl-loeffel (Abruf jeweils am 12.10.22).

2 »mehr WERT schätzen«, Lidl Nachhaltigkeitsbericht für die Geschäftsjahre 2018-2019; online unter: https://unternehmen.lidl.de/pdf/show/49199 (Abruf am 25.10.22).

3 https://www.mri.bund.de/fileadmin/MRI/Institute/EV/Produktmonitoring2021_Ergebnisbericht.pdf (Abruf am 12.10.22).

17. Nahrungsergänzungsmittel + »Superfoods«

1 https://www.nzz.ch/wirtschaft/hoher-marktanteil-schroepfen-migros-und-coop-die-konsumenten-ld.1681533 (Abruf am 12.10.22).

2 https://www.klartext-nahrungsergaenzung.de/aktuelle-meldungen/lebensmittel/endlich-klartext-bei-nahrungsergaenzungsmitteln-13409 (Abruf am 12.10.22).

3 https://www.faktencheck-gesundheitswerbung.de/recht-gesetz/gesundheitsaussagen-54672 (Abruf am 12.10.22).

4 https://www.ua-bw.de/pub/beitrag.asp?subid=1&ThemaID=2&ID=3577&lang=DE&Pdf=No (Abruf am 12.10.22).

5 https://bvlk.de/news/eu-weite-kontrollen-gegen-unzulaessige-onlineangebote-von-nahrungsergaenzungsmitteln.html (Abruf am 12.10.22).

6 https://www.lebensmittelverband.de/de/verband/organisation/arbeitskreis-nahrungsergaenzungsmittel-ak-nem/20181029-zahlen-nahrungsergaenzungsmittel-markt-2018 (Abruf am 12.10.22).

7 Johannes Ritter: »Nestlé schnappt sich Vitaminbombe«, *Frankfurter Allgemeine Zeitung*, 30.04.21; online unter: https://www.faz.net/aktuell/wirtschaft/unternehmen/nestles-neues-milliarden-geschaeft-mit-vitaminen-in-den-usa-17319681.html (Abruf am 12.10.22).

8 https://www.vzbv.de/pressemitteilungen/pillen-und-pulver-auf-dem-vormarsch (Abruf am 12.10.22).

9 »Nahrungsergänzungsmittel sicher regulieren«, Position der Verbraucherzentralen und des Verbraucherzentrale Bundesverbands (vzbv) zu Nahrungsergänzungsmitteln, online unter: https://www.verbraucherzentrale-rlp.de/sites/default/files/2022-04/22-03-30-positionspapier-vzbv-und-vzn-nem.pdf und https://www.bfr.bund.de/cm/343/risikobewertung-von-botanicals-in-nahrungsergaenzungsmitteln.pdf (Abruf jeweils am 12.10.22).

10 https://www.verbraucherzentrale.de/wissen/lebensmittel/nahrungs ergaenzungsmittel/superfood-hype-um-fruechte-und-samen-12292 (Abruf am 12.10.22).

11 https://www.bfr.bund.de/de/presseinformation/2020/39/chia__goji_und_co____superfoods_gehoeren_fuer_etwa_die_haelfte_der_bevoelkerung_zu_einer_gesunden_ernaehrung-260212.html (Abruf am 12.10.22).

18. Illusion Verbrauchermacht

1 Anke Zühlsdorf, Kristin Jürkenbeck, Achim Spiller: »Lebensmittelmarkt und Ernährungspolitik 2018. Verbrauchereinstellungen zu zentralen lebensmittel- und ernährungspolitischen Themen«.

2 https://ec.europa.eu/eurostat/de/web/products-eurostat-news/-/DDN-20191209-1?inheritRedirect=true&redirect=%2Feurostat%2Fde%2Fnews%2Fwhats-new (Abruf am 12.10.22).

3 https://www.coll.mpg.de/82841/volverba.pdf, S. 3 (Abruf am 12.10.22).

4 https://www.hanswernersinn.de/sites/default/files/2003_PWP4_Verbraucherschutz_Staatsaufgabe.pdf (Abruf am 12.10.22).

5 foodwatch: »Rechtlos im Supermarkt, Gesundheitsgefahren, Täuschung und Betrug: Warum das Lebensmittelrecht Verbraucherinnen und Verbraucher nicht ausreichend schützt«, Report 2018, online unter: https://www.foodwatch.org/fileadmin/Themen/Lebensmittelpolitik/Dateien/2018-11-12_Report_Rechtlos_im_Supermarkt.pdf (Abruf am 12.10.22).

19. Ampel auf Grün schalten!

1 foodwatch: »Agrarpolitik in der Konsensfalle – Warum die Empfehlungen der Zukunftskommission Landwirtschaft und der Borchert-Kommission agrarpolitik in die Irre führen«, Report 2021; online unter: https://www.foodwatch.org/fileadmin/-DE/Themen/Landwirtschaft/2021-11-25_foodwatch-Agrarreport.pdf (Abruf am 25.10.22).

2 https://agriculture.ec.europa.eu/common-agricultural-policy/cap-overview/cap-glance_de (Abruf am 12.10.22).

3 https://www.umweltbundesamt.de/daten/land-forstwirtschaft/beitrag-der-landwirtschaft-zu-den-treibhausgas#treibhausgas-emissionen-aus-der-landwirtschaft (Abruf am 12.10.22).

4 Stephan Rixen: »Legitimationsdefizite des Lebensmittelrechts – Zur demokratischen Legitimation der Deutschen Lebensmittelbuch-Kommission«, in: *Deutsches Verwaltungsblatt*, Heft 15, 1. August 2014, S. 949 ff.

Register

Adipositas 111, 114, 146, 238, 242, 252, 258
Aldi 9, 15, 18, 20–22, 25, 33, 34, 54–56, 70, 73, 75, 86, 88 f., 91 f., 96, 98, 103, 123, 145, 147, 170, 172, 193, 196 f., 200 f., 216 f., 224, 226 f., 230, 237, 270, 278, 285
Allergien 10, 98–103, 105, 152, 154
Anbauverbände 41, 44, 46, 84, 94, 154, 191, 277
Äpfel 50, 57, 67, 70 f., 75 f., 85, 88, 96–105, 107 f., 111, 138, 163, 198, 282, 286
Aromen 12, 47, 81, 108, 110, 113, 115–118, 122, 140 f., 144, 161, 164, 239, 242, 245, 247–249, 293 f.

Basisverordnung 231, 269, 288 f., 293
Bauernverband 177, 197
Bayerisches Landesamt für Gesundheit und Lebensmittelsicherheit (LGL) 223 f.
Bioland 45, 154, 156, 208
Bio-Siegel 43–46, 84, 93, 155 f., 159, 300
Brot 28–49, 151, 161, 207, 241, 264
Brötchen 9–14, 28–49, 151, 281
Bundesamt für Verbraucherschutz und Lebensmittelsicherheit (BVL) 57, 101

Bundesinstitut für Risikobewertung (BfR) 42, 83, 268 f., 274
Bundesministerium für Umwelt, Naturschutz, nukleare Sicherheit und Verbraucherschutz 67 f.
Bundesministerium für Ernährung und Landwirtschaft (BMEL) 36, 101, 106, 155, 163, 254, 289
Bundesverband der Verbraucherzentralen (vzbv) 211, 270
Bundesvereinigung der Deutschen Ernährungsindustrie (BVE) 16 f., 69
Bundeszentrum für Ernährung (BZfE) 99–101
Bund für Umwelt und Naturschutz (BUND) 98

Chemisches und Veterinäruntersuchungsamt Stuttgart (CVUA) 225, 228

Demeter 43–45, 117, 154, 156, 205, 208
Deutsche Gesellschaft für Ernährung (DGE) 146, 260
Deutsche Lebensmittelbuch-Kommission 34, 38, 106 f., 109, 163, 289, 294, 301 f.
Deutsche Umwelthilfe (DUH) 75 f.
Diabetes 107, 111, 114, 145 f., 154, 242, 252, 256, 258
Discounter 13, 15, 18–21, 23, 25, 40, 55, 70, 75, 77, 89, 91, 103, 122, 133, 170, 173, 197 f., 200 f.,

212, 216, 226, 237, 250, 253, 278, 281

Edeka 9, 15, 18–21, 28, 38, 54–56, 75, 86, 89, 91 f., 96, 123, 166–172, 175, 177, 193, 195 f., 224, 226, 230, 251, 264, 270, 278, 285
Eier 12, 14, 142, 158 f., 184, 199, 210–222, 241 f., 264, 282, 285, 300
E-Nummern 10, 37, 143–145, 151
Enzyme 10, 30–33, 37, 39 f., 43, 47, 130, 143, 151 f., 154, 161, 190
Erdbeeren 45, 57, 85–95, 117, 123
Europäische Behörde für Lebensmittelsicherheit (EFSA) 117, 144, 152

Fälschung 102, 128–130, 136, 149, 225 f., 229, 234
Farm-to-Fork-Strategie 293
Fehlernährung 252
Fisch 79 f., 82–84, 140, 158, 166, 169, 236
Fleischalternativen 241, 244 f.
FoodDrinkEurope 112
foodwatch 9, 56, 109, 200, 213, 216, 255
Fruchtsaft- und Erfrischungsgetränkeverordnung (FrSaftErfrischGetrV) 109
Fruchtsäfte 46, 108–115

Gemeinsame Agrarpolitik (GAP) 295
Gentechnik 12, 18, 48 f., 157, 204, 277
Glyphosat 62, 133, 200
Greenwashing 75, 92, 200
Gütesiegel 82, 147, 155–160, 162, 164, 187, 190, 207, 241, 244

Handelsverband Deutschland (HDE) 77 f., 285
Heumilch 156, 192, 202, 209
Honig 12, 126–137, 142, 159, 257–259

Käse 140 f., 144, 151, 153, 166 f., 195, 206–209
Käsealternativen 248 f.
Koalitionsvertrag 299 f., 302
Konfitüren 12, 65, 119–125, 153
Konfitürenverordnung (KonfV) 119 f., 122, 124
Konzentration 41, 121, 124, 170, 280
Kükentöten 215 f., 218

Lancet 235–237
Lebensmittelklarheit 51, 210, 239
Lebensmittelverschwendung 66, 70 f., 235, 237
Lidl 9–11, 18, 21, 23–25, 31, 55 f., 65, 75, 86, 89–92, 96, 123, 158, 193, 196 f., 210–212, 217, 224, 226 f., 230, 250–254, 270, 283–285
Limonaden 106–118, 153, 253
Lobby 9, 34, 51, 107, 112, 162, 240, 254, 256, 286, 300

Marmeladen 119–125, 135
Masthühner 184–186, 216–218, 220, 282, 297
Menschenrechte 89–93
Milch 111, 116, 138, 140 f., 144, 153, 156 f., 159, 163, 173 f., 176, 180–182, 192–209, 221, 236, 240–242, 246–248, 264 f., 277, 281 f., 286, 290, 300, 302
Milchalternativen 246 f.
Möhren 66–68, 70 f., 74
Molkerei 116, 141, 194, 196, 200, 203

Nachhaltigkeit 14, 29, 72, 92, 122, 158, 198f., 236f., 251, 253, 270, 283f., 296
Nahrungsergänzungsmittel 12, 262–275
Naturland 43f., 154, 156, 208
Naturschutzbund Deutschland (NABU) 73–75
Nutri-Score 111f., 147, 155, 162, 164, 209, 240, 257, 261, 290f., 298

Ökologische Landwirtschaft 47, 155, 300
Ökotest 17, 65, 122, 227, 234
Olivenöl 12, 223–234, 281
oxfam 91f.

Paprika 56, 66, 70, 72–76, 199
Pestizide 12, 42–44, 46–50, 52, 55–59, 61–65, 68, 72, 87, 89, 92, 94f., 100–105, 113f., 123–125, 136, 181, 183, 197, 204, 234, 237, 239, 242, 244, 246–248, 258f., 261, 274–277, 279, 282, 286, 296f., 300
Pflanzenschutzmittel 56, 58f., 61, 101, 105

Regional 21, 60, 72, 88, 103, 120, 123, 126, 133, 135, 147, 155f., 167, 170, 172, 211, 281, 283
Rewe 9, 12, 15, 18, 21, 56, 75, 86, 91f., 96, 128, 142, 193, 196, 198, 211, 216, 226, 230, 250, 270, 277f., 283, 285
Rindfleisch 138–141, 173, 180–182, 184, 187f., 236, 242, 279

Schinken 12, 45, 139, 151, 156, 160, 169, 188, 190f.

Schweinefleisch 35f., 173, 182–185, 188, 191, 207, 236, 242
Snacks 12, 65, 80, 250–261
Stiftung Warentest 17, 132, 226f.
Subventionen 47, 57, 194–196, 295–297
Superfood 262–275

technische Enzyme 10, 32f., 37, 40f., 43, 151, 154, 161
Tiefkühlkost 76, 79–81, 141
Tiergesundheit 45, 175, 178
Tierhaltung 45f., 157, 174, 180, 182f., 189, 191, 203, 208, 215, 241f., 246, 248, 297, 299f.
Tierschutz 45, 83, 122, 136, 157f., 174, 179, 185, 188f., 200, 207, 218, 220, 285, 297, 299f.
Tierwohl 26, 71, 173–175, 177f., 197, 216, 299
Tomaten 46, 50–61, 66, 75, 88, 97, 140, 199

UNECE-Normen der Vereinten Nationen 68
ultra-processed food (UPF) 145–147, 238

vegane und vegetarische Lebensmittel 159, 166, 238, 241, 277
Verantwortung 13f., 25, 131, 250f., 270, 283f., 300
verarbeitete Lebensmittel 12, 45f., 50f., 53, 60, 82, 84, 104, 116, 125, 138–151, 155, 162f., 188, 190, 211, 219f., 222, 238, 242, 244–249, 273, 277, 282
Verarbeitungshilfsstoffe 10f., 30, 38, 40, 42, 143, 151, 161, 164, 241

Verbraucherzentralen 35, 58, 69f., 142, 211f., 215, 239, 261, 265f., 268–270

Verpackung 13, 23f., 41, 44, 51, 71–78, 90, 146, 148, 151, 162f., 174, 187, 202, 210, 213, 219, 260, 272, 274, 276, 280, 293, 298

Verursacherprinzip 77, 295–298, 300

Vitamine 42, 61, 81, 102, 104, 113f., 161, 208, 238, 241f., 246, 248, 264–266, 268f., 272–275

Vorsorgeprinzip 150, 290

Wahlfreiheit 12, 43, 46, 49, 61, 64, 70, 81, 84, 95, 105, 115, 118, 125, 137, 154, 165, 181, 183, 186, 189, 191, 205, 209, 222, 234, 240, 243, 245, 247, 249, 259, 261, 275–277, 286, 289

Weltgesundheitsorganisation (WHO) 24, 112, 162, 181, 183, 185, 252f., 255–258, 260, 283

Welthandelsorganisation (WTO) 297

Wurst 12, 21, 35f., 45, 76, 151, 166–179, 187–191, 198, 207, 241

Zusatzstoffe 10–12, 26, 29f., 33, 37f., 40–45, 47, 80, 82, 84, 124f., 139, 141–147, 150–154, 161, 163f., 188f., 191, 208f., 238–242, 244f., 247, 249, 276f., 290, 293f.

Zweinutzungshuhn 14, 218, 220, 222